「異人」としての子供と首長

キプシギスの「知恵」と「謎々」

小馬 徹 ―― Toru KOMMA

KU
神奈川大学出版会

《まえがき》

西南ケニアのキプシギスの人々の間でフィールドワークを始めてから、昨年七月で満四十年を迎えた。文化人類学のフィールドワークの楽しさは、何回繰り返しても何か新たな驚きと発見が必ずあって、日本人であり、人類学徒である自分自身の「常識」が絶えず揺さぶられる確かな実感にある。

それは、恐らく自分自身のライフ・ステージの進行に伴って家庭や研究環境が変化することに起因する、感受性や物事についての関心、また問題意識の焦点のおのずからなる推移のゆえでもあろう。だが、研究対象の長期的で不断の社会変動や文化変容がもう一方には間違いなくあって、その両方の要因が交錯する相乗的な効果に由来するものに違いない。

文化人類学者の中には、自らのキャリアを振り返って、最初のフィールドワークこそが最も印象深く、一番重大な啓示を与えてくれるものだったと述べる人が少なからずいる。確かに、長期の住み込みが必須の要件となる人類学の参与観察調査の場合、「フィールドワークそのものよりも、フィールドワークを始めることの方がかえって難しい」とさえ言われる。だから、現地の人々に受け入れられ、その一員として暮らし始めるまでには、あれこれ解決しなければならない想定外の難題が次々と待ち受けている。それゆえに、始まりの過程での諸々の出来事が一回的な固有の意味を帯びて、むしろ得難いフィールド経験の機会となることが少なくない。だから、そうした感懐の開陳にも納得できる節がある。

しかしながら、初めてのフィールドワークには、いわば初恋にも似た側面がある。筆者のような古手の人類学徒なら誰も、それを些かのほろ苦い想いを胸に蘇らせつつ認めることになるだろう。初めてのフィールドワークでは、何か或る特定の事象や要素への思い入れが強くなり過ぎて、ともすれば主観に流れ易く、かれこれの事象の評価に偏りを生みがちになる。その結果、視野が窮屈になって現地での問題構成に無理が生まれ、大局観の狂いにも容易に気づけない場合が少なくない。

フィールドワークの真の醍醐味は、対象の社会と文化の全体像がほぼ見え始め、その地点からの俯瞰的で且つ全体論的な発想によって開けてきた大きな展望の下に、個々の領域や要素を相互的に見直していく段階にあると思う。そして、大局的な洞察の深まりの中で、或る大胆な仮説が一つのきっかけになって、当初予想もしなかった別々のトピックスの理解が俄に通じ合い、一次元上の広闊な見晴らし（即ち、文化要素の統合的な布置）が一気に浮上してくることがある。本書のテーマもまた、そのようにして見えてきた、一つの興味深いキプシギス文化の布置に焦点を当てている。

＊

一九七九年七月から一九八〇年三月にかけて行った、キプシギスの土地での最初のフィールドワークで最も印象深かったのは、何と言っても、全土の各地で一斉に挙行される壮大な加入礼だった。その年一一月の最終週から翌年一月の最初の週にかけて、筆者が住み込んでいた家の四囲の至る所で、加入礼を構成する大小様々な儀礼が次々に賑々しく繰り広げられていった。キプシギスの人々が全土を盛んに行き交い、至る所で群れ集い、沸き返るごとく交歓し合う諸々の情景に圧倒され、魅せられて、熱に浮かされるがごとくこの時期を過ごした。

その加入礼の隔離期間が明けると、成年して「男」になったばかりの（十三〜十五歳ほどの）若者たちは、母親の小屋を離れて「男」の小屋で自立した暮らしを始めた。そして、小生意気にも、ありとあらゆることで大人に伍して競い合おうとして、強い矜持と激しい気概を示した。実にそれこそが、老人たちが彼ら「男」に厳しく求めたものであった。また、成年したばかりの（十六〜十八歳ほどの）顔見知りの娘たちが、間もなく結婚して、次々に実家を巣立っていった。つまり、加入礼の一か月余りの期間に、「子供」は突然、一気に「大人」へと大胆な変身を遂げていたのである。筆者の常識的な「子供」観が、根底から揺さぶられることになった。

＊

もう一つ、現地調査を始めてすぐに気づいたのは、日本や欧米とは異なり、子供が全く過保護には扱われず、むしろ邪険にされているようにさえ見えることだった。

マタトゥと呼ばれ、ケニアの庶民の足となっている安価な乗合自動車がある。それに使われる車は、都会ではミニバンが多い。だが、筆者の調査地では、一トンか一トン半積みのトラックが多く使われ、低く幌を張っただけの荷台に、荷物と一緒に人を押し込めるだけ押し込んで、デコボコの泥道を果敢に走っていた。混んでくると、子供は、（幅が狭くて低い木製の粗末な木枠を荷台にコの字型に並べただけの）座席から次々に立たされ、天井に頭をぶつけないように上背を丸く屈めた。

存立基盤の極めて脆弱だったキプシギスの民族共同体では、緊急時にまず生き残るべきは、生殖力のある大人だった。右に記したマタトゥ内の光景は、まだ何時突然死んでしまうかも知れぬ子供が何事によらず優先されずに後回しにされてきた、民族の長い伝統の延長線上に位置するものだった。何しろ、キプシギスでもまだ飢饉が時折起きたケニア独立以前の時代、隣接して住む農耕民であるグシイ人との取引で、時折幼い女の子が袋一杯の穀物と交換されてきた冷厳な歴史がある。

間もなく二十一世紀になろうかという頃の或る日、ケリチョの町へ買い出しに出掛けて、マタトゥの中で思いがけない椿事に出合った。小学校低学年とおぼしき女の子を連れた老婆が満員の車の中に割り込んできて、ワシの大事なこのか弱い孫娘のために大人は席を譲れと、大音声で言い放ったのだ。筆者を含む他の乗客たちは、彼女の常識破りな言動に呆気に取られながらも、珍しいものを眺めやる風情で微笑み交わしたり、互いに顔を見合せながらその言い分を聞き入れてやった。この時、はっと気づいた。何時しか、筆者もキプシギス人の一人になっていたのだ、と。

＊

この老婆のような「分別のない」、子供染みた言動を「謎々」(*tangoi*)と呼ぶのだと、乗客の誰かが、その時囁いた。そのような「謎々」の論理の典型的な発露が、子供たちの大好きな「謎々遊び」である。だが、子供たちは、加入礼を済ませて藪地の隔離小屋から戻ってきた瞬間から、もう二度と決して「謎々遊び」をしてはならない。それだけでなく、「謎々」の論理一般をきれいさっぱり清算し、それを完全に脱ぎ捨てる必要がある。こうして、「男」は「(男の)知恵」に、俄に、しかし断固として目覚めなければならないのだ。

ところが、不思議な事実がある。謎々の論理を駆使してマサイ人からキプシギス民族を救った、キプシギスの「お話」(*atindonyot*)の英雄に、キブリウォ・モクウォという子供がいる。子供であるそのキブリウォと寸分違わない、全く同じ論理を、キプシギス史上最大の大物キルウォギンデット(*kirwogindet*)とされるアラップ・キシアラが用いて成功したと、オーラル・ヒストリーが誇らし気に伝えている。

*

キルウォギンデットとは、植民地化以前は、村の外から招かれ、いわば「助言的裁判官」として民族の社会秩序を支えると共に、近隣のマサイ人やグシイ人などの異民族との外交交渉に当たった、重要なリーダーのことだった。

植民地時代に任命された初期の(行政)首長の多くが「助言的裁判官」出身だったと言う。そして、植民地時代から置かれたその(行政)首長もまた、キルウォギンデットと呼ばれた。民族社会の秩序維持と共に、いわば新米の異民族である植民地政府行政官との交渉に当たるその役職のゆえに、「助言的裁判官」の姿と重ね合わされて解釈されたのである。

そして、頓智話では、子供のキブリウォ・モクウォが、マサイ人との和平交渉でキプシギス民族を窮地から救い出した。一方、「助言的裁判官」アラップ・キシアラもそうして成功したように、「助言的裁判官」を経て行政首長となったロロニャもまた、「謎々」の論理を使って、英国植民地政府の土地収奪の企みからキプシギス民族を救った(第五章)。

＊

では、子供とキルウォギンデットに共通する属性は、一体何なのだろうか。キプシギスの人々はしばしば、加入礼受礼前の子供は「キプシギスの子供であっても、キプシギスではない」と言う。キプシギスとは、直訳すれば「加入礼を受けて、社会的に生まれた者（男）」という意味になる。つまり、加入礼を済ませなければ、誰もまだキプシギス（つまりヒト）ではないと言うのだ。そして逆に、加入礼を成功裡に済ませれば、生まれの如何に拘らず、誰もがキプシギス（ヒト）になれる。

すると、加入礼を済ませたにも拘らず「謎々」の論理を往々弄するキルウォギンデットたちは、子供と同じく「謎々者」であり、それゆえにまた、子供と同じく、内なる「異人」視されていると仮定できるのではないか。或る時、天啓のごとく筆者が得たこの着想から開けてきた大きな展望が、本書の基底をなしている。

＊

実を言えば、先のマタトゥの中の出来事で人々を一驚させた老婆の論理を、乗客の幾人かが「謎々」(*tangoi*)だと述べたのだが、実は正確ではない。家族としての愛に溺れる余り、民族社会全体の調和や福利を度外視して省みないそのような態度は、正しくは「女の知恵」(*kimosugit*)と呼ばれる。あの老婆の行為の論理は、だから「女の知恵」と呼ぶべきものなのだ。だが、「女」もまた「謎々」を弄する「子供」に近いと見られていることが窺えるのである。事実、①子供、②娘、③女子供、を内包とする *lakwet* という語が、日常的に頻用されている。

家族の狭い私的な利害よりも社会の大局的な利害を重んじる論理が「知恵」(*ng'omnotet*)であり、その「知恵」の論理を(年齢組体系で集合的に権力を掌握している)老人たちが代表する。そして、「男」になっても「謎々」の論理を脱却できない「謎々者」であるリーダーを、キプシギスの老人たちは、「知恵」の論理に防衛的に組み入れられている「呪詛」という超人間的な力による神秘的な脅しによって、十分有効に制御してきたのである。

＊

本書では、以上のように、保守的な「知恵」の論理と(危機に臨んで)革新を志向する「謎々」の力との間の柔軟で相補的な対抗関係が、キプシギス社会の、均衡的でありつつ豹変の可能性にも実際に開かれた歴史過程を導いてきたことを、「子供」と「首長」をキーワードとする一つの異人論として、立体的に論じた。無論読者は、その論議の端々から、両者の関係を建設的に維持することの今日的な難しさや、さらには破綻の兆候さえも垣間見ることができるであろう。

本書が、キプシギスの人々の日常の生きた姿の一端を的確に捉えていて、筆者がキプシギスの人々の暮らしの感覚のあり方に感じ取ってきた驚きと発見が読者に伝わると共に、たとえ小さくとも、その感興が何らかの新鮮な発見に繋がるものであって欲しいと思う。

私たちの常識化された「子供観」が、決して自然でも当たり前でもなく、極めて西欧近代的な性格の強いものであることを理解して、自ら再考してもらえたら、これ以上の喜びは無い。

「異人」としての子供と首長――キプシギスの「知恵」と「謎々」

《目　次》

第一章　「知恵」と「謎々」

——キプシギス文化の大人と子供

はじめに

人類学徒である筆者は、南西ケニアのキプシギスの人々の間で長年にわたって参与観察手法のフィールドワークを続けてきた。彼らは、南ナイル語（の中のカレンジン語）を話す農牧民で、赤道からほんの僅かに南側に当たる、海抜一五〇〇メートルから二〇〇〇メートル余りの高原地帯に主に住んでいる（図1）。

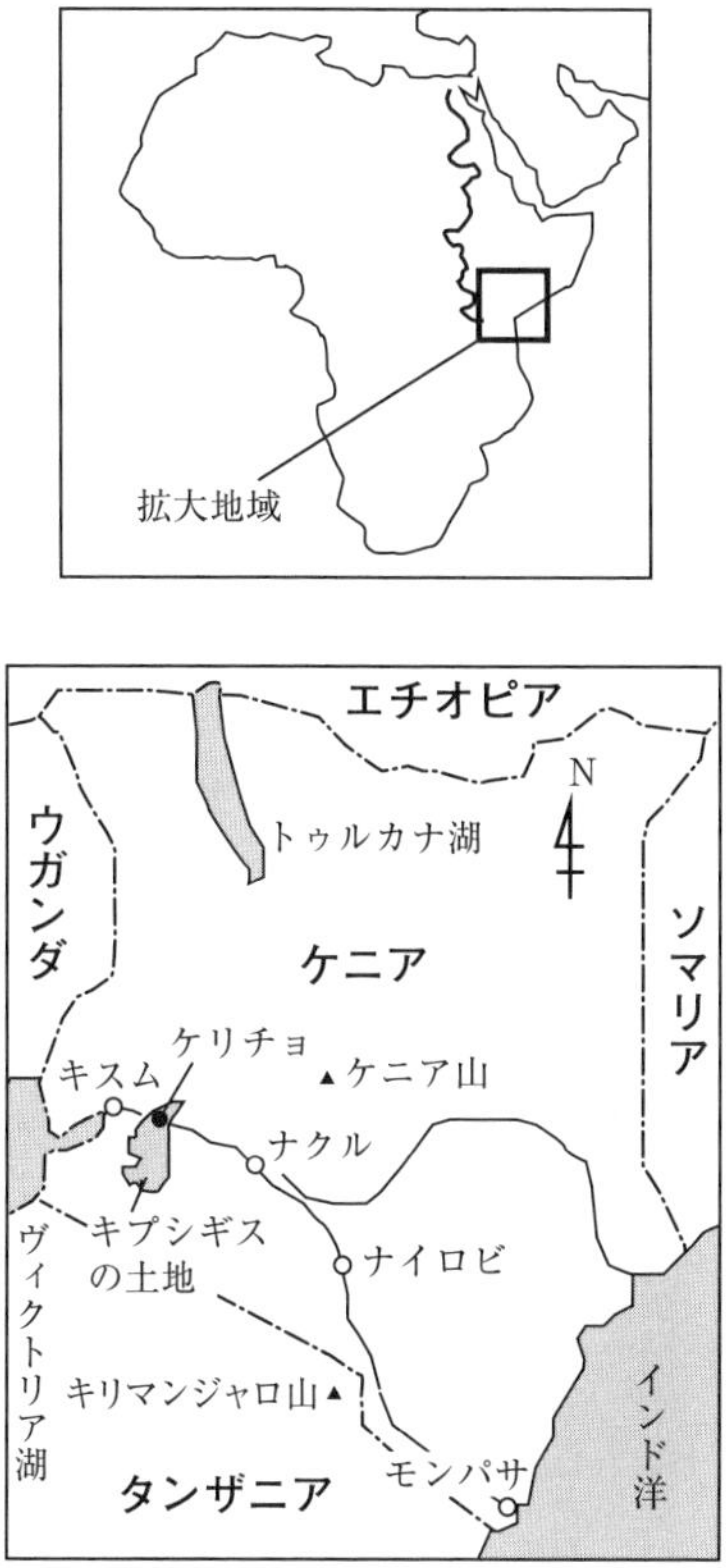

図1　キプシギスの土地

本章では、そのキプシギスの人々の伝統的な大人観・子供観を取り上げて、彼ら自身の論理を起点として、その社会・文化的な意味を考察する。この試みは、通過儀礼の一つとしての成年儀礼をもつタイプの社会の大人観・子供観の大局的な理解にも繋がり、また我々自身の子供観・大人観を相対化して見直す小さなきっかけにもなってくれるだろう。

高度な産業社会である現代の日本では、子供は、誕生以来生理的・精神的に発達を続けながら徐々に成熟していき、やがて大人としての自己を社会的に確立する存在だと考えられている。そして、普通、こうした子供観（と大人観）に誰も疑いを差し挟むことがない。つまり、持続的な成長や発達、或いは成熟を鍵概念として、なだらかな上昇曲線を描いて大人へと移行する過程の種々の相で、子供を捉えているのだ。だから、教育の目的は、その滑らかな成長や発達を助長することだと観念されていると言えよう。

しかしながら、このような子供観が人類に普遍的に妥当する「自然」なものだと見るのは正しくない。現代の日本人がそれをごく「自然」だと感じるのは、人間が自分自身で創り出した文化的な環境にも適応して、変化しつつ自己形成する生き物だからであって、それは飽くまでも一つの文化による一つの恣意的で歴史的な選択なのである。

それを証するには、誠に些細な一つの事実を挙げれば事足りる。武士の子供は、一旦元服すれば、たとえその翌日に切腹を命じられても歳長けた大人と寸分変わらず、時にはそれ以上に従容と死に赴くことができたと言う。元服という（通過）儀礼が彼を幼く弱々しい子供から、申し分ない一個の大人へと一気に変成（或いは変身）させたのである——あたかも、蝶や蝉の変態脱皮のごとく。これもまた同じ日本の、別の時代の（部分）文化的な選択であった。

さて、キプシギスの民族社会でも、子供は加入礼を受けて大人へと一気に変身する。そして内面を支配する「謎々」と呼ばれる子供特有の論理を、「知恵」と呼ばれる全く異質な大人の論理へと劇的に置き換えるのである。そして、このような「大人／子供」の対抗的で、且つ相補的な論理を複合した社会原理を巧みに駆動させることによって、誠に脆弱な存立基盤に依拠するキプシギスの社会は、伝統を厳しく守りながらも想定外の大きな社会変動に柔軟に対応できる余地を、巧みに担保していたと言える。

この第一章は、長年のフィールドワークで蓄積してきた一次資料を駆使して、右のような観点から、キプシギス人の大人観と子供観を多面的に読み解くことを目的としている。

一　大人と子供

フィリップ・アリエスの『〈子供〉の誕生』の刊行は、一つの事件だった。彼によれば、西欧では十七世紀まで、子供は未熟で脆弱な「小さな大人」として実社会の真っ只中に放り出され、生活の万端を大人たちと共有していた。この著作は、自明視されてきた西欧近代の子供観や子供像を鋭く撃って相対化した。

1　子供観の概観と検討

しかし、子供という概念が、単に生理学・生物学的なものである以上に社会・文化的なものである事実を多角的に実証した点では、マリノフスキー以来、文化人類学は社会史研究に大きく先駆け、遙かに膨大な実証資料を蓄積してきたと言える。近年、アリエスやエリザベート・バダンテールらの仕事が大きな話題となった理由の一半は、彼らが近代西欧的な子供観の相対化を西欧それ自体の内部からなし得たことに求められる。だが、それ以上に、彼らの功績は、子供の概念と子供に差し向けられる眼差しや感懐が、歴史的な形式とその変容の過程をもっている事実を、具体的に明らかにしたことにある。

この視点に立つ時、文化人類学は、歴史学や社会学からの次のような批判に対して、進んで胸襟を開き、自ら新たな方法論をもって子供研究の領域を拡大する必要を認めなければなるまい。「日本も含めた非西欧社会も、近代家族の情緒パターンの影響から免れていない。けれども、非西欧社会の近代化の過程における家族史のデータの蓄積は十分でないのが現状である」(山田　一九八八:八五)。

確かに、多くは伝統的に無文字であった小さな共同体を研究対象とすることが多かった文化人類学が、膨大な文献や図像の堆積から子供観の歴史的な変容を跡づける社会史研究の方法を、そのまま援用することはできない。しかしながら、それらの人間集団の近代的な変容は、比較的に歴史深度の浅いものであり、社会史研究に固有な方法を離れても、その歴史的な変容過程を或る程度まで再現することは、必ずしも困難ではない。

その一方で、アリエスらの社会史家の研究の成果にも、固有の限界性を見出さざるを得ない。それは、社会が産業化すると共に国家の便益に則って保護され、公教育を施されるべき「子供(期)」の概念が近代家族の成立と軌を一にして「発見」されたとする彼らの立論に随伴する、事の半面である。つまり、社会史研究は、中世西欧の子供概念をもって、近代西欧の子供概念の相対化を図った。しかし、前者は「小さな大人」として丸ごと大人概念に飲み込まれた子供像であって、むしろ語られるべき内実の乏しい「大人の陰画」と見るべきだと考えられる側面がある。

社会史家の関心の対象は、大人の目に映し出された子供像である。彼らはそこで判断を停止して「小さな大人」に育つ以前の子供たちの固有の内面や、彼ら自身の仲間社会のあり方などを、もう一歩踏み込んで見極めようとはしていない。その結果、彼らが中世西欧の歴史の中に見出した「小さな大人」としての子供観は、そのまま彼ら自身の「中世の子供」観に同化する。そればかりでなく、社会史家によって対象化されたこのような子供の認識が、彼らが「〈子供〉の誕生」以後の西欧の子供像を描く時にも、やはり同様に無意識的な前提となり、象りの枠組となっている事実を見逃してはならない。

ところが、文化人類学もまた独自の方法論的な欠陥をもっていると言える。野村雅一の指摘する通り、つい最近まで、文化人類学の子供研究は、社会化（文化化）に関する諸問題に集中していたのであり、文化的な自律性をもった存在として子供を捉えて、その固有の文化的なあり方を問うことが稀だったからだ（野村　一九八五：二〇六）。「子どもはただ大人になるためだけに、日常、行動しているのではない」にも拘らず、社会化の視点に立つ限りは「子どもの行動はもっぱら大人になるまでの長い過程の一環としてとらえられるわけであり、現におこなわれる個々の行動の意味ははるか先に送られる――つまり、大人になってはじめてわかる――ことになる」（野村　一九八五：二〇六）。

かくして、文化人類学の「いまだ大人ならざる者」（野村　一九八五：二〇六）という子供像は、大人の側から飽くまでも一方的に子供を眺めた時にのみ成立する、対他的に対象化された一種の模像なのである。この時、自分と同様の自己意識の存在を他者にも認めることである「他我意識」は、大人には無前提に差し向けられるのだが、その一方子供には及んでいない。こうして結ばれることになる子供像は、それゆえに自己意識無き主体としての子供であるしかない。この点で、文化人類学の子供観でもある「未成の大人としての子供」という認識は、社会史家が西欧の歴史から抽出し、結局自らも共有するに至る子供観に、結局は通底することになっていると言える。

2　現象論的方法と文化論的方法

野村によれば、子供の言語活動のあり方が端的に表すように、子供とは、「過渡的存在である反面、自律的な価値観やコードに従って行動する存在である」（野村　一九八五：二〇六）。中でも野村は、子供の言動が社会的統制機構から自由であり、それが場面的状況という社会秩序に関与する役割期待によってではなく、個としての内的な必然によって促されたものである点に注目する。そして、「社会的には意味をもたないこうした動作は、個人のいわば『生の構造』（野村　一九八五：二〇七）に根ざしたものであると考えている。

野村は、大人と子供の相互に自律的な価値観やコードが日常的に共存するばかりでなく、「生の構造」が「社会秩序の構造」から最もよく解放されている現場として、今日の我々の家庭を捉えている。彼は、以上の前提から、タイムラグ・ビデオによる家庭生活の記録の分析を通じて、「子ども世界の独自性と子どもと大人とのかかわりあいの容態」（野村　一九八五：二〇九）を現象学的に解明しようと試みた。

子供の文化的自律性を強調する野村も、いわゆる「異文化としての子供」観、つまり「子どもを文化の中のひとつの異文化」と見る認識には、形容矛盾を見出す。それは、「文化はいつも、子どもや老人、男や女などの、さまざまにことなる価値やコードの織りなす総体であり、それらがともにはたらきあう場」だからである（野村　一九八五：二〇八）。彼にとって、子供の世界は、文化に取り込まれた異文化ではない。子供の自律的な価値観やコードは、「大人のコードに拮抗する力をもち、総体としての文化をいきいきとしたものにしている」のである（野村　一九八五：二〇八）。

筆者もまた、「異文化としての子供」という認識は、一見文化の多元的な構成や大人と子供の価値観の相互交流を孕むかのように見えながらも、結局は大人文化をその文化自体として捉えている以上、文化化や社会化の図式的な視点を完全に克服していないと判断する。それに対して野村は、様々な自律的な価値観やコードの相互媒介性にしっかりと眼を据えて考察している。文化人類学も、そのような視点を可能な限り援用するべきなのだ。ただし、それに当たっては、次に概観する通り、前もって十分に検討しておくべき側面が残されていることにも留意しなければならない。

野村は、文化を単一の総体だと観念しているばかりでなく、実は、総体としての文化を相互依存的に構成するものとしての部分文化、ないしは下位文化という概念までも拒否しているように思える。実際、右記の論考で「大人文化」や「子供文化」の表現を用いる不用意さが、何処にも全く窺えない。

野村がそのような理論的な枠組みを意図的に選択しているのは、彼が今日の「我々の家庭」を研究対象として設定し、現象学的な手法に訴えていることの必然的な帰結であるだろう。高度に工業化され、個人化された現代の日本では、「大人」も「子供」も移行的で相互浸透的な概念でしかない。したがって両者は、輪郭が截然と明瞭である相互排除的な文化概念たりえず、「大人」も「子供」も、確かな実体性をもつ下位文化の担い手としての類的存在ではないのである。

とすれば、野村が現代日本の子供に「個人の『生の構造』」をより強く見出すのは、もっともなことだろう。それにしても、彼が部分文化としての子供文化への言及をすっかり差し控えなければならなかったのは、やはり他ならぬ現代の日本の社会に固有の文化的な事情によるものであると思われるのである。

さて、ここではクラックホーンに倣って、文化を「集団が共有している特色のある生き方」（Kluckhohn 1949）であると、簡明、且つ緩やかに規定しておこう。今日の日本社会では、子供は部分文化としての子供文化の中の存在であるよりも、何よりもまず優れて個人として存在している。この状況では、子供は、まさしく子供に対する社会の文化的な定義に沿って、「個人の『生の構造』」に強く支配されている限りにおいてのみ子供と認知されることになる。しかしながら、このような子供のあり方が、様々な人間社会において、必ずしも普遍的でも一般的でもないのである。

3 「生の構造」と文化

実際、どの社会にも、個人の性と成熟段階に基づく独特の「年齢範疇」（age category）が存在する。ただし、個々人が年齢範疇によって明らかに区分されていて、各々の区分ごとにその地位と役割に見合った行動をとるように強制される社会と、そうでない社会とに大別することができるだろう。

一般に、近代化された工業（産業）社会では、各成員への社会的な地位と役割の配分は、年齢範疇よりもむしろ個人的な資質と能力に大きく依存している。実際、今日の欧米や日本では、例えばポストマンが論証したように、或る年齢までは罪を犯しても罰せられないとか、或る年齢になれば結婚、飲酒、自動車の運転等々が個別に許されるなど、法律や条例の中に各種年齢による様々な資格や免責の不揃いな規定があるだけで、統一的な年齢範疇の枠組みは曖昧である。だから子供は、大人と同様に、個別的な状況に応じて比較的自由で個人的な日常を送っている。

対照的に、大人と子供がはっきり統一的な基準で集合的に区別される社会の一つの典型として、枠組が明確な年齢組織（age organization）を社会の構造化の中核的な原理とする、東アフリカの多くの伝統的な社会を挙げることができる。本書で取り上げて詳しく考察を加える、西南ケニアのキプシギス人の民族社会も、その一つの好例である。

そのような社会では、子供は、単に「生の構造」に（個人として）大人よりも一層強く把捉されているがゆえに子供であるばかりではない。（本来は「文化の構造」に対置されるべき）子供に有りがちな「生の構造」を敢えて文化的に誇張した生き方（後述の「謎々」性）を謳歌しているのだ。すなわち、所属する年齢組（age-set）の「集団が共有している特色のある生き方」を自らの生き方として引き受けることを自他共に許す者、即ち明確な輪郭をもつ子供文化の類的な担い手としての「子供」なのである。

この場合、本来生理に属する「生の構造」は、それ自体が文化として意図的に拡張され、強調されて、社会的に造形されている。要するに、孤立した個人であれば、彼（女）の生理の時系列的な推移（現代社会が観念する「成長・発達」）によって速やかに失われかねない「生の構造」の枠組みは、彼が「子供」という文化的な年齢範疇に社会的に繋ぎ留められている限り、生理的で漸進的な変成の可能性を抑えて彼（女）の内面に滞留し続け、彼（女）を強く拘束して放さないのだ。かくして「子供」は、一方では彼（女）自身の生理に根ざす外面的な変成の経験を超え、また同時に文化によって造形された「生の構造」を受容して、類的存在（共体的な年齢組員）として生き続けるのである。

このように考える時に、部分文化それ自体の内部における「生の構造」と「文化の構造」との相互媒介性の相の下で、子供というその部分文化を捉えることができるだろう。そして、さらにそのような内的生成を孕んだ各々の部分文化の価値やコードの体系が相互に媒介されつつ交流する総体として、一つの文化を動態的に捉えて理解する展望が開けてくる。

本章は、そのごとき展望を持って、キプシギスの民族社会における伝統的な子供のあり方を、エスノヒストリーを援用しつつ再構成しようと試みる。

二　年齢組＝年齢階梯複合体系と子供

英国によって植民地化される以前、キプシギスの人々は、月が一二回盈虧《えいき》を繰り返すと（大雨季・小雨季と乾期からなる）季節が一巡して回帰すると考えていた。だが、季節の巡行の積み重ねを或る人の誕生を起点として次々に積算して行くこと、即ち西欧人やアジア人のように個人の年齢を数えることはなく、したがってアジア・ヨーロッパ的な年齢概念を想定することもなかった。一人ひとりの社会的な長幼の関係は、キプシギスでは、成年式でもある加入礼（*tumdo*）の諸儀礼を受けた時期の前後関係によって決まったのである。

1　キプシギスと「年齢」概念

キプシギスの加入礼は、十五年（Peristiany 1939: 30）から二十一年（Orchardson 1961: 59）ほどの長い間隔を置いて、民族の領土全体で或る時節に一斉に開始されてきたとされる。つまり、これも一定の厳密な間隔を絶対視するのでなく、その時々の社会情勢による民族内・民族間の事情を優先して良いタイミングを適宜捉え、（アジア・ヨーロッパ的に言えば）ほぼ十五年から二十年ほどの間隔で実施されてきたのであった。

加入礼の実施は、新たな〔大きな〕年齢組（*ipinda*〔*neo*〕）形成開始の契機でもあって(1)、同じ時期に加入礼を受けた者たち全員が同一の年齢組を形成し、それに生涯属し続けるので、加入礼を受けた時期が何時であったかは、どの〔小さな〕年齢組（*ipinda*〔*neming'in*〕、つまり副組）に属するかでわかる。年齢組体系はキプシギスの政治構造の中核をなし、各年齢組はその組員同士が強く相互依存的な存在であり、且つ任意の成員が集団全体を適宜代表する、いわば「一人は全員のために、全員が一人のために」という共体的な性格を強くもっていた。

右に述べたように、アジア・ヨーロッパ的な年齢概念が無かったキプシギスの社会では、髭が生え揃うことが、若者が加入礼を受けるための前提条件だった。ただし、それも絶対的な基準ではなく、一つの目安に過ぎない。むしろ、それに優先する別の厳格な規則がある。それは、息子が加入する年齢組が父親の年齢組の次の次（時にはそれ以下）の年齢組でなければならないことである。

キプシギスは、（筆者もまだ数え尽くしていないが）人によっては二〇〇を超えるとも言う、規模の小さな外婚的父系氏族の政治的な団結に基づく、諸氏族の非中央集権的な連合体であった。年齢組体系は、キプシギスの社会を構造化している基本原理である家族＝氏族の統合原理を温存しながら、それと矛盾せず、且つそれを横断する形でキプシギスの全民族的な統合を別次元で補完する、極めて重大な社会原理を体現するものであった。

それゆえに、新たな年齢組の形成に当たっては、全ての父子について、彼らが属する二つの年齢組に関する「構造的な年齢組間隔」の規則と、個々の実際の父子関係の特殊要因である系譜上の（いわば生物学的な）世代間隔の両者の関係を形式的に同調させる、多元的な調整が要請された。このような構造的な要請から、諸個人の誕生の時期の実際の前後関係や肉体的・精神的な成熟度などは、必然的に相対化されることになり、或る特定の個人の成年の時期（＝年齢組に加入する時期）を決めるうえでは、飽くまでも副次的な文化変数に過ぎないと観念されていたのである。

アジア・ヨーロッパ的な意味での年齢という、キプシギス人の文化に内在しなかったエティックな概念を無前提に援用することは、却って彼らの時間観や人生観についての誤解を招きかねないだろう。ここでは、「キプシギスの少年少女は、かつて（二十世紀初頭まで：筆者注）は二十五歳ないしは三十歳にならなければ加入礼を受けなかったのであり、男性はその年齢でさえ結婚しなかったのだ」（Peristiany 1939: 54）という形で、古典的な受礼年齢に便宜的に触れておくに止めたい。

2　世代観と再生観

キプシギスの年齢組体系では、今では常時併存している七つの年齢組があり、それらは各々固有の固定した名称（キムニゲ、ニョンギ、マイナ、チュモ、サウェ、キプコイメット、カプレラッチ）をもち、それらの名称は、一定の順で循環的に、新たな年齢組の名称として現れてくる。つまり、最新の年齢組は、どんなに早くとも最古の年齢組の最後の成員が死没してから形成されるのが原則で、最新の年齢組がその最後の年齢組の名称をそのまま受け継ぐのである。十九世紀まではもう一つの、つまり八つ目の年齢組（コロンゴロ）があった。だが、その年齢組は極めて悲惨な敗戦を経験したがゆえに、同じ悲劇が繰り返されることが忌まれ、同世紀半ばに廃絶されたと伝承されている(2)。

息子が父親の次の次の年齢組に加入する規則によって、原理的には、孫は祖父の年齢組の四つ後の年齢組に属するのが普通になる。今、八つの年齢組からなる循環的な年齢組体系の理念的な概念図を描いてみ

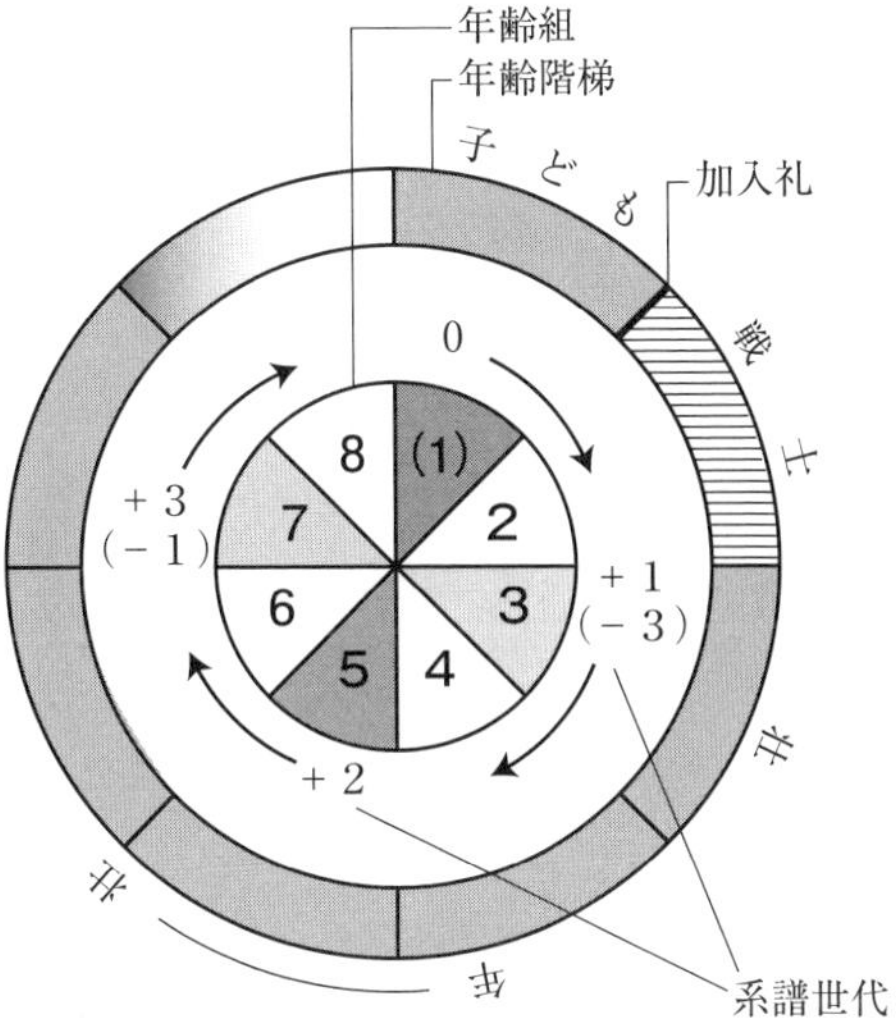

図２　キプシギスの年齢組・年齢階梯複合体系の理念的な模式図

ると、祖父と孫の年齢組は、そのドーナツ型の模式図において対蹠的な位置関係を占めることになるのがわかるだろう（図２）。

　そして、当該の二つの年齢組の開設の時期は、理論的には約六十年間から八十五年間ほどの隔たりをもつことになる。キプシギス人は、平均寿命がかなり短かったうえに、上述の通り成年する時期が遅かった。さらに、植民地化によって今日のケニアに当る地域にパックス・ブリタニカがもたらされるまでは、他民族との牛の略奪抗争、戦役、疾病、飢餓などのために（特に男性の間で）大量の死者が出ることも珍しくなかった。それゆえ、存命中に父系の孫息子を得る男性はそれほど多くなく、それを実現した者は真に祝福された存在と見做されていた。

　以上の理由から、年齢組体系は、死者の霊魂が父系の同性親族である赤ん坊の誕生時にその魂として再来するという、キプシギス人の信仰（第三節第５項参照）と調和的に連動させられてきたことがわかるだろう。そして、新生児に再来するのは、ほとんどが同性の父系の類別的（classificatory）な祖父母だと考えられている。理念的に対蹠的な位置を占める父系の孫息子が属することになる年齢組の形成を夢見て、男性が遠く思いを馳せる時、自らの年齢組の影をそこに見出して深い満足を感じたのだ。即ち、父系の孫息子への霊魂の再来が二度繰り返される時、（理論上）彼（の霊魂）は彼が現在所属するのと全く同一の（名称をもつ）年齢組へと再び加入することになるのである。

その情念は、カレンジン民族群中キプシギスに次ぐ人口を有し、キプシギスの北に相接して住み、カレンジン民族中でもキプシギス人と同系性が特に強いナンディ人の、いわばナンディ版「風が吹けば桶屋が儲かる」型の古い問答歌によく窺えるのである。それを以下に引いておこう（Hollis 1909: 122）。

ヤギの糞を私に投げつけたのは誰さ？　何のため？
天に向かって投げたんだ
天にだって、一体何のため？
雨を贈ってもらうんだ
雨を降らせてどうするの？
若草が焼け野に芽吹くだろう
若草が萌えたらどうなのさ？
老いぼれ雌牛も食えるだろう
老いぼれ雌牛をどうするの？
屠って鷲にたべさせる
鷲を呼んでどうするの？
風きり羽根を落すだろう

風きり羽根をどうするの？
矢羽根作りに使うんだ
弓矢で何をするのかな？
敵から牛を盗ってくる
その牛たちは何のため？
嫁さんもらう結納に
その嫁さんをどうするの？
子供を産んでもらうとも
子供を作ってどうするの？
頭の虱を飼わせるさ
虱を飼わせてどうするの？
虱頭で（あの世に）逝けるだろう

虱頭は、もちろん、白髪頭の比喩である。一人でも多くの妻を娶って、一人でも多くの子供を産んでもらい、その子供たちのまた子供（孫）たちの誰かにその霊魂となって再来できることを信じて、その様を心に温めて思い描きながら、満足して死んでいく。少なくとも植民地化以前、それが、キプシギス人男性の長い間の夢であり、理想だったのである。

3　年齢階梯と子供

キプシギスには、年齢組体系と同時に、それに加えて年齢階梯体系が存在した。年齢階梯体系では、或る個人は、序列化された一連の年齢段階である年齢階梯を順々に昇階しながら、各年齢階梯に固有の地位＝役割を獲得し、それに相応しい行動様式を身につけていく。キプシギスでは、年齢組体系が年齢階梯体系と組み合わさって連動しており、一つの年齢組成員の全員が、一斉に年齢階梯を一つ昇階する仕組みになっていた。それはまた、それと同時に、全ての年齢組が一斉に年齢階梯を一つ昇階する仕組みでもあった。そのあり方は、図2の内側の環のパイ型の刻みが時計回りに一刻み動くと考えるとわかり易い。

最も新しい年齢組が、割礼を手始めとして、加入礼を構成する一連の諸儀礼を無事完了すると、戦士階梯を占めることになる。一方、それまで戦士階梯にあった年齢組は壮年（「老人」）階梯に加わって、より古い他の年齢組と手を携え、政治・法機能を司る中核になる。つまり、新しい年齢組が完成すると、先行する直近の年齢組の成員は、人生の華である戦士時代を終えて、その都度壮年（「老人」）階梯へと一斉に引退するのである。

そしてキプシギスでは、「子供」（*lakwet*）とは、現役の戦士たちの年齢組に続く、来るべき年齢組の成員に擬せられながらも、実際にはいまだ自らの年齢組をもたない、いわば年齢階梯（地位＝役割体系）の舞台裏、ないしは外部にいる者たちのことである。

以上に見てきたような構成原理は、実質的に戦士階梯だけが排他的で特権的な社会機能を与えられていることを意味している。つまり、キプシギスの年齢組＝年齢階梯複合体系は、何よりもまず軍事組織形成を指向するものだったと言えるのである(3)（だからこそ、英国植民地政府は、キプシギスを植民地化すると、即座に彼らの年齢組体系を厳しく抑圧しようとして、大胆な手を次々に打ったのだった）。

女性にも、男性には明かされない独自の加入礼が存在するが、男性の場合のようにほぼ十五年から二十年ほどの期間持続して形成されるような本格的な年齢組はなかった。ただし、同じ機会に加入礼を受けた女性全員が、ごく短期間、擬似的な年齢組を作り、その機会に因む非反復的で一回的な名称で呼ばれた（Komma 1998: 204-205）。ただし、割礼（陰核摘出）を含む女性の加入礼の実際的な目的は、結婚して妻となるための「女の知恵」と心構えの伝授にあり、加入礼を済ませた者は早々と婚出するのが理想であって、またそれがほぼ確実な現実でもあった。それゆえ、女性の年齢組は飽くまでも仮の擬制的なもので、ごく短期間存在しては自然消滅する運命にある。即ち、女性は、結婚すると夫の年齢組に形式的に編入され、社会生活の多くの場面でいわばその名誉組員という扱いを受けることになるのである。

ただし、キプシギス社会の複婚制の家族では、夫と（特に二番目以下の）妻の（西欧的な意味での）年齢差は往々大きく、妻は、生理的側面を社会構造に従属させる操作を最も強く被る存在であったと言えるだろう。それゆえに、極めて高齢の夫のごく年若い妻は、新しい年齢組を開設するうえで、扱いの難かしい、厄介な存在でもあり得た。（女性である「名誉組員」を含めて）最も古い年齢組の構成員全員が死に絶えたことを確認したうえで新たな年齢組が開かれなければならないのだが、（特に植民地化後に平均寿命が延びた効果で）頑強な老女が生き残っている場合がある。もし新たな年齢組の開設を強行すれば、生き残っている年齢組員が即座に落命すると信じられてきた。ただし、それにも拘らず、なぜかそれが無視されて、新しい年齢組が開設されてしまったこともあったらしい。

しかしながら、キプシギスにおける年齢組＝年齢階梯体系に基づく年齢範疇による民族内部の人々の分類システムは、構造的なズレのかれこれの総体を飲み込んだうえで、なお且つ、それなりに平準化された各年代のイメージを提供することに成功してきたと言えるのである。

三　異人としての子供

前節で見た通り、キプシギスの子供概念の大きな特徴の一つは、大人概念と截然と区分されて、それに対置される明確な輪郭をもっていることにある。

1　親と子供の住み分け

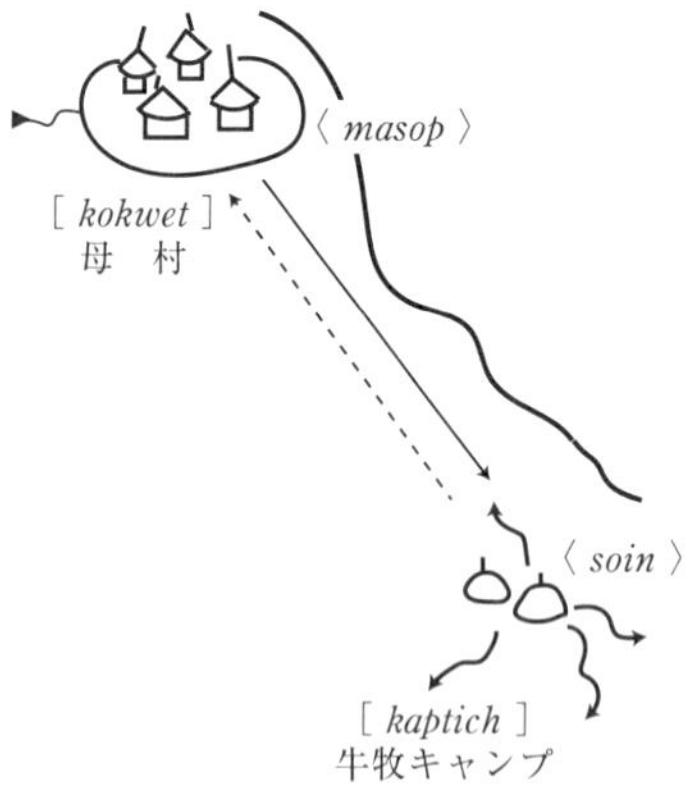

図３　植民地化以前の住み分け型の住居空間（概念図）

年齢組は、日常の家族生活でも、その実際的な組織化の具体的な原理の一つとして現在でもそれなりの意味をもっている。結婚後の居住制は伝統的に「新居制」(neo-locality) を採ってきたので、必ずしも特別に大人数の家族を形成するわけではない。それでも、かつては性と年齢範疇の組み合わせによって、家族成員は母村（*masop*：散村的な近隣集団）と牛牧キャンプに（図３）、さらに母村でも、一家の敷地内に相互にかなりの距離を置いて作る、幾つかの小屋に住み分けてきた。

即ち、二十世紀初頭に植民地化されて牛牧キャンプが廃絶させられる以前、母村はかなり雨量の多い高地にあり、女性、既婚の戦士、老人階梯の男性、幼い子供がそこに住んだ。女たちがシコクビエやモロコシなどの雑穀を粗放な農法で栽培し、幼い男の子たちが家の近くの草地で山羊・羊を放牧して飼った。そして、（裁判機能ももつ）「村寄り合い」（*kiruoget*）で中核的な役割を担って政治を司る壮年（「老人」）階梯の男たちは、のんびりとシコクビエ製のビールを愛飲する日常を楽しんでいたのである。

他方、加入礼を受ける前の年嵩の若者たちは、親元を遠く離れて、低地のやや乾燥した草原地帯（*soin*）に簡易なキャンプを設営し、自らの母村に属する牛の群を草と水を求めて追いながら飼養していた。未婚の戦士たちが、その若者たちと行動を共にして、彼らと牛群を共に野獣や（マサイ人やグシイ人などの）近隣の異民族の襲撃から守っていた。

幼い娘たちは諸々の家事や雑多な作業で母親を助け、年嵩の娘たちは母村から半日から一日ほどの行程にある牛牧キャンプと母村を頻繁に往復しては、（上下二つの石の間で）粉に碾いた雑穀を母村から牛牧キャンプへ、また牛の乳と（牛の首を革紐で括って縛って浮き上がらせた右頸静脈を先の丸い小さな鏃のついた小型の矢（*loinet*）を弓で軽く射て噴出させた）血を、牛牧キャンプから母村へと届けに通っていた。なお、この小さな旅は、娘たちが決まった恋人と牛牧キャンプで逢瀬を楽しむための旅でもあった。

大人と子供は、髪形、服装、身体装飾など、外観で明快に区別されただけでなく、相互に強く対照的な行動規範をもっていた。例えば、歌も、加入礼の冒頭部で割礼を受けるまではできる限り甲高く声を張り上げて、頭から声が抜けるような調子で戸外で歌い、その後は、太くて低い地声を使って唸るような調子で屋内で歌うようになる。食事は、客人、成年男性家族員、成年女性家族員、子供の順番で供されたが、専ら子供には乾いて硬くなった、前日の食い残しのキミイェット（*kimyet*）、つまり（雑穀粉またはトウモロシ粉を熱湯で蕎麦搔き状に引き締まるまで練り上げた）主食だけが与えられるのが普通だった。なおキミイェットは、ケニアの諸民族の間でスワヒリ語のウガリ（*ugali*）の名で知られる食物に等しい。

2　ヒトならざる子供

以上のような事実は、大人による子供の区別のあり方が、むしろ「異人」（stranger）に対する差別のあり方に近いものであるという印象さえ与えるに違いない。

キプシギス人男性にとって、加入礼は、近代化の過程を益々急速に辿っている今日でさえも、依然として人生最大の関心事の一つであり続けていると言ってよい。というのも、キプシギス人にとって、加入礼は大人になるためというよりは、むしろヒト（人間）、つまりキプシギスになるために通過しなければならない、民族的な自己同一性に直結する意味を持つ儀礼だからである。

この人生観は、キプシギス（*Kipsigis*）という民族名（自称）に端的に窺うことができる。キプシギスの語は、直訳すれば「生まれた者」、より正確に言えば「生まれた男」を意味する――他方、成年女性は「生まれた女」を意味するチェプシギス（*Chepsigis*）の語で呼ばれる。この場合、「生まれる」（*sigis*）とは、母胎から生理的に生まれる（*i*）ことではなく、加入礼を無事に済ませて「社会的に生まれる」、或いは「社会の中に生（み込）まれる」ことである。それゆえに、「加入礼を経るまでは、子供たちはキプシギス人に数え入れられているわけではなく、単にキプシギス人の子供であると考えられているのである」（Orchardson 1961: 58）。

かつて乳幼児死亡率が（世界的に見てまだ随分高い）現在よりもさらに著しく高かった歴史的な事実が、こうした子供観を育んだ背景にある。兄姉が（典型的には）三人以上続けて夭逝した後に生まれた赤ん坊は、「印付きの子供」（*tegeriyot*）と呼ばれ、身体や衣服に太陽神（*Asis*）に助命を嘆願する特別の印付け（*tegerisiet*）をされ、人々は特別の思い遣りと配慮をもって彼らを丁重に遇したのである。「印付きの子供」である若者は、加入礼のための儀礼的な装束として特別に青猿の毛皮を着用したが、その割合は、一九三七年の時点でも三割から四割に達していた（Peristiany 1939: 61）。

割礼の起源は、子供を幾人も失った或る人が「印付け儀礼」（*tegerisiet*）の一異版として実施したところよく功を奏し、その後彼の子供たち全員が生長した故事にあるとされている。[4] 実は、加入礼全体も、無二の友であった最初のヒト（キプシギス人）の裏切りに怒った牛の、その罪に対する恨みが嵩じて生まれた災疫、つまり子供たちの大量の夭逝を防ぐための儀礼的な対処法だったと考えられている。キプシギス人の子供の病を癒すために子牛の血と肉を進んで差し出して食べさせた牛が、それがキプシギス人の策略の帰結であったことを後に悟って、それ以来二度と言葉を話さなくなり（コミュニケーションの拒否）、手足に蹄を生やした（握手の拒否）のだと神話が物語っている。今度は、キプシギス人が子供たちを（加入礼の機会に「湖の獣」〔*tiondap araraita*〕として湖から現れ出る）牛に犠牲として象徴的に捧げて、牛のその深い怨恨を中和することが加入礼の密かな、そして象徴的な目的なのである（小馬　二〇一〇：六一―六八）。

日本でも、かつては「七つまでは神の内」と言い習わしてきた。同様に、キプシギスでは、割礼を含む加入礼を済ませるまでの子供とは、まだキプシギス、即ちヒト（人間）として正式には共同体に属していない存在だと観念されていたのである。そして、別称「どうにかする儀礼」（*yaiwet*）とも言う「印付け儀礼」（*tegerisiet*）とは、子供がどうしても育たない窮境にあるがゆえの、一種の「先取りされた加入礼」だとされた。逆に言えば、加入礼もまたいわば一般化された「印付け儀礼」なのである。

英国植民地政府が導入して強力に推進したトウモロコシ栽培が広く普及する一九三〇年代まで（小馬二〇一〇：六一－七三）は、特に激越な形で飢餓が波状的にキプシギス社会を襲い、楯、皮衣、寝皮、サンダル、ベルトなどの皮製品まで悉く食い尽くすほどの惨状を呈したこともある。そうした極端な危機には、幼い女の子が往々穀物一袋と引き換えに、隣接民であるグシイ人に売り渡された。当時のごく規模の小さい多産多死のキプシギス社会では、何よりも先ず、生殖の担い手である大人の生存を確保することを最優先させなければ、民族共同体の存続はとてもおぼつかなかったのだ（小馬　二〇一八b：二一一－二一二）。加入礼を受礼する以前の子供とは、何か超人的な力によって、直接的・間接的に、何時いかなる時にでも不意に生命を奪い去られかねない儚い存在なのである。キプシギス人にとって、つまり飢餓もまた、背後にそうした超人的な力を感じずにはいられない、恐ろしい現象だったのである。

3　穢れた存在としての子供

子供は、「（子供の）穢れ」（*kerek*[*ap lakwet*]）と呼ぶ一種の汚穢（*simdo*）を帯びた存在だと考えられていた。この穢れは、子供が幼ければ幼いほど強く、乳幼児期を経ると徐々に極小化していくが、男性、中でも父親に最も強く作用して、彼の男らしさを大きく損なわせると考えられていた。

つまり、この穢れに冒された男は、近隣民族の土地へ牛を略奪に出掛けることを何故か厭うようになり、仮に出掛けてみても二度と略奪に成功しなくなってしまうと考えられていたのだ。それゆえ、若者たちが仮にも加入礼を済ませて無事戦士になれたなら、もう二度と、決して子供と握手してはならなかった。子供がサファリ蟻（*chepkosa*）の大群に全身をたかられて、今にも食い殺されそうになっているのを見かけた場合を稀な例外として、子供の身体に絶対に手を触れるなというのが、加入礼を受ける若者がその訓練期間中に与えられる、重大な教訓の一つになっていたのである。

ただし、子供の穢れは、水で洗い流すことができる。どの家でも、戸外に一メートルほどの長さの木の枝をその小枝が三叉に分岐する部分を上にして垂直に地面に突き立て、細い首と底を切り落として漏斗状に整形した瓢箪を、その三叉の又の所に斜めに挟んで固定しておいた。乳幼児をもつ母親は、夫の食事を作ったり、夫の身の回りの品に触れたりする前に、必ずまずこの瓢箪に水をなみなみと満たして、肩の付け根まで両手両腕を洗い清めてから、完全に乾くのを待った。子供の穢れを夫に決して伝染させないためである。

一方、幼い子供たちが父親の持ち物に手を触れることは、厳格なタブーだった。男性は、自分の留守中に友人や知り合いにこっそり自宅に立ち寄ってもらい、この禁忌が確かに厳守されているかどうか偵察させたのである。少しでも落ち度があると知れると、帰宅した夫が妻を素手で打擲したものの、直接子供を手に掛けることは決してなく、自分に代わって妻にその子を打たせた。それは、自分自身が子供の穢れに感染することを避けるためである。(5)

幼少期を離れて一旦極小化した「（子供の）穢れ」も、（加入礼の最初に行われる）割礼の受礼後に再び（別の名称の下で）極大化する。加入礼の受礼者の幼さは、儀礼的に繰り返し強調され、加入礼のライトモチーフの一つになっている。そして、この時期の穢れは、特に「加入礼の穢れ」（*muturik*）と呼ばれ、その穢れのゆえに、受礼者は、隔離期間の初めの一定の期間、食事の時に食物にも食器にも直に手を触れてはならない。

割礼に続く主要儀礼である「手を洗う」（*labetap eun*）儀礼の目的は、（聖なる物である）新鮮で柔らかな牛糞で手を「洗って」穢れを拭い去り、この禁制を解くことにある。実は、受礼者に課される「この禁制は、殺人や死体の（藪地への：筆者注）運び出しや子供の穢れに由来する禁制と同じものなのである」（Orchardson 1961: 62）(6)。そして、注目すべきは、殺人者も死体の運搬者も、加入礼の受礼者と全く同じく、社会生活に復帰する前に、一定期間必ず藪地で隔離生活を送らなければならないことである。

こうした事実から、子供も一面では社会内の（一時的・恒久的な）制外者、つまり「異人」と見られていたとさえ言える。子供の穢れの観念は、チュモ（*Chumo*）年齢組が戦士だった時代、即ち一九三〇年代までは強く維持されていたと言い伝えられている。

4　妖術と子供

子供の穢れの観念は、妖術（*ponisiet*）の中でも、妻が夫に対して行使する「邪妻の邪術」（*kwombisik*）の観念に通じる特質をもつ。キプシギスの複婚社会では、夫は他民族から略奪してきた牛を婚資として用いて、一人でも多くの妻を得ようとした。或る男の所有する牛と妻と子供の数の多さは、彼の人生が全うであったがゆえに、太陽神（*Asis*）から恩寵が恵み与えられたことの、何よりの動かぬ証だと考えられていたのである。

他方、少なからぬ妻は、夫の恣意的な複婚を阻むために、或いは夫の他の妻である僚妻（*siet: co-wife*）から夫の愛情を逸らそうとする目的で、夫の食物や衣装に特定の汚物を仕込んで、彼の活性、ないしは男性性を削ぎ落とそうと努めたと考えられてきた。これが「邪妻の邪術」であり、その能力は母親から娘へと伝えられると言われる。

多数の小さな外婚的な父系氏族の政治同盟による、非中央集権的な連合体であるキプシギスの民族社会では、妻は他の氏族から婚入して夫の氏族へと編入され、包摂される「異人」性を帯びることになった存在なのである。そして、各々の妻が相互に数キロメートルから数十キロメートル隔たって自立した家庭（「妻の家」：*kop-chi*）を営むキプシギスの暮らしでは、子供は何よりも母親のものなのである。

さらには、前節で見たように、伝統に根ざした略奪的な牧畜民の心性や宗教的な価値観からして、父親は肌身を介した身体的接触を通じて子供と親密に関わり合うことを、潔しとしてこなかった。すると、子供の穢れは、戦闘や牛の略奪という活動の基盤をなす男性の活力、ないしは男性性を危殆に瀕させるという点で、「邪妻の邪術」と相同の観念複合態と効果をもっていることになる。この事実は、キプシギス人が、邪悪な超人的な力である邪術の属性を、他氏族から婚入する妻と同様、その子供にも（当面）見出していることを暗示しているであろう。「邪妻の邪術」が母から娘に伝わるがごとく。

5　体内の祖霊に支配される子供

本節の第3項と第4項における考察は、仮説的なものである。キプシギスでは、子供に悪影響を及ぼす力が（いわゆる識字社会のように）人々の間で必ずしもごく厳密に一義的に把握されているとは言えない。

この事実を端的に表しているのが「印付きの子供」の概念である。キプシギス人自身の災因論では、不幸に陥った家族が占いに頼ったり、村（*kokwet*：近隣集団）や氏族がその家族の歴史的な背景から災因を探索したりして同定し、その災因を除去するのが、不幸を解消する定式的なやり方だった。しかし、「印付け」儀礼だけは、不幸の原因を具体的に突き止めることを敢えて回避、ないしは断念する例外的な解決法である点で、特殊的なのである。それは、森羅万象の根源にある力であり、太陽（*asista*）の背後にあって森羅万象の調和を司っている（唯一）神アシス（*Asis*）に向かって家族の窮状を訴えようと、救われるべき子供に特別の印を付けて、その生き残りを嘆願する手段としての儀礼なのだ。

とはいえ、現実に子供を最も強く支配して拘束する実際の力は、祖霊だとされている。第二節で言及した通り、キプシギスには死者の霊魂が父系子孫に再来する（再受肉：reincarnation）という信仰があり、且つそれは年齢組＝年齢階梯体系とも密接に複合している。

生まれたばかりの赤ん坊が産声を上げると、その最初の吸気と共に赤ん坊と同性の父系親族（故人）の一人の霊魂、ないしは祖霊が赤ん坊の体内に入り込んで霊魂となると言う。そこで、赤ん坊が産声を上げると、その場に集まっていた老女（赤ん坊の父親の氏族から婚出した女性と、その氏族へ婚入した女性）たちが、その直後に、同氏族の比較的新しい（赤ん坊と同性の）死者たちの名前を次々に唱え始める。

そして、この「魂呼び」（*kureset*）儀礼の執行中、赤ん坊が最初に嚔《くしゃみ》をした時に名前を唱えられていた祖先が、赤ん坊の身体に再来したのだと判定されるのだ。即ち、赤ん坊の最初の嚔が、「魂呼び」に呼応して再来した祖霊である「呼応霊」（*kurenet*）による応答だと見做されるのである。こうして、「呼応霊」の生前の名前が、その赤ん坊に与えられる最初の名前、つまり「祖霊名」（*kainetap oindet*）、別名「呼応霊名」(*kainetap kurmet*) となる。ほとんどの場合、「魂呼び」儀礼で「呼応霊」と判定されるのは、父系の集合的(classificatory) な祖父母たちである。

キプシギスの人々は、一人で同時に幾つもの名前をもっている。だが、「幼い子供が現実に呼応霊を自らの霊魂としてもっていて、事実その祖先と同一人物であることは、子供の父親や母親が愛情を籠めて子供を呼ぶ場合に、呼応霊がこの世に生きていた時に呼び倣わしていたのと同じ名前を選び、幾年間も用い続けるほど固く信じられている」(Orchardson 1961: 45) ように見える。それどころか、父親や母親は、幼い自分の子供を「お父さん」、「お母さん」と(関係名称で) 呼ぶことも少なくない。しかしながら、I・Q・オーチャードソンの目に右のように映った事態は、次節で論じるように、実は事の半面でしかないのである。

もっとも、「魂呼び」儀礼(ないしは命名儀礼) が、何時でも必ず成功を収めるとは限らない。赤ん坊が、病弱だったり、痩せ細っていたり、何時までも言葉を話さない等々、その後順調に育ってくれないような場合には、老女たちが呼応霊の判定を誤ったことが真先にその原因として疑われ、子供の命を救うために命名儀礼が往々やり直されることがある。しかし、もしも繰り返し命名を誤った場合には、実際の呼応霊が往々怒り出して、悪くすれば赤ん坊を取り殺すことさえもあると言われている。

一般に子供は、自分の呼応霊とそっくりの精神的、肉体的な特徴を示すとされる。例えば、一九七九年に筆者が最初に出会った時に既に百歳を大きく超えていると信じられていた、モンゲック爺さんは、自分の裸の胸の三つの細長くて袋状を呈する深さ一〇センチメートルに近い陥没を示して、それは、呼応霊が戦場でマサイ人に刺し殺された傷跡が、自分の胸に次第に現れてきてできたものだと説明した。

ところで、子供たちが大好きな、次のような物語がある。一人の幼い子供を或る生き物が毎日訪ねてきて、子供の食糧をすっかり平らげてしまう。痩せこけた子供の姿を見て母親が不審感を抱き、或る日物陰から子供の様子を窺っていると、その生き物はとうとうその子供まで丸ごと呑み込んでしまった。それを目の当たりにした母親は、驚きの余り思わず失禁した。すると、その生き物は、「こっちに流れてきたこの液体は一体何だ？」と、腹の中の子供に尋ねた。子供は、その液体は、きっとビール壺から流れ出たものだと言い逃れをする。だが、その生き物は、液体の流れの筋道を辿っていって母親を見つけ出すと、ついでに母親も食ってしまった。しかし、その翌日にまたこの家にやってきたその生き物は、待ち伏せていた父親に、槍で突き殺されて退治されてしまった。

この物語の勘所は、子供の名前も「生き物」の名前も共に同じアグイであり、両者が互いにアグイ、アグイと呼びかけ合いながらリズミカルに進行していくことにある。子供たちが決って大好きなこの話の全容と面白可笑しい話法をここで音声的に再現できないのが残念だが、生き物がついに父親に退治されて殺される直前の場面における両者の問答だけは、手短かに引いておきたい。

生き物：「アグイ、エー、アグイ、エー、わしの鼻はわしの鼻じゃない（危険な匂いがする）ぞ。オー、アグイ」

子　供：「アグイ、エー、アグイ、エー、お前の鼻はお前の鼻（大丈夫）だぞ。オー、アグイ」

この会話のキーワードになっているアグイ（*agui*）とは、互隔世代、つまり祖父母と孫との世代が相互に、しかも長幼も性も区別せずに用いる、相手の呼称である。実際、呼応霊に因んでアグイ（いわばオジイチャンか、オバアチャン）と名付けられている子供たちもいる。すると、この物語が定型的な掛け合い言葉、「アグイ、エー、アグイ、エー」を反復してことさらに強調しているのは、子供とその呼応霊の強い同一性なのだとわかる。それにも拘らず、この物語の筋立ては、呼応霊となった祖父（祖母）が孫の食糧を食い尽くすほど苦しめて取り殺し、ついでにその母親も殺した挙句の果てに、父親（即ち自身の息子）にエクソサイズ（exorcise）されることを暗喩している。

すると、先に引いたオーチャードソンの見解に反して、祖先である呼応霊は、決して一方的に子孫から親愛の対象と見做されているのではないはずだ。努めて慰撫するべき不穏な反面も秘めた、いささか手に負えない、恐ろしい存在なのである。

アグイの物語に強く凝縮しているのは、子供とは、体内で自分の霊魂と化している呼応霊に常時完全に支配されており、その気紛れに随時翻弄されることにもなり得る、儚くも脆い存在なのだという、キプシギス人が長く育んできた子供観である。中でも、「印付きの子供たちは、特に自分自身の霊魂からの影響をことさらに強く被り易い」（Orchardson 1961: 55）存在だと考えられてきた。

6 祖霊と子供の非道徳性

以上、前節から見えてきたのは、キプシギスの祖霊が道徳性（morality）も不道徳性（immorality）も、どちらも体現していないことである。第二節で詳しく見たように、キプシギスの円環的な年齢組体系とその時間観において、人間と祖霊とは、地上の人間界と地下の祖霊界とを、いわば回転ドアを潜り抜けるごとく交互に通過する、相互移行的な存在様式をもっているのだと言える。

それゆえに、祖霊は祖霊となってからもなお人間的な属性を残していて、地上界に再来（再受肉）した時にも、人間の不可避的な性、ないしは属性である、道徳的な両義性をまざまざと見せることになるのだ。祖霊が子孫を苦しめるのは、それを兆候として家族に対する自分の関心を知らしめて、子孫と交流したいためだと言われている。ただし、子孫が彼（女）を忘却していることを咎めて警告を発する「正当な」例は、むしろ少ない。溺愛していた子孫に無性に会いたくなったとか、ただ単にビールや肉に与りたいという、「自分勝手な」理由から子孫に何らかの累を及ぼすことの方が、むしろ普通なのである。

要するに、祖霊とは子孫の道徳性に直接拘わりなく不幸をもたらす、相当に非道徳（amoral）で厄介な力なのであって、キプシギスでは祖先崇拝的な要素は必ずしも明確でなく、やや希薄だとさえ言える。だから、祖霊は（特にキリスト教の影響が強まった）今日、ことにプロテスタントの間ではもうほぼ親愛の対象とはなっておらず、不幸をもたらした（と疑われた）時にのみ存在を強く意識されて慰撫され、丁寧に扱われ、そして鄭重に追い払われるべき存在なのだ（小馬　二〇〇九b）。

氏族外婚制をとるキプシギスでは、女性は、他氏族から婚入するとすぐに擬似子称（pseudo-teknonymy）を与えられてきた。それが、彼女が自分自身の、子供として間もなく出産することを期待されている夫の近い父系親族＝祖先Aに因む、「Aの母」（*obot-A*）」という通称である。Aは、特にかつて人々が短命だった時代には、（もしその時までに亡くなっていれば）夫の父であることが一般的だった。Aは、やがて彼女の夢見（vision）を通じて、子孫への再来の意志を自ら告知する。ただし、この状況に限らず、祖霊は一般に息子の妻の夢見を恰好の回路として、唐突に、何かの意志を表明するのである。往々それは、必ずしも実現が容易でない、身勝手で厄介な要求でありがちで、夫は妻の夢見を密かに敬遠してもいる。

以上のように、キプシギスでは、先祖とは、死によって忘れ去られて、すっかり影が薄くなってしまうような存在ではなく、死という暫しの休止期間を与えられてはいても、依然として家族成員の一人であり続け、近い将来家族の中へと立ち帰ってくると期待されている者なのである。しかしながら、祖霊は死んでこの世から遠ざかっているがゆえに、人間社会の合目的性や秩序に深く捉えられている現身の者ならその心中で意識的・無意識的に常に弁えている行動規制を、すっかり忘れ去っている。それゆえに、祖霊の第一の特性は、特定の状況や場面での役割期待を度外視した、非道徳性（amorality）にあるとされる。老人は子供に返るとか、子供は呼応霊自身であるという類のキプシギス人の日頃の思いや言語表現は、だからそれなりに確かな実感を伴っていて、単なる比喩以上のものなのだ。

野村は、内的必然に促されてはいても、場面に非関与的で、社会的な意味を欠きがちな子供の言動を、普遍的な個人の「生の構造」を想定して解釈している（野村　一九八五：二〇七）。一方、キプシギス人は、子供のそうしたありがちな振る舞いの内に（その子供へと再来した）祖霊の非道徳性、言うならば「死の構造」を見出してきたのである。

男たちが幼い子供を忌避する行動は、既に見たように、子供が帯びている穢れの観念から説明されていた。しかしながら、仮に穢れの観念が説明原理として援用されなくても、祖霊の観念からだけでも、キプシギス人が墨守してきた伝統的な行動規範を十分に説明できると言えるだろう。即ち、「子供の穢れ」も祖霊も共に、子供という存在に内在し、妻を通して夫に影響を与えるような、否定的な効果をもつ力として観念されているからである。

子供は、加入礼を済ませると同時に、幼名の一つである祖霊名で呼ばれることが絶えてなくなる。そうすることは、許されない侮辱になるのだ（小馬　二〇一七：一九八―一九九）。その後は、父親Aの幼名（正確にはその一つである粥名、*kainetap musarek*）であるKip-Aに因む父称（patronymy）、即ち*arap* Aという名前を正式の成年名として与えられて、披露される[7]。この時にこそ、彼は（身体の内なる）祖霊の気紛れな支配を振り切って、ついに自分独自の生命と人格を確立した者として、共同体によって初めて正式

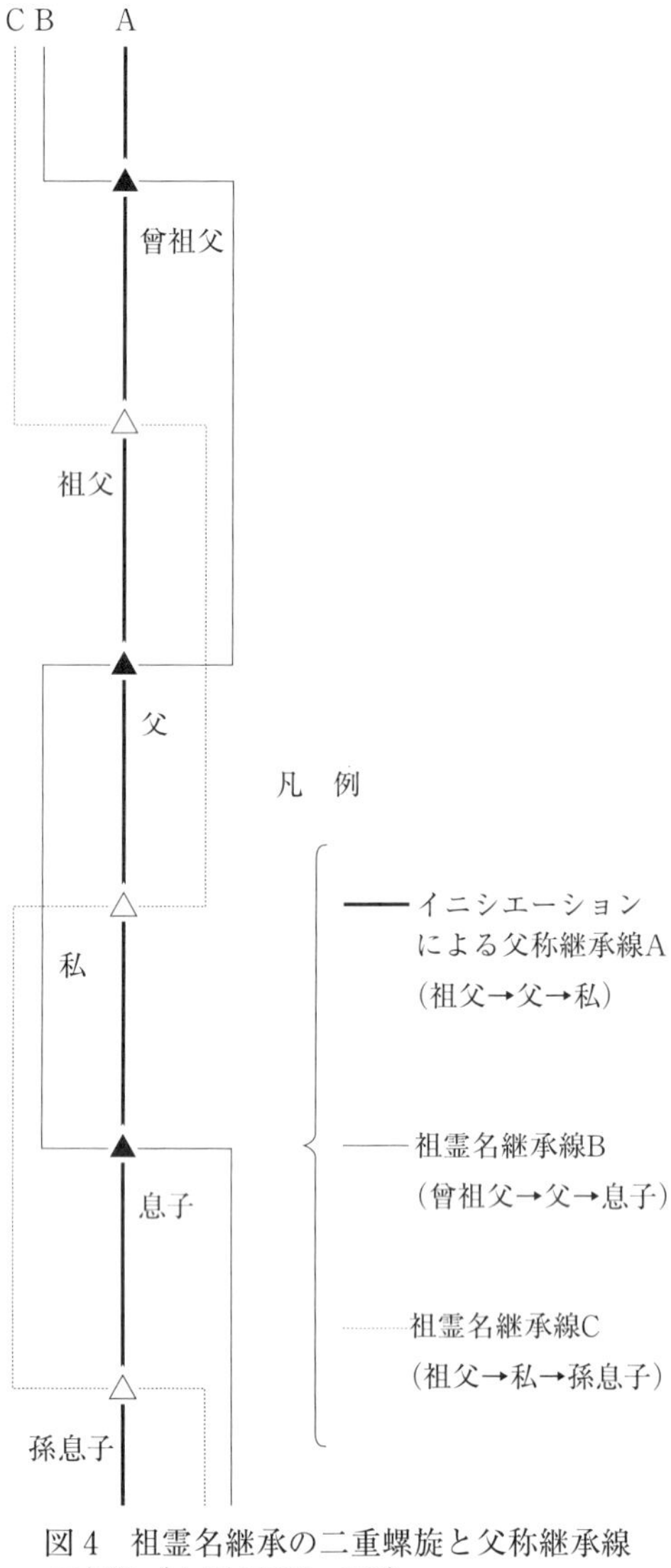

図4　祖霊名継承の二重螺旋と父称継承線の交錯（小馬 2009b: 100）

に認められ、受け容れられるのだ。それは、取りも直さず、祖霊の性向の写しである非道徳的な言動――その極点は、思いがけない（自己本位の）突然の死――を捨て去り、社会的な存在として立派に再生した「道徳的な存在」、つまり「人」（*Kipsigis*）に一気に生まれ変わることなのであった。

ちなみに、ここで述べた祖霊名と、加入礼を無事完了し、父称を得たことを公認されることによって祖霊の影響を脱して自立した大人、すなわちキプシギスになるという象徴的なダイナミズムを理解するうえで、右に試みに描いてみた概念図（図4）が幾分なりとも助けになると思われる。即ち、この図から、（父称など）父親から継承するものと、（年齢組や呼応霊名など）祖父から継承するものの二つの属性の流れが代々交錯することになるのだが、まさにその交錯する一点において「私」が生成してくるという、キプシギスの父系理念の複合的なあり方を確認できよう。

四　子供の世界の行動と論理

キプシギス人は、植民地化によって領土、即ち放牧地のほぼ半分を英国に奪われた。そして、一九二〇年代終盤には、トウモロコシの犁耕が植民地政府の政策として導入され、キリスト教のミッションが設置した学校で資本主義に偏した教育を受けて「開化」したキプシギス人たち自身による土地の囲い込みが始まった（Manners 1967: 289-291）。一九三〇年代には、牛牧キャンプ方式が植民地政府の強力な圧力によって廃絶され、キプシギスの土地のほぼ全域で、牛の飼養の主要部は各戸が囲い込んだ土地の内部で行われるようになっていた。

それでもなお、その当時の「若いキプシギス人の暮らし方には、ほとんどの牧畜民がそうであるように、成年した個人が負う煩労と責務への楽しみに満ちた導入部」という、独特の、何処かのんびりとした風情があった（Peristiany 1939: 46）。特に、「少年は少し大きくなると、槍を与えられ、牛群を塩場へ連れて行く道すがら、大概幾日も放浪」したのである（Peristiany 1939: 46）。

1　子供たちの世界

植民地化以前には、若者たちの行動は無論さらに自立的であり、遙かに広大な地域で自分たちだけの気儘な放牧生活を悠々と送り、母村から一群をなして頻繁に訪れてくる年嵩の娘たちとの性的な側面も伴う交流を楽しんでいた。

さらに、一九三〇年代終盤以前は、幼い子供たちもまた「子供の穢れ」の観念が著しく強かったがゆえに、それによって父親による拘束や干渉を大きく免れていた。さらに、それ以前に、キプシギスでは或る男性の家族（*kap-chi*）を構成する複数の妻単位の各々の小家族（*kop-chi*）は、相互に数キロメートルから数十キロメートルも隔たっていたのである。父親は、大概最年少の妻の「妻の家」（*kop-chi*）に何時もいて、他の「妻の家」を頻繁に訪れることがなかったから、元来子供は行動の自立性が高かったのである。

キプシギス語には、「寡婦の子供のごとく賢い」という慣用句がある。この表現には、自立的である（自立的にする）ことこそが子供を明敏にするのだという、民族の長年の経験に裏打ちされた信念が表明されていよう。そしてこの信念は、社会的な機能において、「子供の穢れ」の観念と表裏をなしており、相補完し合っているように思われる。

キプシギスの伝統社会は、存立基盤がごく脆弱で、絶えず外敵の来襲や旱魃と飢餓に脅かされ続けてきたと言える。大人たちには、気紛れな行動や共同体への反抗の余地は極めて乏しく、彼らが進んで既存の秩序と道徳を自分自身の内面的な価値として受け入れて従い、父祖の生き方を自分自身の理想として日々生きることを人生の無上の喜びとするのでなければ、民族社会の存続は恐らく不可能だっただろう。

他方、加入礼の分厚い壁によって、子供は大人の秘密から厳格に遠ざけられていた。ただし、その反面、彼らは彼らなりに完結した固有の世界をもち、それに基く独自の論理をもって強く自律的に生きていたのである。大人（時代）に課される古い規範の堅牢さを償うかのように、子供はいわば磊落で勝手気儘な道化師であり、創造力溢れる詩人でもあって、また溌剌たる革新者であることさえも許されていたのだった。これが、次節で詳しく論じることになる、「謎々」（*tangoi*）と呼ばれる行動原理なのである。

例えば、結婚とは、子供の意志に一切関わりなく親や氏族同士が取り決めるものであった反面、子供時代にだけ許されている独特の恋と性の領域があった。若者たちはあらゆる手管を弄して娘たちを籠絡しようとし、関係を強要したが、娘が加入礼前に妊娠しない限りは、娘の親を初め、誰も彼らの振舞に一切口出しができなかったと言う。というのも、大人の干渉は古来最も恥ずべきこととされており、もしそうすれば（蓄積可能なほとんど唯一の重要な財産であった）牛の群を一手に引き受けて、自らの責任において自主管理し、飼養している若者たちからの手酷い報復を招かずにはいなかったからである。

娘たちは、自律と尚武を旨として生きている若者たちに伍して逞ましく暮らしつつ、自分自身の意志と才覚とによって、社会的に尊重されている「処女性」を守り通さねばならなかったのだ。[8] もし一連の加入諸儀礼、特に割礼を受ける前に娘が妊娠したとなると、赤ん坊は出産と同時に、しかも産声を挙げる以前に確実に窒息死させられた。そして、その結果スティグマを帯びた娘は、ごくごく高齢の老人の何番目かの妻になるか、または「女性婚」(woman marriage) によって (息子を生まなかったか、息子が皆成年前に亡くなってしまった) 閉経した老女の「妻」になる以外には、結婚して老後の福祉を確保する道が断たれたのである。(9)

なお、植民地化後、スティグマを得てそうした運命を辿ることを嫌う娘は、大概離郷して町で春を販いだ。キプシギスは、(ナンディなど、他のカレンジン民族群と共に) 売春婦になった女性の割合がケニアで最も高かったとされている。そして、町でそのようにして蓄財した女性たちの中には、やがて帰郷して、その豊かな財産を牛に代えて婚資とし、「女性婚」の「夫」として幾人もの「妻」をもって繁栄する者も見られたのである。(10)

2 タンゴイ――子供の論理

加入礼の幾つかの儀礼には、全裸の受礼者の背中に蟻の固まりを振りかけるとか、蕁麻をびっしり張り付けた細長い木枠や泥水の中の類似の木枠を繰り返し潜り抜けさせる、或いは裸の胸に蕁麻の束を押しつけるなどの、過酷な試練が繰り返し組み込まれている。これらの試練の目的は、大人に相応しい屈強な精神の陶冶である以上に、むしろ自律的な子供世界の言動とその価値観に基く誇りを徹底的に棄損して、AI時代である今日的な比喩を用いれば、いわば「初期化」することにあるだろう。

或る社会人類学者による、一九三〇年代後半の興味深い観察記録がある。それによると、加入礼を終えて日常生活に復帰したばかりの十四~十八歳ぐらいの若者たちは、「かつて目にした陽気で才の勝った小僧たち」と同一人物たちだとは、とても思えなかったと言う（Peristiany 1939: 26）。「思うに、彼らは今や精神の均衡を失っている。（中略）それらの試練の後では、内側から物を見ることができない分厚いベールが彼らの精神に被さっているらしく、知性と自信のかけらさえも、もう窺うことができないのだ」（Peristiany 1939: 26–27）。

加入礼の隔離期間中に残らず「脱ぎ捨てる」べき子供っぽい習慣を代表し、集約するのが「謎々」と言われるものである。その「謎々」観が、大人が抱いている子供観を端的に反映していて、とても興味深い。今日でも、大人たちは、「謎々」の論理などこの世の何処にもまるで存在していないかのように振る舞う。それに反することは皆「子供の言葉（論理）に帰ること」とされて強く忌まれ、この規範の違反者は「謎々者」[11]と呼ばれてスティグマを帯び、社会的に無視され、蔑まれる。

謎々を意味するキプシギス語の名詞である *tangoita*（*pl. tangochik*）は、自動詞 *tangoi*（ただし、名詞の単数不定形もまた *tangoi*）から派生している。*tangoi* とは、取り立てて何の目的も事更な理由も、また確たる思慮もないままに、或いは唯々無駄に何かをすることである。大人は、子供の活動は仮りに何であっても、「他ならぬ例の子供のタンゴイって奴さ」という言い方で一括する。子供が熱心に何かをしているのは、そうするのが単に子供だからに過ぎないというのが、この表現の趣意だ（Orchardson 1961: 50, Terer 1974: vii）。つまり、子供は個人の内的な必然の促しにのみ従って勝手気儘に行為するから、その行為は常に社会的な脈絡や常識を外れ、或いは超越して、関与するべき場面の規範を逸脱しており、それゆえに全くの無為なのだと、大人たちが一様に見ているというわけである。

しかしながら、このような大人たちの独善的な判断に反して、かつての長くて生気に満ちた闊達な子供期が独自の存在意義と自律的なコードを有していたことは、ここまでに折りに触れて紹介してきた諸事実に徴するだけでも、疑う余地があるまい。次項では、子供たちの謎々遊びを手掛かりに、その背景をなす事情を一層深く探ってみたい。

3　謎々遊びの論理

筆者がこれまでに知り得たキプシギスの謎々遊びの例は、八〇〇ほどになる。ここでは、典拠を挙げて一層の公正を期すために、キプシギス語で刊行されている、小さくて簡易な謎々集（Terer 1974）に収録されたものを、その採録番号を示しつつ考察の対象としよう。

例えば、「四つ足だが、歩かない——ベッド、机」（通し番号 485, 486。以下同じ）。これは、新しくてわかり易い例だ。一方、古語で語られていて、問いと答えが符合する論理がよくわからなくなっているものもある。また、「チュルチュレロ、コムベロ——カウベル」（167）や、「チリチリ、母方のオジ——土豚」（169）のように単純にオノマトペに依拠する謎々は、元々感覚的であって、論理性が希薄だ。擬音と他の何かとの連想関係は無限に変換可能だが、かろうじて聴覚的な感覚の鋭敏さだけが共感を呼んで納得され、その謎々遊びの生命力を維持しているのである。

「お前は誰——蛙」（206）は、蛙のすまし顔を言葉で巧く射止めていて、まるで俳句のようだ。一方、「お前の背中よ死ねかし！——薪」（461）では、「死ねかし！」（“*Mein ma!*”）という（キプシギス社会では超人間的な力の正当な行使の一形式である）呪詛（*chubisiet*）の常套句を大胆にも恐れ知らずに使っている。「言葉の力」を心底恐れ、能う限り口を慎むことを旨とする大人（小馬　一九八四：四－七）にはないいかにも向こう見ずな危うさが、一見して筆者を仰天させたものだ。

また、日本人は野球・ゴルフ・麻雀等の卑近な事象の用語に因む比喩を多用するが、キプシギス人はあらゆる色彩（*itondo*）や模様、個人の成熟度や性格など、森羅万象を、牛を基準とし、牛に準えて牛言葉で表現してきた。つまり、牛は（肉、乳、血、皮などの）経済的な価値、（氏族を連帯させる婚資や、氏族の連帯関係を修復する血償として用いられる）社会的な価値、（〔祭壇に捧げられる〕糞⇩天なる神⇩雲⇩雨⇩若草⇩牛（肉、脂、乳、血、尿、糞）⇩祭壇」という聖なる回路をなして、天（神）と地（人）を媒介する）宗教的な価値のみならず、コミュニケーションにおける言語的な価値の中核でもある。だから、牛を暗示したり、牛（やその代替物である山羊・羊）によって思わぬものが暗示される謎々遊びが数多い。例えば、「同じ水場から水を汲む四人の息子――雌牛の乳首」（670）、「屋根裏部屋にいる黒毛の山羊――野菜を煮る壺」（166）、「私は脂の乗った種牛をもっている――大地」（50）等々。

ここで、筆者自身が採集した、次のような見事な童謡（小馬　一九八三a：三七）を紹介しておきたい。

大好きだよ　母さんのお里（*kamama*）
大事な母さん　産んでくれた
私の母さん　口黒の雌牛（*Cheptuigut*）
言葉（声）は甘いよ　黒ラマイの実
耳に優しい

大切な母親（人間）を最愛の雌牛（牛）に、さらにその雌牛の毛色（*itondo*）を豊かに甘い木の実（自然環境）に重ね合わせることによって、母親がやさしく抱擁するように自分を慈しみ、包み込んで育んでくれるキプシギスの民族世界に寄せる、限りない感謝と信頼の念が滑らかに紡ぎ出され、陶然たる浄福に満たされた心境が、短い歌詞の中に伸び伸びと一つの詩的な情景へと織り上げられている。この童謡は、例えば右記の謎々（50, 166, 670）と重なり合って、牛に因む謎々の複合態を想起させないだろうか。

筆者は、この謎々集に収められたもの以外には二例、合計四例しか知らないのだが、（カテゴリーの混乱を危険視するキプシギスの大人なら絶対に試みることのない）語呂合わせの遊びも、まま見られる。例えば、「川へ子供を背負って行く子供——緑猿」（501）。この例では、*chereret* の二重の語義を念頭において、緑猿（*chereret*）の母猿が赤ん坊（*chereret*）を背負って水辺へ水を飲みに来る場面の連想を導くように求めているのである。

同じく語呂合わせの謎々の例に、「*muget*（臍、蓋）を縫う——裸の腰に巻く細いビーズの紐」（556）がある。細い紐を通したビーズ製の環状の腰紐を、まるで臍（*muget*）を腹に縫い付けた糸目であるかのように見立てるこの詩的な連想には、次のような別の意味深長な含意がある。

成年前の恋人同士には、裸で抱き合っても挿入しない厳格な掟があった。男性は強く自制して娘の名誉（処女性）を守り、それによって自らの威信を高めることが仲間同士の規範として求められた。そこで、自制的で律儀な若者は、勃起したペニスを自分の腹と腰紐との隙間に挟み込んで際どく禁欲を試みた。この時その若者は、ペニス、即ち女性器を「塞ぐ物」（*muget*：蓋）を腹に縫い付けて固定していることになるのである。

さらに、ここで取り上げた小さな謎々集には載っていないが、子供と呼応霊の密かな関係性を喝破してみせたかのごとき謎々さえ存在する。「祖霊が建てた部屋——歯（複数形）」が、それだ。子供に再来してその霊魂と化した祖霊が、子供の口中に歯を生やして、その子供の口腔を完成させる。ここに、子供を「宿主」として、その心身を隈なく支配している祖霊という、キプシギスに固有の生命観に由来するイメージを、はっきりと見出すことができる。

以上に紹介した僅かな事例からだけでも、子供たちが謎々の形で、何事にも臆することなく、口承の世界のありとあらゆる言語表現の可能性を追求し、試してみている様子が窺えるだろう。

キプシギスの子供たちは、今でも月の明るい晩に自然発生的に数十人が野原や畑に群れ集って、代わる代わるリードを取り合いながら朗々と歌うことがある（小馬　二〇〇九ａ：四〇）。その誰もが、その晩はちょっとした即興詩人であり、近隣の他民族のメロディーや語句まで貪欲に取り入れて、声音も高く歌ってきたのだ（Orchardson 1961: 51）。

一九九〇年代にケニア政府が女性の割礼（とそれを組み込んだ女性の加入礼自体）を禁じ、その結果キプシギスでもこの慣行は今や地下に潜ることになった。それ以前は、女性の加入礼の度ごとに数多くの歌が新しく生み出されていた。そして、既にスタンダード化した一部の歌を別にして、筆者も愛唱したそれらの歌は今や急速に忘れ去られ、その多くが消えていこうとしているのである。

子供たちは、加入諸儀礼で牛の象徴として用いられる或る茄子科の植物（ソドム・アップル）の金柑大の実である通称「ソドム・アップルの牛」（*tetap talabot*）を牛に見立て、毎夕謎々を掛け合ってその「牛」を競って取り合う。この遊びは、子供の音声の響きと言葉への感覚を研ぎ澄まし、子供たちは、言葉のイメージの翼を大きく拡げ、イメージはまた別のイメージを孕んで、新たな言語表現に道を開いていく。先に挙げた巧みな童謡の歌詞は、子供たちが奔放な連想の糸を代わる代わる自由自在に手繰り寄せながら競い合う謎々遊びや、順々にリードを取りながら即興的な言葉の妙を競い合う月下の歌の集いへと、我々の感興を誘ってくれる。もし読者もその場に立ち会うことが仮にあれば、謎々遊びの妙が、おのずからなる練成となるこれらの経験の賜物であることを、きっと確信することになるに違いない。

4 大人の言葉と子供の言葉

キプシギスの社会では、大人と子供の間で、言葉の用い方に関しても鋭い対照性が見られる。前節までに縷々語ってきたように、子供の言葉は軽くて詩的で、溌剌とした躍動感を宿している。一方、それに反して、大人の言葉使いは常に重く慎重で、過剰を忌み、禁欲的なまでに平板で散文的である。というのも、キプシギスの人々は、言葉を超人的な力の一つと信じ、強い畏怖感を抱いてきたからである。一端口から発せられてしまえば、たとえそれが言い間違いだったり、一時の気の迷いから出たものであったとしても、もう二度と取り返しがつかない。言葉は、発話者の真の意図やその後の反省とは一切無関係に、つまりただひたすらに、非状況的・脱文脈的に、口から発せられた言葉自体の字義通りの形式的な論理に沿って意味を生成させ、発話の内容を何処までもそれに忠実に実現してしまうと、恐れられているのだ。

こうして、言葉の徒な濫用や不用意な誤用は、発話者の初志と想像の範囲を超えて、どのような破壊的な効果や作用をもたらすことになるかも知れない(12)。だから、不必要な発言は極力慎まれ、忌まれなければならない。人々は何処かで行き合うと、その出会いの挨拶で、家族、友人、知人、隣人、家郷、家畜等々の安否を互いに延々と尋ね合い、双方が無事を告げる「言葉がない（*Momi ng'ala*）」と定式化されている返答を逐一繰り返して続けていく光景が、至る所で繰り広げられてきた[13]。

つまり、特に「発するべき言葉がない」ことこそが、平和と安寧を意味し、何よりも望ましい状態だと観念されているのである。それと全く同じ理由から、そしてまた事の反面として、軽口や多弁で知られる人物は「言葉の多い者」として蔑まれ、忌み嫌われている。その人物の軽はずみな一言が、偶さか相手を巻き込んで、何時いかなる時にでも、意想外の災疫を招きかねないと信じられ、恐れられているからである（小馬　一九八四：五－七）。

こうした大人の言語観のあり方を余所に、子供たちの謎々遊びにはあらん限りの言葉の濫用が窺える。例えば、語呂合わせ（pun）は、語義を混同させ、論理階型に不整合をもたらす。前項で引用した「川へ子供を背負って行く子供――緑猿」（501）の場合、赤ん坊を背負っているのが緑猿（*chereret*）の母親であり、背負われているのはその赤ん坊（*chereret*）ということになる。すると、「緑猿」を媒介に「母親」と「赤ん坊」の語義が重ね合わせられることの結果として、カテゴリーの混乱が導き出されてしまう。それは、「大人／子供」のみならず、「親／子」の分節の侵犯をも示唆して、近親相姦の連想を引き出すことにもなる。大人は、こうしたカテゴリーの混乱に、言葉それ自体の自己実現する超人的な力が働いていると見て、不測の事態を招く危険を感じ取らずにはいられないのである。

キプシギスでは、親族カテゴリーの混乱のみならず、空間や物の使用法に関するジェンダーや年齢範疇の混乱も厳格なタブーである。だから、逆に意図的にそうした逸脱を犯すことは、絶対的な窮状にある者の相討ちとしての絶望的な反撃のためのムマ（*muma*、つまり邪術と呪詛の複合態）の無二の手段ともなる。

それゆえ、夫が妻の乳房を愛撫したり乳首を吸ったりすることも、恐れられて禁じられてきた。乳房は、本来母親が子供を養育するためにこそ存在していると観念されてきたからだ。もし夫がそうすることがあれば、「大人／子供」・「父親／子供」という、重大なカテゴリーの混乱が現出してしまう。もし夫がこの逸脱を犯せば、妻はそれを村の寄り合い（＝裁判）に持ち出して、離婚を請求することも可能だった。

この原則は、自己の正当性の証として訴える「宣誓」（*koyosiyoet*）にも、ほぼそのまま当てはまる。女性は、身の潔白を誓う時、自分の乳首を吸ってその意図を鮮明にし、効力を確かなものにした。それは、一旦「母親／子供」・「授乳者／受乳者」の混乱を敢えて導いて全てを混沌に帰し（初期化し）、そこから真実を鮮明にしたうえで、正義を回復しようとする、大胆で、且つ危険な賭なのである。つまり、もしそれが虚偽の行いであれば、それに訴えた本人が速やかに落命することになると信じられている。

キプシギスの人々の間には、ここで言及したような空間や物の使用法に関するジェンダーや年齢範疇の混乱を防ぐ、伝統的に様式化された回避行動やタブーがあり、言葉の領域でも猥雑な言い回しを抑止する洗練されたマナーが採用されてきた。ところが、先に触れた「*muget*（臍、蓋）を縫う――裸の腰に巻く細いビーズの紐」(556) という謎々遊びの仄めかしは誠に際どく、そこからは、官能の陶酔とそれを自制する矜持とが危うく鬩ぎ合う、生々しい懊悩の吐息さえも聞こえてくるようだ。特筆すべき事実は、そうした表現が子供に固有の言葉の形式である「謎々」では、実際に広く許されていることである。

キプシギスの人々は、祖霊や、獰猛な肉食獣、或いは伝説の怪物の名前を（特にその存在が間近に感じられる状況において）口にすることを強く忌む。それのみならず、彼らがたてる声や物音を真似するだけでも彼らを招き寄せることになると言って、恐れてきた。ところが、「チリチリ、母方のオジ――土豚」(169)

のようにオノマトペに依拠する謎々は、進んで獣の存在を暗示するのである。より適切な類似性の強い事例を示せば、「挨拶に密かに舌を使う私の息子——カメレオン」(672)がある。不吉だと忌まれるカメレオンの、しかも胡乱な口付き(=言葉使い)さえも露骨に示唆して、少しも恐れていないのである。

ナンディ人の社会と文化に関する研究の第一人者として知られる人類学者が、ナンディ人の言語観・子供観の特徴の一端を鋭く捉えた、次のような興味深い記録がある。「ナンディ人の間では、*Kiperenge*[14]は割礼前の少年がもらう在り来りの綽名の一つだ。しかし、それを父称(即ち *arap Erenge*:筆者注)の形で聞いたことが無い。(中略)*Kiperenge* とは、お喋り者のことであり、キプシギス語だと言われる。(中略)その意味する所は、(中略)喋ることで自分自身をちくりと刺して苛むことになる者、であるようだ」(Huntingford 1927: 437)。

ここに暗に指摘されているのは、大人たる者は自制して言葉を決して濫用しないのだが、子供は言葉の超人的な力の何たるかを弁えず、その結果、自らの人生を思いがけず台無しにしてしまいかねない愚かな存在(ナンディ人をキプシギス人に置き換えて考えれば、キプシギス〔人間〕ならざる「キプシギスの子供」)だということである。

綽名を含むあらゆるタイプの名前が父称化され得る。だが *Kiperenge* という名前が例外で、そうならないのには、無論正当な理由がある。「喋ることで自分自身をちくりと刺して苛む」ような一種の謎々的な言葉の論理を加入礼によって完全に克服できたものだけが大人である以上、*arap Erenge* の名を父称、即ち正式に成年した証として認めるとすれば、著しい自家撞着を招くことになるからである。

G・W・B・ハンティングフォードの右の記述でさらに興味を引かれるのは、言語の濫用を戒める綽名である*Kiperenge*（*Kiberenge*）が元々はキプシギス語だったという事実の、秘められた含意である。

五　子供と大人のダイナミズム

ここまでの本論の運びにも拘らず、キプシギスの人々（大人たち）が人情味に乏しい朴念仁であったと言うわけでは少しもない。それどころか、「民族の慣行が課す訓練と旅とがキプシギス人に広い視野と知性と、付き合った欧州人の誰をも喜ばせてきたユーモアを解する心を与えている」（Peristiany 1939: 46）と、一人の社会人類学者の目には映った。

彼は、さらにこうも書いている。「キプシギス人の最も愛すべき特性は、多分そのユーモアを解する心であろう。どんなに困難で腹立たしい状況であっても、それがキプシギス人を喜ばしい同伴者にしてくれるのだ。彼らは、不運とはそれ自体が往々滑稽なのだと感じていたばかりではない。笑いが彼らに幸いであろうとなかろうと、また彼らがどんなにくたびれ果てていようとも、彼らはあらゆる状況で真に可笑しみを玩味することができるのである」（Peristiany 1939: 42）。この社会人類学者J・G・ペリスティアニィ（オックスフォード大学講師）の見解に、筆者は心から同意する。

彼のこの叙述を読む者は、誰もが、あたかも英語辞典のユーモアの項をなぞる思いがするだろう。欧州人がキプシギスの人々（の大人）に見出したものは、複雑な社会に生きるがゆえに、捩れや矛盾を不可避的に内包せざるを得ない人間という存在と、その行為に潜む本源的な途方もなさや可笑しみを、なにがしかの距離を置いて静かに感得して甘んじて受け入れる心性だと言える。キプシギス人は、それを「（男の）

知恵」(*ng'omnotet*)と呼ぶ(小馬 二〇一八a：八二)[15]。

これに対して子供の人となりを支配する「謎々」(*tangoi*)とは、現実に置かれた状況や場面の属性や脈路に一切関わりなく、純粋に鋭敏な感性にひたすら依拠して物事を眺めたり目論んだりする、それゆえに時には軽弾みでもあり得る、躍動的な心の働きのことである。例えば、通常の文脈や社会状況では無関係であるはずの物事の間に思いがけない類似性を発見し、意表を衝いた鮮やかな仕方でそれを表現してみせることなどが、それだ。その明敏さは、しかし人間に固有な存在条件への顧慮に関しては疎く、いたって無頓着である。

そのキプシギスの「謎々」には、英語のウィットに対応する領域から、さらには遙かに途方もない言動までが含まれる。詳しくは、別稿(小馬 一九八四)、ならびに本書各章を参照してもらいたいが、その途方もなさは、「謎々」の比較的緩やかな事例である辛辣な言い返しでさえもが、結果として最も重大な汚穢の概念である「苦さ」(*ng'wanindo*)をもたらすとされる事実からも、その一端を窺えるだろう。

1 加入礼と若者の反乱

キプシギスの加入礼の最も重大な社会機能は、子供としての人となりの特性を「謎々」から「(男の)知恵」へと急激に変成させることだとさえ言えるかも知れない。

ところで、加入礼一般のメカニズムを、社会人類学者M・フォーテスが、次に見るように見事に要約している。

これらの単純な社会では、反抗する者を放置しておく余地はないし、社会の統制から逃れる術もない。誰もが社会秩序を、ただ進んで受け入れるのではなく、全身全霊をもって受容することを学ばなければならない。さもなければ、身をそこなうことになる。外からの制裁により、強制されて、規範に従うのでは不十分である。それは、心の中に植え付けられ、良心の一部にならなければならない。これを達成するには、次の世代の情緒的な同化に転換しなければならない。これは、反抗と統制との衝突を公然たるものにすることにより、この共通の目的への変換を、劇的に宣言することによって行われる。このようにして、社会的に作られる慣習は、年長者の権力に対して青年の懐いている抑圧された敵意を、建設的な勢力に転換するのである（フォーテス　一九七〇：一六〇）。

キプシギスでも、子供と大人の間に聳え立つ、分厚くて高い世代の壁が、大人に巨大な特権と秘密の独占を許してきた。何しろ、本章第二節で縷々解題した通り、キプシギスは、東部アフリカ地域に固有の、年齢組＝年齢階梯複合体系が政治構造の中核を占めるタイプの、典型的な社会の一つなのだから。

若者は、一刻も早く成年して大人の世界の秘密と権力に与りたいと渇望している。彼らは戦士に心底激しく憧れるのだ。宿敵であるマサイ人と牛の略奪戦や戦役をスポーツのごとく快活に戦ったと伝えられる（Orchardson 1961: 7-9）キプシギス人にとって、何と言っても、自分の年齢組が戦士階梯にある時代こそが人生の華だったのだ。若者は、戦士になれば結婚の資格ができ、婚資の牛も自らの手でマサイ人やグシイ人など近隣の他民族から略奪してくることができた。一方、戦士階梯にある世代の年齢組員は、少しでも長くその地位に居座ろうとして、後続の年齢組が形成され、その結果自分たちの年齢組が撞球式に壮年（「老人」）階梯へと押し上げられてしまうことを、力ずくでも阻止しようとした。こうして、両者は到る所でぶつかり合い、危うく本気で戦おうとさえした。

実際、加入礼の開始は、ぎりぎりまで引き延ばされるのが常だった。一刻も早く自分たちの年齢組を開設して戦士になりたい年長の若者たちと、それを遮二無二抑え込もうといきり立つ戦士たちの反目が、大がかりな武力抗争として今にも爆発する寸前まで、老人たちは加入礼の開始、即ち新しい年齢組の開設をがんとして許さなかったのである。

こうして、年長の若者たちの共同体への反抗のエネルギーは、その勢力を極大化した頂点でまさに成り代わりの力となって大人の世界へと水路付けられ、共同体を全身全霊で守り抜く建設的な勢力へと一気に昇華させられたのである（小馬　二〇一七：二二三–二二八）。

2　子供と他民族

このような、若者の反抗を極大点で同調の力に昇華させようとしむける大人たちの巧みな統制の企ても、常に無事成功を収めたわけではなかった。戦士の年齢組と来るべき年齢組の成員となる年長の若者たちとの確執と抗争は、何時も長期にわたり、「年齢組戦争」（*borietap ipinwek*）と呼ばれるように、とかく激しがちだったのである（Peristiany 1939: 101–102）。

一九一〇年には、かなりの数の若者たちが、ウガンダ鉄道の線路を北側に超えてナンディ人の土地へ逃げ出し、彼らの間で加入礼を受けた。彼ら、この年に受礼した若者たちの集団は、この事件に因んで「鉄道を超えた者（*Kiptilgarit*）」と命名され、キムニゲ年齢組に第四番目の分節、つまり副組として組み込まれた。

ところで、キプシギスの神話は、大人への反抗から集団逃亡した割礼前の少年少女たちが、近隣のルオ民族の始祖になったと語っている。なお、ルオ人は割礼（と加入礼）をしない民族としてケニアでは隠れなき存在である。歴史的・人類学的に言えば、この神話は歴史の事実からは遙かに遠いものの、キプシギス人の大人観・子供観を理解するうえで興味深い。つまり、この神話はルオ人がキプシギス人の近隣に住む理由と彼らが伝統的に割礼（と加入礼）をしない所以を、同時にうまく説明しているのだが、それと同時に、子供に著しい異人性と自律性を見ているキプシギス人の伝統的な子供観をも如実に表現しているのだ[16]。

キプシギスの加入礼は、右に見てきた通り、外部からの強制によらず、子供自身の内発的な成り代わりの意志を触発してそれを実現させる、実に巧妙な文化装置である。しかし、それは一方では、年齢組相互間の激しい抗争や子供たちの集団的な逃亡を誘発しかねないがゆえに、民族の存亡のかかったぎりぎりの逆説的な賭けでもあったことがわかるのである。

加入礼を構成する諸儀礼の中には、「からかい（*urerenjinet*）」と呼ばれる小儀礼が或る程度の間隔を置いて反復的に組み込まれている。「からかい」儀礼では、何にでも見做せる幾体もの土の像が作られていて、その正体は何かと受礼者たちが繰り返し問いかけられる。そして、彼らの答えがたとえ何であろうと、その答えは悉く退けられることになる。彼らは、それまで自分たちの論理として馴染んできた「謎々」の論理をこの場面で逆用されて、大人たちに繰り返しからかい抜かれ、その度重なる屈辱の経験の中で、謎々の論理の気紛れと陳腐さをあざ笑う心性をいやというほど刷り込まれるのである。大人たちは、こうした精神的な負荷の大きい試練を敢えて課してまで、子供たちの論理を「謎々」から「(男の)知恵」へと、根こそぎ一気に転換させる絶対的な必要があったのである。

六　指導者の論理と子供の論理

東アフリカの民族諸社会の口碑では、子供はしばしば、大人の常識を超越した知恵者や霊能者として登場する。キプシギスの民話では、キプリオ・モクウォという子供が、マサイ人との講和交渉で窮地に立たされていた老人たちに起死回生の智略を授けている。ここで注目しなければならないのは、この民話に見られる子供の論理と大人の論理の相互媒介的な対立関係が、キプシギスの実際の非中央集権的な権威構造と歴史上の経験と相同的だという事実である。後者に関する筆者の別稿(小馬　一九八四、Komma 1992)のごく簡潔な要旨は、ほぼ以下のようになる。

キプシギスの人々が自ら初期の行政首長(administrative chief)として英国植民地政府に推薦した人物たちの多くは、「謎々者」(*kiptangoiyan*)や「異人」(*kipsagarindet*: stranger)であり、それゆえに、社会学的に言えば境界人(marginal man)であった。さらに、彼らばかりでなく、実は、伝統的な指導者である各レベルの戦闘のリーダーと「助言的裁判官」(*kirwogindet*)もまた、同様に境界人だったのだ。しかし、境界人を指導者として選べば、彼らによって民族の統合が突如損なわれてしまいかねない、きわめて大きな危険の可能性が生まれてしまう。それにも拘らず人々が安んじて彼らを指導者として選べたのは、彼らを十分に統制し得る力としての呪詛(*chubisiet*)の信仰が伝統としてしっかり確立して共有されており、人々の世界観と倫理観の中核に堅牢に組み込まれていたからであった。

指導者としての資質と能力は、超人的な力である言葉に訴えて他人に負担を強いる積極的な発話形式である *kat* の概念と不可分である。他方、一般の人々は、言葉に訴えて他者に過剰な負担を強いた者に反撃するための防衛的な発話形式である *chup*（呪詛）によって、指導者たちを威嚇し、彼らの権威を有効に制御した。そして、この *chup* の能力は、古くて中核的な幾つかの特定氏族の老人たちが代表する。超人的な力である言葉をそれぞれ独特の仕方で発動する、これら二つの相補的で且つ拮抗的な能力（つまり *kat* と *chup*）の緊張を孕んだ動態的な均衡関係の働きによって、キプシギスの政治が臨機応変に作動してこれたのである。

ところで、他民族（大概はグシイ人）に売られ、連れ去られ、或いは父祖の地を自らの意志で逃げ出したキプシギスの子供たちは、往々、加入礼を受ける前にキプシギスの土地に舞い戻ってきた。そして、男性であれば、他民族の社会、文化、特に言語に精通していると共に自助の能力に優れているがゆえに、やがて戦士のリーダーに選ばれることが少なくなかった。戦士のリーダーは、退役後は大抵助言的裁判官になった。助言的裁判官は、裁判機構も備えた村（近隣集団）の寄り合いに招かれて行っては、こじれた紛争を解決に導くと共に、他民族との間の和平交渉の最前線にも立った。彼らは、民族共通の価値の体現者として、自治的な各村とキプシギス民族全体とを媒介するばかりでなく、境界人としてキプシギス民族と他民族をも媒介したのである。彼らは、この意味で、まさかの危機にキプシギスの既成の社会秩序を超えて、新奇な現象への実際的な対応を案出する、公認された（しかし古い中核的な氏族の呪詛の権威によって有効に統制された）刷新者、ないしは革新者としての性格を帯びていたと見做せるだろう。

1　指導者たちと「謎々」

戦士のリーダーたちや助言的裁判官が、キプシギスの人々や他民族の指導者を説き伏せる独特の論理と論法は、大人にとっては厳格なタブーとなっている謎々遊びの論法の間接的な援用であり、民話の中で「謎々者」のキブリオ・モクウォが駆使している論法とほぼ同じものであることに注目しなければならない（小馬　一九八四：九―一五）。

実際、歴史上最も有名な助言的裁判官であるアラップ・キシアラがマサイ人との間に成立させた有名な講和では、先述の謎々「私は脂の乗った種牛をもっている――大地」（50）を彷彿とさせる論理が使われ、見事に功を奏したのである（小馬　一九八四：一〇―一二）。

英国植民地政府は、一九〇六年か一九〇七年頃からキプシギス人の間に白トウモロコシの栽培を普及させようと努めたが、久しい間成功を見なかった。それは、当時キプシギス民族の宗教的な権威として急速に地歩を固めつつあったマサイ人起源の予言者、コイレゲンが公然と反対キャンペーンを展開した結果だった。彼は、植民地政府が新たに導入しようとしているトウモロコシとは、祖先たちの歯がぎっしりと詰まった穂をもつ恐るべき植物なのだと宣伝したのであった――この論理は、「祖霊が建てた部屋――歯（複数）」という第四節第3項で紹介した謎々を、すぐに思い起こさせるに違いない。

謎々者とは、加入礼を済ませて大人になってからも、子供の論理である「謎々」的な発想を放棄しない者を揶揄する蔑称である。隣接する異民族の土地からキプシギスへと戻ってきた子供たちや、他民族出身者の息子たちは、一般に最も貧しくて寄る辺の無い者たちであり、それゆえに多大な出費を要する加入礼を受ける時期が最も遅れがちな者たちでもあった。この二重の周辺的な条件のゆえに、彼らは最も親密に謎々の論理に親しんだ存在だと見做されていたのだ。

さらに、最も貧しい者たちであるがゆえに（例えば加入礼の大きな出費に充てる金を自ら調達すべく）白人入植者が開いた農園の下僕となった若者たちもまた、同様の状況下にあった。彼らが見様見真似で多少とも身につけることになった西欧的（或いは識字文化的）な合理主義の、極めて強く原則的で、個別の文脈にほとんど依存しない論理は、伝統的なキプシギスの古くて中核的な氏族の人々にとっては腑に落ちにくく、何にも勝る新手の「謎々」の論理に思えた。

これらの「遅れてきた若者たち」に属する者たちこそが、伝統的にも、植民地化後も、指導者の地位を占めることになったのである。以上の理由から、子供の論理（「謎々」）と大人の論理（「（男の）知恵」）の相互媒介的な対抗というあり方は、指導者と一般人の力の相互媒介的な対抗関係（「*kat/chup*」）に強く親和的であると言ってよい。

おわりに

以上の議論を要約してみよう。キプシギス人は、四囲をマサイ人、グシイ人、ルオ人などの外敵に取り巻かれ、植民地化以前から激しい飢餓にも波状的に苦しめられたきた。このように存立基盤が脆弱な小規模な民族である彼らの社会では、子供は、（成年式でもある）加入礼の受礼を契機として、全身全霊をもって社会に包摂されて同調した大人へと、一気に劇的に「変身」しなければならなかった。この存在の飛躍の様式は、例えば今日の日本社会で子供が境目なく持続的にゆっくりと大人に変わっていく「成長」や「発

「達」とは全く異なるものであることを、しっかり認識しておく必要がある。そして、その「変身」を首尾よく遂げるためには、子供は大人への単純で従順な追随者などではなく、大人に対抗し得る独自の強靱な論理を生きる者でなければならなかったのだ。

しかし、それだけではキプシギスの民族共同体を維持していくには不十分だった。その民族共同体の存立基盤の脆さは、何時直面することになるかも知れない、新奇で画期的な社会変動に対する実効的な対応策の構築をも要請していたのである。それゆえ、助言的裁判官を初めとする指導者を「異人」の間から選び出し、彼らを半ば公認された刷新者とする権威構造が生み出されたのである。そうした役割を担う指導者に選ばれたのは、加入礼受礼後も本来子供に特有の「謎々」の論理を完全に払拭して変身できなかった者たち、つまり「謎々者」であった。彼らが成年後も保ち得た、個的な生命の論理である感性的飛躍こそが、絶対的な窮地において伝統的な既成の概念と制度を一気に思い切って脱却し、大きく飛躍して画期的な出来事への適応の条件をなんとか準備し得たものなのであった。

このように動態的であると共に可変的でもあることで、キプシギスの加入礼は、フォーテスが提示した加入礼の構造論的な仮説の完璧さ、ないしは一貫した均衡的な整合性を一面では逸脱している。そして、キプシギスの加入礼が、逆に、それを逸脱することによって初めて完璧に作動するシステムであったことが、むしろ重要なのである。このシステムは、「子供／大人」や「*kat/chup*」のような相互媒介的な対抗関係を多重に組み込んだキプシギスの非中央集権的で柔軟な文化の総体によって、背後から大きく支持されていたと考えられるのである。

《注》

(1) 本文に記したように、かなり長い休止期間を経て新たな年齢組が一旦開設されると、基本的にはその過程が三度繰り返され、一つの「大きな年齢組」(*ipinda neo*)の三つの分節(副組)が形成された。その一つひとつを「小さな年齢組」(*ipinda neming'in*)と呼ぶ。

(2) キプシギスと共にカレンジン民族(群)を構成する北方のケイヨとポコットでは、南部のキプシギスとナンディに不運な歴史的出来事が起きた当時戦士階梯を占めていたことを理由として、キプシギスとナンディが廃絶したコロンゴロ年齢組が今も存続している。即ち、それら両民族では、まだ八組方式の年齢組体系が見られる(Beech 1966, Massam 1968)。

(3) ただし、新しい年齢組が形成中の時期はいわば移行期なので、形式上は老人階梯へと退いたばかりの、一つ前に形成された年齢組の成員も戦闘に加わった。

(4) 割礼の起源についてのほぼ同様の伝承は、カレンジン民族群の中でもあらゆる面でキプシギスと近縁性が強く、互いに「我々は一つ」と言い合ってきたナンディの間にも存在している(Hollis 1909: 99)。

(5) 一方、キリスト教に改宗してこうしたタブーから解放された男性の多くが、子供を溺愛したと報告されている。

(6) 殺人を犯した者や埋葬時に死体を持ち運んだ者は、最も強い汚穢である「にがさ」(*ng'wanindo*)を帯びると観念される。

(7) キプシギスでは、離婚は、夫側が婚資として与えた牛全頭(とその子孫全頭)の返還が理念的な前提となる。しかし、その履行は実際上不可能に近い。それゆえ、法的な離婚は稀である。その正式な離婚は、離婚儀礼の執行によって公認されるのだが、その枢要な儀礼的な手続きとして、別れようとする男女が相互に相手を粥名で呼ぶ過程が組み込まれている。「このような呼称慣行の根底には、粥名で呼び合える成人の異性は結婚可能な者同士だけだ、と言う概念が存在していた。万一夫婦の一方が相手を粥名で呼ぶとすれば、互いに結婚可能な者、即ち赤の他人として認知したということになり、言語の神秘的な力が結婚を無効にすると考えられたのである」(小馬 二〇一七:一九九)。

(8) 処女膜を棄損していないことが処女の定義である。女性の加入礼では、儀礼全体に責任をもつ老女が自ら触診してそれを確認する。もし処女でないと判定されると、礼装の革衣の上から襷がけに装着する「処女のカウベル」を渡してもらえず、社会的なスティグマを帯びることになった。

(9) (*kilal matap oret* または *kitunchi-tolochi* と呼ばれる)女性婚は、同性愛を少しも含意していない。詳しくは小馬(二〇一八a:二一〇-二一二)参照。

(10) 大金を稼いで町から郷里に戻ってきたそうした女性の中には、潤沢な資金を使って牛を求めてそれを婚資として「女性婚」

で複数の「妻」を得、「妻」たちが生んだ数多くの子供たちの労働力を利して農業に精励し、大いに豊かになった者がままあった。そのような一例をペリスティアニィも報告している（Peristiany 1939: 82-83）。

（11）*kiptangoiyan* は、基本的には男性を言う。女性なら *cheptangoiyan* となるが、筆者はそのような例を一度も聞いたことがない。そこで、「謎々」は子供と、特殊で例外的な或る種の男性成年に適用される、独特の概念であると考えられる。

（12）日本人は、日本を「言霊の幸わう」極めて例外的な独特の風土をもつ国だと言い、その独特の言語観を誇らしげに称揚してきたと言える。だが、そうした蛸壺的な見解は、再考を求められるべきである。非識字・半識字的な文化、つまりほぼ完全には識字化されていない社会では、それがかなり普遍的なあり方であるらしいことを、本項が触れるキプシギス語やスワヒリ語の事例が十分に予想させてくれるのである。

（13）東アフリカのリンガ・フランカ（混成国際共通語）であるスワヒリ語では、同じ意味内容を"*Hakuna maneno.*"（直訳は「言葉がない。」）または"*Hakuna kitu.*"（直訳は「ものが（何も）ない。」）と表現する。

（14）筆者のフィールドの一角にあるボメット県N郡の郡役所には、*Kiberenge* という綽名で知られる巨漢のメルー人（遠方、ケニア山がある中央州に住むバントゥ語系の民族）の警官がいた（小馬　二〇一八a：一二九－一三〇）。ルオ語系やバントゥ語系の諸民族は、カレンジン民族群の人々から見れば誠に「言葉の多い」、敬して遠ざけておくべき人たちだ。それが、この綽名の由来である。なお、カレンジン諸語では、有声音と無声音の区別がない。したがって、カレンジン人にとって、*Kiberenge* と *Kiperenge* の違いは文字表記の慣行上の問題で、同一の音を意味している。

（15）「（男の）知恵」に対置される別のもう一つの心性を、「女の知恵」（*kimosugit*）と言う（小馬　二〇一八a：八一－八二）。

（16）キプシギス語やナンディ語でルオ人を意味する *lemindet*（*pl. lemek*）には、年長の若者（*ng'etet*）の意味もある。ちなみに、ルオ人の神話は、牛を連れてルオの土地を逃れた若者と、彼を追った農耕嫌いの娘がマサイ人の始祖になった、と物語っている（Hobley 1903: 331）。

《参考文献》

Barton, C. Juxon (1923) "Notes on the Kipsigis or Lumbwa Tribe of Kenya Colony", *Journal of the Royal Anthropological Institute*, 53: 42–78.

Beech, M. W. H. (1966〔1911〕) *The Suk, Their Language and Folklore*, New York: Negro University Press.

Dobbs, C. M. (1921) "Lumbwa Circumcision Ages", *Journal of the Royal Anthropological Institute*, 16: 55–57.

Evans-Pritchard, E. E. (1940) "The Political Structure of the Nandi-Speaking Peoples of Kenya", *Africa*, 13: 250–267.

Fortes, Meyer (1956) "Mind", E. E. Evans-Pritchard et al., *The Institutions of Primitive Society*, pp. 81–94, Glencoe, Illinois: Free Press.

Hobley, C. W. (1903) "Anthropological Studies in Kavilondo and Nandi", *Journal of Royal Anthropological Institute*, 33: 325–359.

Hollis, A. C. (1905) *The Masai, Their Language and Folklore*, London: Oxford University Press.

Hollis, A. C. (1909) *The Nandi: Their Language and Folk-lore*, Oxford: Clarendon Press.

Huntingford, G. W. B. (1927) "Miscellaneous Records Relating to the Nandi and Kony Tribes", *Journal of the Royal Anthropological Institute*, 62: 417–461.

Huntingford, G. W. B. (1969) *The Southern Nilo-Hamites*, (Ethnographic Survey of Africa, East Central Africa, Part Ⅷ), London: International African Institute.

Kipkorir, B. E. (1973) *The Marakwet of Kenya*, Nairobi: East African Literature Bureau.

Kluckhohn, C. (1949) *Mirror for Man: Anthropology and Modern Life*, New York: Whittlesey House.

Komma, Toru (1981) "The Dwelling and its Symbolism among the Kipsigis", N. Nagashima (ed.), *Themes in Sociocultural Ideas and Behabiour among the Six Ethnic Groups of Kenya*, pp. 91–123, Tokyo: Hitotsubasahi University.

Komma, Toru (1984) "The Women's Self-help Association Movement among the Kipsigis of Kenya", *Senri Ethnologocal Studies (Africa, 3)*, 15: 145–186, Osaka: National Museum of Ethnology.

Komma, Toru (1988) "Preliminary Report of Field Research among the Terik and the Tiriki in 1987–88", *Seminar Paper* (Institute of African Studies, University of Nairobi), 180: 1–15.

Komma, Toru (1992) "Language as an Ultra-Human Power and the Authority of Leaders as Marginal Men: Rethinking

Kipsigis Administrative Chiefs in the Colonial Period", S. Wada and P.K. Eguchi (eds.), *Africa, 4 [Senri Ethnological Studies No.31]*, pp. 105-157, Osaka: National Museum of Ethnology.

Komma, Toru (1998) "Peacemakers, Prophets, Chiefs and Warriors: Age-Set Antagonisms as a Factor of Political Change among the Kipsigis of Kenya", E. Kurimoto and S. Simons (eds.), *Conflict, Age and Power in North East Africa*, pp. 186-205, Oxford: James Currey, *et al.*

Korir, K.M. (arap) (1974) "An Outline Biography of Simeon Kiplang'at Bariach, a Colonial African Chief from Kipsigis," *Kenya Historical Review*, 2(2): 163-173.

Manners, R. A. (1967) "The Kipsigis of Kenya: Culture Change in a 'Model' East African Tribe", J. H. Steward (ed.), *Contemporary Changes in Traditional Societies*, Vol.1, pp. 205-360, Urbana: University of Illinois Press.

Massam, J. A. (1968〔1927〕) *The Cliff Dwellers of Kenya*, London: Frank Cass and Company.

Matson, A. T. (1972) *Nandi Resistance to British Rule 1890-1916*, Nairobi: East African Publishing House.

Orchardson, I. Q. (1961) *The Kipsigis* (abridged, edited and partly rewritten by A. T. Matson from original MS. 1929-1937), Nairobi: East African Literature Bureau.

Peristiany, J. G. (1939) *The Social Institution of the Kipsigis*, London: Routledge and Kegan Paul.

Saltman, M. (1977) *The Kipsigis: A Case Study in Changing Customary Law*, Massachusetts: Schenkman Publishing Company.

Sangree, Walter. H. (1966) *Age, Prayer and Politics in Tiriki, Kenya*, London: Oxford University Press, *et al.*

Spear, Thomas and Richard Waller (1993) *Being Maasai*, Oxford: James Currey, *et al.*

Terer, J. K. (1974) *Tangochik ap Kalenjin*, Nairobi: East African Literature Bureau.

アリエス、P.（一九八〇）『〈子供〉の誕生』（杉山光信・杉山恵美子訳）みすず書房。

小馬　徹（一九八二a）「キプシギス族の〝再受肉〟観再考」『社会人類学年報』第八号、一四九－一六〇頁。

小馬　徹（一九八二b）「ケニアのキプシギス族における女性自助組合運動の展開」『アフリカ研究』（日本アフリカ学会）第二二号、一－一九頁。

小馬　徹（一九八三a）「牛牧民カレンジン――部族再編成と国民国家」『季刊民族学』第二五号、三二－四五頁。

小馬　徹（一九八三b）「災因としての死霊――キプシギスの場合」『一橋論叢』第九〇巻第五号、七五－九一頁。

小馬　徹（一九八四）「超人的な力としての言語と境界人としての指導者の権威」『アフリカ研究』（日本アフリカ学会）第二四号、一―二一頁。
小馬　徹（一九八五）「東アフリカの〝牛複合〟社会の近代化と牛の価値の変化――キプシギスの家畜貸借制度（*kimanakta-kimanagan*）の歴史的変化と今日的意義をめぐって」『アフリカ研究』（日本アフリカ学会）第二六号、一―五四頁。
小馬　徹（一九八七ａ）「キプシギスの『火』のシンボリズム」和田正平（編）『アフリカ――民族学的研究』同朋舎出版、三―四八頁。
小馬　徹（一九八七ｂ）「強姦をめぐる男女関係の種々相――ケニアのキプシギスの事例から」『文化人類学』第四号、一七〇―一八七頁。
小馬　徹（一九九〇ａ）「キプシギスの家畜の分類と個体識別についての覚書」『国立民族学博物館研究報告別冊』第一二号、四九―八八頁。
小馬　徹（一九九〇ｂ）「いかにして大人になるか――東アフリカの少年時代」『週間朝日百科　世界の歴史』第八四号、D五三五―D五三八頁。
小馬　徹（一九九二）「アフリカの教育」日野舜也（編）『アフリカの文化と社会』〔アフリカの21世紀　第1巻〕勁草書房、一五九―一八七頁。
小馬　徹（一九九四）「ケニアの二重法制下における慣習法の現在――キプシギスの『村の裁判』と民族、国家」神奈川大学日本常民文化研究所（編）『歴史と民俗』平凡社、第一一号、一三九―一九一頁。
小馬　徹（一九九五ａ）「西南ケニアのキプシギス人とティリキ人の入社的秘密結社と年齢組体系」神奈川大学人文学研究所（編）『秘密社会と国家』勁草書房、二三四―二七五頁。
小馬　徹（一九九五ｂ）「国家を生きる民族――西南ケニアのキプシギスとイスハ」『人類学がわかる。』朝日新聞社、一四八―一五三頁。
小馬　徹（一九九六ａ）「握手行動の身体論と政治学――キプシギスの事例を中心に」菅原和孝・野村雅一（編）『コミュニケーションとしての身体』〔叢書　身体と文化2〕大修館書店、三七四―四〇九頁。
小馬　徹（一九九六ｂ）「父系の逆説と『女の知恵』としての私的領域――キプシギスの『家財産制』と近代化」和田正平（編）『アフリカ女性の民族誌――伝統と近代化のはざまで』明石書店、二八一―三三二頁。
小馬　徹（一九九七ａ）「異人と国家――キプシギスの近代化」中林伸浩（編）『紛争と運動』〔講座　文化人類学6〕岩波書店、

一六九―二〇〇頁。
小馬 徹（一九九七b）「キプシギスの殺人から見た民族と国家」神奈川大学人文学研究所（編）『国家とエスニシティ――西欧世界から非西欧世界へ』勁草書房、二三四―二六七頁。
小馬 徹（二〇〇九a）「キプシギスの成年式と学校教育」中村和恵（編）『世界中のアフリカへ行こう』岩波書店、四〇―五九頁。
小馬 徹（二〇〇九b）「キリスト教時代を生きる祖霊と死霊――現代アフリカ社会の死と葬の一断面」『神奈川大学評論』第六三号、八九―一〇二頁。
小馬 徹（二〇一〇）「無文字社会の『神話』と『歴史』再考――キプシギス人の歴史意識の政治学」神奈川大学日本常民文化研究所（編）『歴史と民俗』平凡社、第二六号、五三―八三頁。
小馬 徹（二〇一七）『「統治者なき社会」と統治――キプシギス民族の近代と前近代を中心に』神奈川大学出版会。
小馬 徹（二〇一八a）『「女性婚」を生きる――キプシギスの「女の知恵」を考える』神奈川大学出版会。
小馬 徹（二〇一八b）「キプシギス人の『ナショナリズム発見』――ケニア新憲法と自生的ステート＝ナショナリズムの創造」永野善子（編）『帝国とナショナリズムの言説空間――国際比較と相互連携』御茶の水書房、二〇七―二四〇頁。
長島信弘（一八七四）「年齢階梯制」フランク・B・ギブニー（編）『ブリタニカ国際大百科事典12』ティビーエス・ブリタニカ、七二八―七三二頁。
野村雅一（一九八五）「子どもの身体運動とコード――家庭内における大人と子ども」岩田慶治（編）『子ども文化の原像――文化人類学的視点から』日本放送出版協会、二〇六―二二一頁。
フォーテス、M.（一九七〇）「未開人の心」エヴァンズ＝プリチャード他『人類学入門』弘文堂、一四五―一六二頁。
ポストマン、N.（一九八五）『子供はもういない』新樹社。
山田昌弘（一九八八）「情緒（感情）分析と家族研究」『比較家族史研究』第三号、八三―八五頁。

第二章　加入礼と炸裂する家族や共同体の亀裂

はじめに

筆者は、自分が日本人であることをほとんど疑ったことがない。だが、仮にもその根拠を問われたなら、確たる裏付けなど容易に思い浮かんでこないだろう。日本国籍、日本生まれで先祖も代々日本に住んでいたらしいこと、日本人としての我々意識、日本語の一方言が母語であること、それにいかにも「平均的な」日本人の風貌、さらには日本語で読み書きし、外国語が苦手なこと……。まあ、せいぜいそれくらいのものだろうか。

自分が日本（大和）民族である根拠を挙げるのは、もっと困難だ。日本人種（?）である根拠となれば、ちょっと待ってほしいと言うだろう。神話にまで遡るらしい超歴史的な日本民族という概念には疑念があるし、人種概念は鵜呑みにしたくない。つまりそれらの概念は、文化人類学徒である筆者には、必ずしも自明なものではない。その一方で、自分が日本人、或いは日本国民であることは、当然のように感じてきた。誕生以来、筆者がそれらの文化表象を通じて無意識裡に絶えず政治的な操作を受けて、何時の間にか内面化していながらも、その飽くまでも再帰的な事実をほとんど意識化してこなかったからだろう。

ところで、南西ケニアの農牧民であるキプシギスの老人の誰かに、彼がキプシギス人である根拠を尋ねてみれば、筆者のような日本人の場合とは、事情がすっかり異なるはずだ。彼は、マイナであるとかサウェであるとか、自分が或る年齢組（*ipinda*; age-set）の一員であるというたった一事を即座に告げて事足れりとすることだろう。年齢組体系の伝統的で明確な理念に深い確信を抱いていて、それだけで全く十分なのだ。

キプシギス（*Kipsigis*）とは、割礼を伴う加入礼（initiation）を済ませて「社会的に生まれた」（*sigis*）大人の「男」（*Kip-*）の意味である。そして、加入礼は新たな年齢組が形成される契機でもあった。親や本人がたとえどの民族の生まれであれ、あるいは自らの外見や母語が仮にどうであれ、キプシギスの伝統に則って加入礼を成功裡に最後まで受け通して、その時期に開設される特定の年齢組にきちんと組み入れられた者は誰でもキプシギス人だというのが、彼らの単純明快で一貫した理念であり続けてきたのである。

とはいえ、もっと年下の男性となれば、答えは必ずしもそうは行かないかも知れない。今や、若い世代のほとんどの者がキリスト教徒である。少数派のプロテスタント各派の信徒ばかりでなく、守旧的であることで知られるカトリック信徒の一部にも、割礼は当然受け容れても、（割礼を包摂する）加入礼に対してはなにがしかの疑問を抱く者が少なからず現れている。総じて言えば、時代遅れの蛮習と見做しているのだ。しかしながら、両親がキプシギス人である以上、彼は実生活では間違いなくキプシギス社会の一員として生きており、また外部の民族集団の目からは、キプシギス人以外の何者でもあり得ない。

ただし、若い世代にとっては、キプシギスという民族概念は、もはやそれほど自明であり得まい。若者は、キプシギス人という文化表象が帯びている政治的な操作性をそれなりに意識せずにはいられない状況を、今や生きていると言えるからである。

加入礼を最後まで成功裡に受けたという事実は、かつては民族的なアイデンティティの確固たる核となっていた。だが、キプシギス社会は、植民地化以来の一〇〇年に余る期間、近代化の過程を確実に辿り続けてきた。民族社会が今や国家という新たな枠組みの中の小さな一つの部分社会となった結果、そして生活が多様化した今日、加入礼（イニシエーション）は現実に、キプシギスの人々の社会的アイデンティティとどのように関わり合っているのだろうか。本章の目的は、数多くの具体的な事例に即してその現実の種々相を捉えて分析を加え、それがもつ社会的な意味を明らかにすることである。

一　キプシギスと加入礼

そこでまず、後に引用して記述する様々な事例の背景を予断なく解釈し、正確に理解するために、キプシギス民族の概況を手短に素描しておこう。

1　人々と民族社会

キプシギスは、南西ケニアの雨の多い高原地帯に位置するリフトバレー州のケリチョ県（Kericho County）とボメット県（Bomet County）を中心に住む農牧民である。南ナイル語系のカレンジン（Kalenjin）民族群中最大で、最も南に住み、推定人口は二〇〇万を超える。二十世紀初頭に植民地化される以前は、所々に暫くの間定住して粗放な雑穀栽培も行いながら、長期的に見れば移動を繰り返しつつ長い年月を掛けてタンザニア方面にゆっくりと南下を続ける移動牛牧民だった。

しかし、植民地化の直後、領土のほぼ半分を英国王領地（Crown Land）として召し上げられ、その周辺の原住民居留地（native reserve）に指定された土地に押し込められてしまった。英国植民地政府は、王領地化した豊かな土地に、僅かな対価を取って、英国のみならず南アフリカなどからも白人を入植させ、茶やコーヒーを栽培する一大農園地帯を生み出した。

一九二〇年代末にはミッション系の最初期の学校の卒業者たち（キプシギス人）が、資本主義的な教育に深く感化されて土地の囲い込みを始めた。この動きは、遅くとも一九五〇年代までには、キプシギス民族の土地のほぼ全土に及んだ（小馬　一九八五）。ケニアの独立（一九六三）後、かつての白人入植地には、ケニア政府のローンを得たキプシギス人が、各地から再入植してきた。そこでは、今日、牛牧と並んで、主食であるトウモロコシの栽培が盛んである。他方、標高の高い北部地域（ケリチョ県）では植民地時代に国際資本が（九十九年間）租借した広大な茶園が、まだそのまま維持されている。また（ケリチョ県とボメット県に跨がる）中部地域には、キプシギス人の経営する小規模な茶園が広く展開する。

キプシギスのトーテムをもつ二〇〇以上の父系外婚氏族は、いずれも特定の領土に集住せず、成員が右記二県の全域に広く拡散して住む。近年まで一人の男性の複婚家族の各々の妻が、相互に数キロメートルから数十キロメートル離れて自分の家をもつのが普通だった。そして、各妻とその子供たちからなる、この「妻単位の家」（*kop-chi*）の間で家産が均分される「家財産制」（house property system）が、今も変わらずに維持されている（小馬　一九九六b）。集村は作らず、雑多な氏族員からなり、数十戸で構成される散居的な近隣集団（*kokwet*　これを以下で便宜的に村と呼ぶ）が実質的な政治＝経済的な最大単位をなし、その村には寄り合いがあって、寄り合いには「老人（壮年）裁判」の機能がある。そして、老人たちの集合的で正当な呪詛の力が、長らく、社会的な逸脱に対する実効的な抑止力となって確実に働き、平和な暮らしの維持に貢献してきた。

かつては、特定の管区をもたない「助言的裁判官」（*kirwogindet*）ないしは「調停者」（peace-maker）とでも呼べる機能をもつ高名な老人が、余所から村々に招かれては老人たちの寄り合いによる裁判を司った。彼は、雄弁を振るって徐々に世論形成を促しつつ、その働きによって近隣集団と民族社会全体の価値を調和させて媒介した。今でも、余所者の参加が裁判の正当性を保証する必須の条件であり、余所者を完全に排除した老人裁判は非合法と見做される。そうした裁判は「呪われている」とされ、参加者全員が恐ろしい報いを受けると恐れられているのである。

いわゆる「ナンディ型」の循環式の年齢組＝年齢階梯（age-set ＝ age-grade）複合体系と規模の小さい数多くの父系氏族とが相互横断的に全土を覆って組織化されている。この両組織、ならびに成年男子間の社会的な義務である牛の長期相互貸借のネットワーク（小馬　一九九四、一九九五ａ）がさらにこれらに重なり合って溶け合い、伝統的に無頭的で非中央集権的なこの民族の、柔軟で安定した統合を実現してきた。

その後、植民地時代に導入された行政首長制が根付いて、伝統的な近隣集団の世話役（*boiyotap kokwet*：「村の長老」）が、いわばその無給の末端、或いは行政機構の伝統と近代を橋渡しする仲介的な役割をも担っている。またケニアの国家的な裁判制度において、村の寄り合いの老人裁判は民事訴訟と裁判機構の末端としても位置付けられて、それなりに重要な役割を担ってきた（小馬　一九九五ｂ）。

2　植民地化以前の年齢組織

加入礼と年齢組＝年齢階梯複合体系の社会的な機能やその運営に付随する心理、および情緒については、第一章の諸々の箇所で適宜触れてきたので、ここでは、その要点をごく簡略に示して、これに続く議論の最低限の地均しをするに止めたい。

キプシギスの加入礼（*tumin*［*neo*］）は、成年儀礼であると共に、かつては新たな年齢組を開設する唯一の契機でもあった。一定の仕方で循環する、決まった名前をもった七つの年齢組が常時同時に併存していて、一番古い年齢組の成員が死に絶えた後に、それと同じ名前をもった新たな年齢組があらためて開かれて、現存する七番目の最も若い年齢組となる。この仕方で、約十五〜二十一年ほどの間隔を置いて新たな組が、次々と開設されてきた。加入礼に組み入れられた数多くの儀礼や訓練は、元々ほぼ二年間をかけて完結した。すると、新参の受礼者は隔離を解かれて日常生活に復帰するが、次にまた別の新参者の一群の加入礼が始まった。一つの年齢組は、このように通常、相次いで作られる三つ以上の副組（*ipinda nemingʼin*）からなっていたのである。

キプシギスには、右に記した年齢組体系と同時に、年長者・戦士・少年の三階梯からなる年齢階梯体系が存在している。新しい年齢組の最初の副組の隔離期間が明けて実際に戦士の機能を発揮し始める直前に、それまで戦士階梯にあった年齢組員全員が一斉に戦士階梯を引退し、それ以前の年齢組が占めている年長者階梯に加わった。ただし、この事実は、新しく昇階した者たちが攻撃戦や家畜の略奪戦から完全に引退することを、実際には意味していなかった。新しい年齢組の次の副組が隔離明けを迎える日まで、彼らは実質的に戦士の役割を依然として果たし続けたのである。

一方、少年階梯は、やがて年齢組を形成する少年たちが当座占めるだけの擬似的な階梯に過ぎなかった。要するに、キプシギスの年齢階梯制では、その唯一の強調点が戦士階梯にあったのだが、第一章で述べたように、戦士階梯もまた截然たる輪郭をもっていたとは、必ずしも言えない。

しかしながら、(割礼を伴う)加入礼の社会的役割は、極めて鮮明で強固だった。その機能は、「人(*Kipsigis*)の子供ではあっても人(*Kipsigis*)ではない」と言われる子供を、人へと一気に変成(変身)させることにある。加入礼には、幾つもの苛酷な試練が連鎖的に組み込まれていた。隔離が明けて社会に復帰する若者たちは、憔悴の余り知性や自信の影も消え失せ、その精神を内側から遮断する厚いベールを被せられているように見えたと言う(Peristiany 1939: 26–27)。

戦士になると、社会的な地位と役割、価値観、行動様式、身なり、発声法、言葉使い、居住空間など、あらゆる次元で子供から截然と区別されるのだが、それはそうした戦士たるに相応しい心得を、加入礼期間に繰り返し繰り返し、徹底的に叩き込まれたことによる「変身」ないしは「変態」の成果であった。

二　近代化と加入礼

キプシギスの社会は、植民地化から今日までの一世紀余りの期間に、緩慢にではあれ、極めて大きく変化した。本節では、この状況を、専ら加入礼の変化に焦点を当てつつ概観するが、まず居住形態の変化を、次いで加入礼とも不可分な年齢組織の変化を取り上げよう。

1　植民地化以降の年齢組織

植民地化に伴う最大の影響は、キプシギス人が植民地統治という関心と視点から英国人によって対象化され、キプシギスという「部族」（tribe）に指定されてその人間集団としての輪郭を定められると共に、彼らの人口規模に見合うとされた特定の領土を割り振られて、行動域をその内部に限定された事実に起因している（小馬　一九九五b、二〇一七）。そして、領土の半ばを植民地政府に奪われて土地不足が生じたことも手伝って、以下に概述する、往時の伝統的な農牧方式に適う居住形態の維持が、急速に困難になっていった。

植民地化以前、キプシギスの家族（*kop-chi*：「妻単位の家」）は、性と世代によって二つの地域に住み分けていた。即ち、標高が高く雨に恵まれた所（*masop*）にある母村には年長者や既婚の戦士が住んで雑穀を栽培し、周辺で幼い子供たちが山羊・羊を飼った。そして、母村から半日ないし一日行程の所にある乾燥気味の低地の草地（*soin*）には、牛牧のために移動キャンプが作られた。そこでは年嵩の若者たちが牛群を飼養し、未婚の戦士たちが彼らと牛群をマサイ人などの敵や野獣から守っていた。年嵩の娘たちが双方の居住地を往復し、母村からは穀物の粉をキャンプに届け、牛乳や牛の血を帰路母村に持ち帰った。この伝統的な家族（妻単位の家）の住み分けが禁止された後に、第一章でも触れた土地の囲い込みが始まり、それが誘引する巨大な社会変動と文化変容が、確実に進んでいったのである。

キプシギスは、一八九五年から一九〇六年にかけて英国植民地政府と激しく抗争したナンディと、互いに「我々は一つ」と言い合う民族意識をもつほどに近縁で、歴史的に一貫して連帯関係を保ってきた。植民地政府は、ナンディ同様に年齢組＝年齢階梯体系に基礎付けられたキプシギスの軍事力をやはり強く警戒した。そして、戦士階梯の委譲儀礼である「去勢牛を割く」(*sageitap eito*)を禁止するなど、その軍事力の抑圧と解体に極力努めた。これは、グシイ、ルオ、マサイなど近隣民族から牛を略奪するキプシギスの伝統的な「仕事」(*boisiet*)、つまり家畜の略奪を実質的に抑止するためでもあった。

英国植民地政府の手になるパックス・ブリタニカは、戦士階梯の伝統的な社会的役割を衰退させたが、戦士階梯がそれによって一気に陳腐化してしまったわけではなかった。キプシギスは、ナンディと並んで、英国アフリカ人小銃隊(KAR:King's African Rifles)に最も多く若者を徴用された民族として知られている。農耕民とは違って夜目が利き、伝統的に毒矢を使った夜襲に優れ、近隣民族に恐れられていた。英国軍のエチオピアでの対イタリア戦などでも、その能力と経験を活かして軍功を挙げている。

しかし、ケニア植民地という大英帝国の巨大な枠組みの中で、キプシギスの戦士階梯が獲得したこの新たな社会的役割も、第一次世界大戦終結後に衰微する。すると、戦士階梯にいる年齢組員は、牛の略奪以外になすことも乏しく、近隣民族ばかりかキプシギス民族内部の牛も頻繁に略奪するようになった。

一九四〇年代になると、戦士階梯は、行政首長が代表する植民地的価値観のみならず、年長者が体現する伝統的な牧畜の民の価値観からしても反社会的な傾向を強め、その結果、存在理由がさらに曖昧になり、実質的な役割をほぼ終えつつあったと言えるのである(Komma 1998)。

ところで、キプシギスなど、かつてナンディ群(Nandi speaking peoples)と一括された小民族群は、この頃から、ギクユやルオなど、白人入植者が農園労働者として余所から大量に雇い入れた農耕大民族の農民がそのまま居座り続け、政治的へゲモニーを握って自分たちの土地を横領することへの恐れを強めていった。そして、彼らの存在に抗して、言語・文化・社会的な近縁性を基盤とする、民族統合運動を強力に展開し始めたのだった。

これが「カレンジン現象」(Kalenjin Phenomenon)と呼ばれた大々的な政治キャンペーンである(Kipkorir 1973: 69-83, *et al.*)。この運動の最も重要な文化表徴と目されていたのが、相同性の高い、いわゆるナンディ型の循環型の年齢組体系だった。こうして、その当時実質的な機能が衰退しつつあった年齢組織は、再び新たな政治的な意味付けを獲得し、文化的な意味のゆえのみならず、その新たな社会・政治的な機能の意味付けも相俟って、今日まで存続してきたのである(小馬　一九九七a、Komma 1998)。

ただし、その後加入礼は男女共に毎年実施されるようになり、戦士階梯の委譲儀礼である「去勢牛を割く」が禁止されて以来、年齢組の境界も明示的な鮮明さを失った。それでもなお、例えば同年齢組員の娘との結婚の禁止や異なる年齢組成員相互間の行動様式の規範などに窺えるように、年齢組体系は社会的な振る舞いの準拠枠としての働きをそれなりに保持している。

また、女性の加入礼も、政府の禁止令にも拘らず完全に廃絶はされてはおらず、ボメット県の南に隣接するマサイ人との混住地域であるナロック県などの周辺地域では(地下に潜る形で)今も密かに行われている。

2　学校教育、国家政治などの影響

加入礼の変化に大きな影響を与えた要素の一つに、近代的(西欧的)な学校教育の普及がある。まず、三つのミッションが、学校教育をキプシギスの土地にもたらした。植民化の直後、つまり二十世紀の幕開けと共にアメリカ合衆国からアフリカ・インランド・ミッション(ＡＩＭ)が現れ、同じく米国からのワールド・ゴスペル・ミッション（ＷＧＭ）がすぐにこれに続いた。

両者は、いずれも合衆国でも深南部のプロテスタント諸派の連合体で、原理主義的な傾向が強かった(Manners 1967: 346-47)。そのどちらも、飲酒、喫煙、踊り、複婚、女子割礼などを背徳的な行為と見做して非難し、排除に努めた。しかし、その一方、医療や教育の普及のためには、必ずしも大きな投資をしなかった。東アフリカの他地域に入った欧州系のミッションとは異なり、両派共に本部から大きな資金援助を得られなかったからであった。それゆえ、布教を推進する目的で教育に注入する余力が乏しかったのが、偽らざる実情だった。

ロンドンに本部を置くミル・ヒル・ローマン・カソリック・ミッションがキプシギスの中心地であるケリチョの町で活動を始めたのは、ＡＩＭやＷＧＭの到来から遙かに遅れて、第二次世界大戦終結後の一九四六年だった。キプシギスの伝統文化に対する、カソリックのより融和的な姿勢は、プロテスタントの両ミッションから日和見主義と激しく糾弾されたものの、速やかに多くの（だが大半はほとんど名ばかりの）キプシギス人の「信者」の獲得に繋がった（Manners 1967: 346-47）。

学校教育が盛んになるのは、漸く、カソリックとプロテスタント両派が布教の成果を競い合うようになってからのことである。ただし、一九六〇年代初頭、既にケニア独立の日程が具体化し始めていた頃には、植民地政府が次々と新設する学校も、殺到する志願者の半数も収容できなくなっていた。

多くの子供が学校に通い始めると、かつてのように二年間にわたって子供を実社会から隔離して加入礼を実施することが、実際上不可能になった。今日では、政府がケニア全国に政令を出して、加入礼の実施期間を小学校（八年制）と中学校（四年制）の長期休暇期間に限定している。キプシギスでは、一二月初めから翌年の一月初めにかけての一か月余りが、その指定期間に当たる。加入礼の実施期間が一旦大幅に短縮されると、それを構成する諸々の儀礼の内容の変化、特に簡略化が進むという結果を招いた。ただし、「マサイ地区」と通称される、ボメット県のさらに南に位置する（名目上はマサイ人の県である）ナロック県のトランス・マラ亜県など、僻遠の地のキプシギス人居住地域では、今でも二～三か月かけて加入礼を実施している。

　いずれにせよ、加入礼の実施期間中に若者たちが受けてきた、徳育的でノンフォーマルな伝統教育が、今や学校教育という欧米式のフォーマルな知育に大幅に取って代わられてしまっているのである（なお、この現実に孕まれる、必ずしも可視化されていない重大な問題は、次の第三章で取り上げて論じる）。

　政府の政治政策の影響は、女子割礼（＝加入礼）の禁止命令や、加入礼実施期間の短縮、及びタイミングの変更だけに止まらない。一九七八年、ケニア独立の父と呼ばれたケニアの初代大統領ジョモ・ケニヤッタ（バントゥ語系のギクユ人）が没すると、大民族間の政治的な相互牽制の合間を縫い、トゥゲン（Tugen）人であった副大統領ダニエル・アラップ・モイが漁夫の利を得て、第二代大統領に選ばれた。トゥゲンは、カレンジン群に属し、同群中第三の人口をもつ民族だが、その人口規模は、キプシギスはもとよりナンディに比べてもずっと小さい。それでも、モイの大統領就任が、カレンジン現象を公的に強力に後押しするまたとない契機となって、カレンジン人という枠組みを制度的に定着させた。そして、翌一九七九年の国勢調査で、カレンジン人が史上初めて単一の民族として取り扱われたのである。

　そのモイが、一方では、就任後間もなく、割礼を含む女子加入礼の停止を全国民に呼びかけた張本人だった。彼が、国内外のキリスト教団体、国際アムネスティ委員会などに代表される国際世論、さらにはそれに同調する欧米の援助諸国の政府の動向に配慮してこの挙に打って出て、自らの政治基盤の確立と安定を図ろうとしたことは明らかである。

この呼びかけの主たるターゲットには、皮肉にもカレンジン民族が含まれていた。政治基盤の脆弱なモイには、既に表向きは女子割礼を廃絶していた（という）ケニア最大の民族であるギクユ人や、元々男女共に割礼と加入礼をする伝統のないルオ人という二大勢力との政治的な融和、ならびにアフリカの人権問題に敏感な国際社会（援助主体）との協調をいち早く掲げて、政権の正統性をアピールしておく必要があった。女子割礼の廃止は、その恰好の象徴的政策とされた。トゥゲンばかりでなく、カレンジン第二の人口を誇るナンディを初め、カレンジン群の全民族が、モイの指導に（少なくとも表面上は）服した。ただ、その最大の分派（民族）であるキプシギスは、モイの呼びかけに対してどこか冷やかで、暫くの間、その割礼を伴う女子加入礼が温存されたのである。

3　キリスト教がもたらした変化

あらゆる意味で加入礼に決定的な影響を及ぼしたのは、何と言っても各派キリスト教の導入である。しかしながら、既に明らかなように、キプシギスの土地にやってきた各派ミッションは、キリストの教えだけを単独でもたらしたのではなかった。

中林伸浩は、十六世紀以来、強い政教一致原則の下で国教として植民地の行政組織の全段階に深く浸透して長く関与し続けた、フィリピンのキリスト教との対比を通じて、東アフリカにキリスト教をもたらしたミッションの「世俗性」を鮮明に浮かび上がらせている。つまり、それは「宗教的多元主義、合理主義的で啓蒙的な世界観、科学や産業への同調、自由主義的政治意識などを多かれ少なかれ受け継いだキリスト教」だった。そして、「伝統社会の聖性を崩壊させても、それにかわるかたちでキリスト教によって社会を聖化することはなかった」のだとする。それゆえに、東アフリカでは「伝統宗教とキリスト教が競合し、たがいに打ち消すような、独特の世俗化が進行した」と言う（中林　一九九八：二〇五―二〇八）。

中林のこの整理は、キプシギスの「伝統宗教」の中核にある加入礼をめぐる現代的状況の考察を目的とする本章の課題にとっても、重要な示唆を与えてくれる。それは、いわば「世俗化されたキリスト教」の布教を媒介として、伝統的な加入礼もまた世俗化しただろうという視点である。つまり、加入礼の現在を叙述し、考察する本章は、それと共に（加入礼ではなく）キリスト教を研究する中林の視点の対蹠点から、しかし彼と同じ視線をもって、キプシギスにおけるキリスト教の現在を考察するものにもなるはずである。

さて、キプシギスの人々は、キリスト教が、年齢組織や近隣集団の内部に、あるいは親族や姻族の間に、さらには親子や兄弟姉妹という家族関係に、つまり社会の隅々にまで深く食い入って諸々の亀裂をもたらしたのだと主張している。

先に見た通り、キプシギスでは、一つの氏族の成員は特定の地域に集住せず、また年齢組織や軍事組織、裁判機構、さらに家畜貸借のネットワークが氏族や各地を横断して広大な網を幾重にも懸けるような仕方で作られている。その結果として、キプシギス（とカレンジン）は、個々の狭い氏族共同体の枠組みを超え、広大でモザイク的であっても、或る程度は均質的な民族社会を実現していた。ところが中林は、キリスト教が家族員の間に分け入って相互の心を疎隔し、村社会に深刻な対立と葛藤を持ち込んだと、はっきり見ているのである。そして、キプシギスではその疎隔の焦点となるのが、何と言っても加入礼である。

それは、民族社会に潜在している諸々の亀裂を毎年その受礼の機会に最も激越な形で、しかも俄かに浮上させ、抜き差しならない対立と混乱を生起させ続けてきたのだ。

三　加入礼をめぐる対立と葛藤、抗争

キプシギスの男性であれば、誰であれ、たとえ病院で手術されるにせよ、割礼は例外なく必ず受けている。問題は、飽くまでも加入礼全体をまるごと受礼するか否か、また伝統に忠実な形でそれを受けるか否か、キリスト教が加入礼と名付ける、形ばかりの形式でそれを受けるか否か、という点にある。

1　差別用語

伝統主義者は、伝統的な加入礼を受けない者をソミヨット（*somiyot*：「学んだ者」）と呼んで蔑む。一層侮蔑的な語感が鮮かなのは、「穀物倉」（*choget*）に男性接頭辞を付けて作られた、「穀物倉の男」（*Kipchogo*）という語である。この単語には、割礼は受けたものの、伝統的な隔離小屋（*menjyo*）に隔離される術もなく、仕方なく自家の高床式の穀物倉の下の日陰で一人寂しく術後に傷の回復を待っている、馬鹿げた輩という含意がある。

「やりかけの男」または「やり残し」を意味する（*kimutaat*）はもっと辛辣だ。*Ki (p)-* は男性接頭辞、*mutaat* は「(何かを) 半分にする」を意味する動詞 *mut* から派生した名詞で、*kimutaat* は全体で「半分」とも「半人前」とも訳せよう。つまり、半分だけ加入礼を終えた者、中途半端な奴の意味だが、半分だけ

キプシギスだという、聊か胡乱な響きが籠もっている。

他には、「リテインの者」（*chitap Litein*）という表現もある。リテインは、キプシギスの中央部であるブレット（Buret; Bureti とも言う）地方の中心の古い町で、キリスト教が最初に伝えられ、またミッション（AIM：African Inland Mission）が一九二〇年代の初めにキプシギスの土地で最初の病院を建てた町でもある。この語の意味する所は、加入礼と一体化した割礼を避けて、病院のベッドの上で麻酔注射を打って貰って割礼された臆病者、である。なお、病院での最初の割礼は、一九四〇年代に実施されたとされる。第二節第1項でも述べたように、一九四〇年代はまさに伝統的な年齢組織が社会的な意味をほぼ失いかけようとしていた時代である。この時点において病院での割礼が始まったという、人々の説明は、不自然ではない。

加えて、「がき」（*ng'etet*）という言い方もある。*ng'etet* は加入礼を受ける段階に達した大きな少年のことだが、この脈絡では「がき」と侮蔑的に訳すのが相応しい。「がき」は、実は、西ナイル語系の近隣の大民族であり、男女共に割礼をしないルオ人の男性に対して常用されてきた、キプシギス語の最たる侮蔑語なのである。

またルオ人女性を「メリヤット」（*meliyat*）と呼ぶ。メリヤットは、割礼（正確には陰核摘出、clitoridectomy）が最初の構成要素である加入礼を受ける段階を迎えた少女のことだが、この語は加入礼を受けていないキプシギス女性に対する侮蔑語としても、「（女）がき」の意味で比喩的に用いられてきた。なお女性の場合、男性とは異なり、加入礼と切り離して割礼だけを受ける者は、以前から全く存在しなかった。

ここに挙げた語はどれも、そう呼ばれた者に極めて強い屈辱感を与えずにはおかないものだ。一方、敬虔なキリスト教徒の側が伝統主義者を揶揄する語は、全く存在しない(1)。興味深いのは、それでもなお言い返したい時には、キリスト教徒の側も伝統主義者を「半人前」(*kimutaat*)と呼び返す事実である。その心は、かつての加入礼がその実施に二年間も費やしたのに比べれば、今日のものは明らかなダイジェスト版なのであって、往時の成年者から見れば、お前たちだって自分たちに少しも遜色のない「半人前」なのだという、屈折していながらも実に辛辣なものである。

2 事例分析(その1)——親子兄弟関係

さて、筆者は現在のボメット県ンダナイ区で、一九七九年以来、断続的に三十八次にわたる参与観察調査を重ねてきた。ここで、これまでに蓄積した野帖(field notes)から幾つかの事例を選び出し、加入礼をめぐる変化状況を報告しよう(2)。

《事例1》——孤立する子供

一九七三〜七四年のこと、旧保留地側の1a村に住むAGC(African Gospel Church: WGMの後身)信徒である男の次男Aが、この地域では初の「キリスト教式割礼」を受けた。この時、再入植地("reserve")側の1b村に住むAGC信徒の女性Bが、彼の儀礼的母親を務めて、隔離中も万般の面倒を見た。この機会にBは、隔離小屋に充てる若者用の小屋をわざわざ新設し、割礼師を呼んで、Aと、B自身の長男で一人息子であるCの二人に割礼を受けさせた。Bは、伝統的な儀礼的母親と同様に、二人の傷が

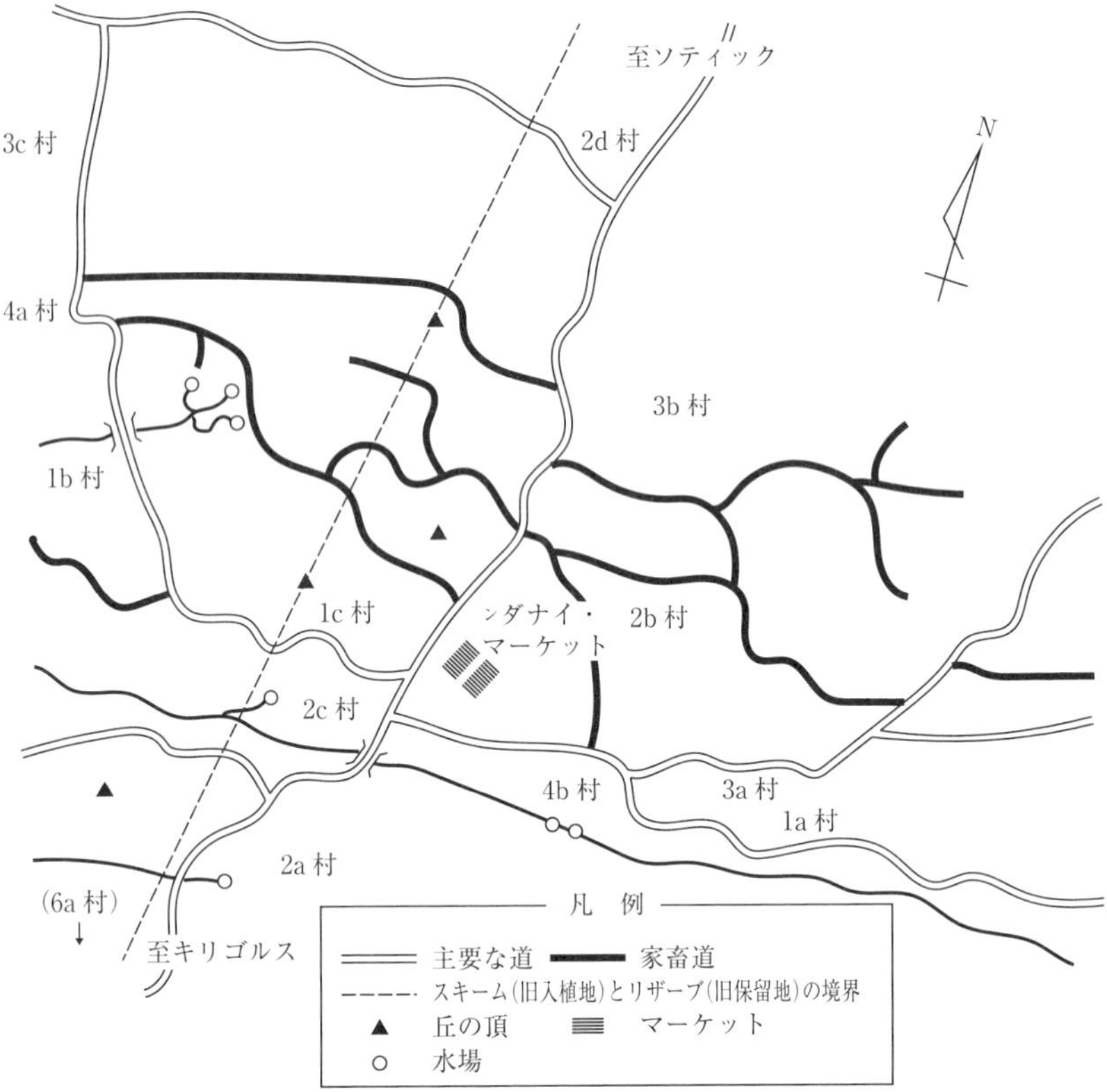

図1　ンダナイ郡の村々の概念図

癒えるまでの間食事を作って供し、身の回りの世話をした。また、AGC信徒が時々訪れてきて、彼ら二人に説教し、或いは思い思いに教訓を垂れた。二人が割礼の傷から回復して隔離明けに至るまでの行程は、余所の各地で同時に進行していた伝統的で大規模な加入礼の行程に準拠していた。

　Aの兄であるDは、既に数年前に伝統的な加入礼を済ませていたが、右の事実を知って猛烈に憤った。加入礼を済ませた若者は、もう小さな少年のように母親の小屋に寝泊まりはできず、母親の家の敷地内の一角にある若者小屋に移って、共同生活を始めなければならない。ところが、DはAと自家の若者小屋を共にすることも、またその小屋の中で一つの食籠で供されることになる主食の「固粥」(*kimiyet*)をAと分け合うことも、頑として拒んだ。Dは、ついに小屋を二分する仕切り壁を自分一人の手で作り上げ、Aが自分勝手に出入りできるようにと、出入口をもう一つ別に拵えたのである。

一方、Bの息子であるCは、その後、Aとは異なる生き方の選択をした。一九七四年一月に新学期が始まって、自宅に近い、旧保留地の1c村の小学校に戻ったCは、開校以来「キリスト教式加入礼」を受けた最初の者として、好奇の視線に苛まれ続けた。同じ機会に伝統的な加入礼を受礼した同級生や上級生たちは、Cを決して同年齢組員とは認めず、「がき」[3]と呼んで排斥し、無視したのである。学校の外でも加入礼を終えた者、すなわち「男」(*murenet*)たちが集まっている場には、決して加えてもらえなかった。孤独に耐えかねたCは、一九九六年一二月、母親Bの知らない内に[4]1c村の加入礼受礼者の列に密かに加わった。一旦受礼者が隔離小屋に入ってしまうと、男親でも滅多に手が出せない。まして、母親がそこに近づくことは不可能である。こうして加入礼を無事に終えたCは、漸く「男」として学校の仲間たちに迎え入れてもらえたのだった。

Dは、その後幾年もの間、決して弟Aを名前で呼ばず、「がき」と呼び捨て、弟とも見做さなかった。Aは、中学校卒業試験でこの地方の生徒としては稀に見る優秀な成績を収めて、大都市に良い就職口を得た。彼は辛抱強く故郷の人々に接し続けたが、何とか和解できるまでに凡そ十年を要した。兄Dとの和解は一層困難だったと、人々は語っている[5]。

さて筆者は、一九七九年から翌一九八〇年にかけて、BがAとCの隔離のために作った若者小屋に数か月間寄宿したことがある。この小屋は、キプシギスの家屋としては例を見ない独特の概観をしていた。伝統的な小屋は、円筒形の土壁の上に草で葺いた円錐形の屋根が乗るという構造をもっている。ところが、この小屋は、直方体の土壁の上に四角錐の草葺き屋根を架けたものだったのである。

キプシギスでは、「下円筒=上円錐型」の草葺きの小屋は伝統を、一方矩形のトタン葺きの小屋は近代性を象徴している。熱心なAGC信徒であるBが作った奇妙な隔離小屋は、「キリスト教式加入礼」という折衷様式を、新旧折衷の建築様式をもつその外形でも表現していたと言えよう。

ここに叙述した加入礼をめぐる深刻な家庭内の出来事は、ンダナイ郡内で知られているこの種の葛藤や試練の最初の例であった。AとCの「キリスト教式加入礼」受礼後の生き方の著しい対照性を、ここでひとまず心に留めておきたい。なお、その後、Cの姉妹や母方のイトコたちが加入礼とどう関わったか、その様々な容態については、後続の《事例4》で詳しく述べることにする。

《事例2》

一九九三年一二月、旧保留地側に住むE（2a村）と他の二人（2b村、2c村）のカトリック信徒の男性たちが、自らの息子たちに「キリスト教式加入礼」を受けさせようとして、Eの土地の一隅に「隔離小屋」（*menjo*）を建てた。この三人の男たちの三人の息子たちは、当初から激しく反発した。中でも、Eの息子Fの態度は強硬で、「キリスト教式加入礼」の始まる日に、伝統主義者が多い旧保留地側の2d村へ逃れて伝統的な割礼を受け、そこでさらにその後の諸儀礼を受けるために、隔離小屋に収容された。2d村は、2a村から四キロメートルほどの所にある。Eはその翌早朝小型トラックを一台借り上げて2d村に向かい、力づくで息子Fを自家に連れ戻した。

結局、三人の若者はEの住んでいる2a村で「キリスト教式加入礼」を終えたのだが、「半人前」と囃したてられて疎外感に苦しみ、以後塞ぎがちになった。特にFは、父親Eの無理解のせいだと罵り、その後は何事につけても一切父親の指図に従おうとしなかった。翌一九九四年の一二月、三人の息子はいずれも父親の知らない内に、それぞれが近くの別々の村で伝統的な加入礼を受けた。

伝統主義者は、この頃、カトリック信徒を通例キリスト教徒とは呼ばなかった。キリスト教徒とは、飲酒（を媒介とする種々の慣行的な労働交換）や加入礼、あるいは複婚などの伝統的な文化要素の一切を厳しく批判して排斥する、プロテスタント信徒のことだったのである。

ところが、一九九〇年代になると、カトリック信徒の一部の間にも、伝統的な宗教儀礼を忌避する空気が生まれるようになってきた。《事例2》のEたちの親子紛争は、それを象徴する事件として受け止められている。今日では、こうした反伝統主義的傾向をもっている一部のカトリック信徒も「キリスト教徒」と呼ばれるようになっている。

しかし、この事例でも明らかなように、「キリスト教徒」の家に偶々生まれ落ちたからといって、子供たちが敬虔な信仰をもつようになるとは少しも限らない。特に、カトリック信徒の家庭に生まれ育った子供たちの場合がそうである。信仰に関して先進的なのは、むしろほぼ常に親の方であり、子供は仲間たちとの融和的な関係を強く保持したがるがゆえに保守的だという構図が、かなり一般的に見られる。

《事例3》

一九九五年一二月、旧保留地側の3a村に住むGの息子Hが、両親の知らない内に、数キロメートルの距離にある旧保留地の3b村に行って、伝統的な加入礼を受けた。Gは、当時、当地では新来のペンテコスタル教会に加入したばかりで、再入植地の3c村に住むカトリック信徒の男性の下でHに「キリスト教式加入礼」を受けさせる積もりでいた。Gは、Hの他に五人のカトリック信徒と、一人のAGC信徒の息子たちを預かっていた。

Gには六人の妻があった。Hは彼の四番目の妻との間に生まれた次男で、3b村にはこの妻の父親Iが住んでいた。しかもIは、加入礼でも重要な役職である祝福師を務めていて、且つ3b村の「村の長老」であるのみならず、知恵者として近在に広くその存在を知られ、村々の寄り合いの「老人裁判」にもよく招かれる人物だった。Gは、数日後に密かに3b村を訪ねて、隔離小屋の在り処を探った。Gは、この村の或る老人裁判でIに破れて、Iに恨みを抱いている人物を見付け出して籠絡することに成功した。彼は、午後八時頃、夜陰に紛れて隔離小屋に近づいた。隔離小屋の中にはその晩、Iともう一人の年長者が付き添い役として滞在していた。Gは、父親である自分が息子に許可を与えていないことを理由に、息子であるHの引き渡しを求めた。Iは、子供が隔離小屋にやって来れば単にその意志に沿って割礼するだけであり、親の許可は無用だと諫めた後、しかし、敢えて連れ戻すなら別に拒まないと答えた。

だが、Gの息子Hは、頑として帰らないと言い張り、父親と激しく言い争った。Iは受礼者であるHを庇ってGに鎮まるように命じたが、Gは激昂してHを罵り続けた。Iはこの振舞いには同意せず激怒して、杖でGの頭を打ち据えた。すると、傍らにいたもう一人の人物が、甲高い戦いの雄叫びを挙げて、人々の加勢を求めた。Gは出血した頭を押さえながら、一目散に駆け出して行った。村人たちが手に手に弓矢を携えて隔離小屋に駆けつけた時には、Gは既に辺りから完全に姿を消していた。

Gがどうにかその場を離れたのは誰にとっても幸運だったと、人々は後ほど互いに顔を見合わせながら言い合った。隔離小屋の静穏を乱す者には、人々はしばしば死をもって報いてきたからであり、そうなれば犯罪者として幾人もが逮捕されることにもなっただろうからである。

《事例3》には、後日談がある。Gは、翌日ンダナイの行政首長事務所に出向いて事件を報告し、行政警察官にIを告発した。だが、行政警察官は管轄が異なると言い、最寄りのソティックの町の警察署に出向くように指示する。[6]しかし、行政警察官たちは、近年民事に関しては慣習法が国家法に優先する判例が多いし、加入礼に関する事情である以上、ますます勝ち目があるまいとGを諭した。[7]結局、Gは告発を断念した。

一方、老人Iの失ったものも決して小さくなかった。彼は、隔離小屋の静穏を徒に乱したと人々から厳しく非難され、祝福師としての信任をすっかり失ってしまったばかりか、それ以来、近隣の村の寄り合いの長老裁判に招かれることもまずなくなったのだった。

なお、ペンテコスタル教会に加入したものの、六人の妻をもつGを誰も「キリスト教徒」とは考えていない。ここにも、「伝統」とキリスト教と、また宗教と世俗の一筋縄ではいかない錯綜した状況に特徴的な固有の捩れを見て取れる。

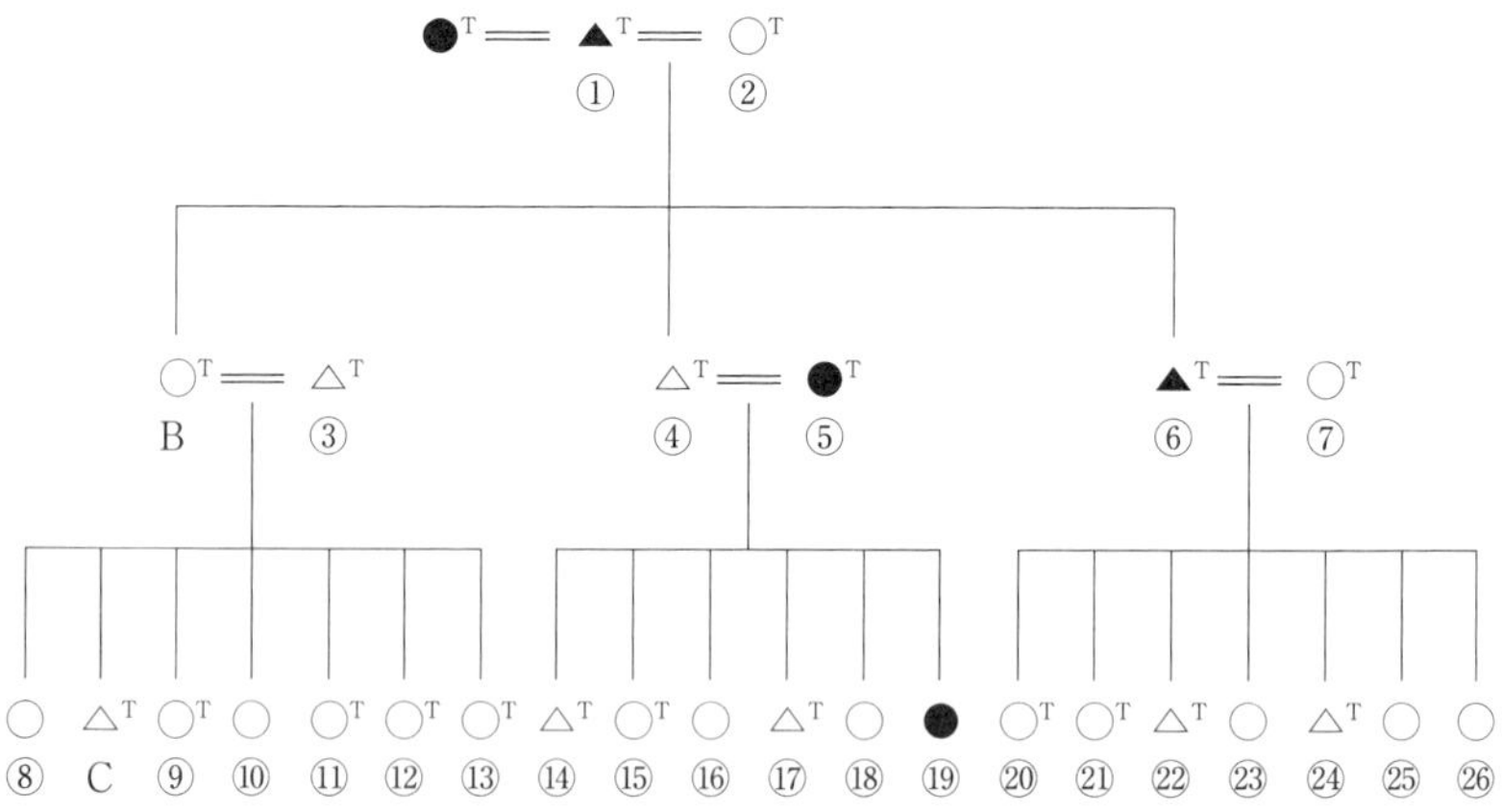

△：男性　○：女性　▲：男性（死亡）　●：女性（死亡）
T：伝統的な加入礼を受礼

図2　Bとその家族・親族

3　事例分析（その2）――ある家族の場合

最年長層の老人たちのほとんどが伝統主義者である。しかし、そうした老夫婦の壮年の子供たちが熱心な「キリスト教徒」である場合、後者の子供たちを加えた三つの世代や各対の夫婦の間には往々込み入った葛藤状態が生まれる。この第3項では、《事例1》で紹介したBの家族を取り上げて、右に述べたような複雑な事情を抱えた家族の一例として考察したい。

まず、Bの両親、同母兄弟とその伴侶、ならびにBと彼女の兄弟たちの子供たちを系図で示しておこう（図2）。

《事例4》

Bの父親①は、Bの（一応はAGCに属しながらも実質的な）伝統主義者の夫③が、Bと遠く隔たって第二妻と住む地域（南ソト地方のシゴルの辺り）の割礼師で、頑固な伝統主義者だが、Bの母親②は、ごく早い時期からAGCに改宗した熱心なキリスト教徒である。Bの二人の弟④と⑥は、父親①の意向で伝統的な加入礼を受けたが、やがて母親②の感化を受けて、揃ってAGCの信徒になった。④と⑥の妻たちも熱心なAGC信徒である。彼らの出身地は、早くからAGCが布教拠点を置いた結果、キプシギスの最南部の地域では最も早くからキリスト教が浸透した所とされている地域である。

③は、ケニア独立（一九六三年）直後に政府のローンを得てンダナイ郡の旧白人入植地（の今日の1b村）に再入植し、その三八エーカーの土地にBの「妻の家」を構えた。やがて、④と⑥もこの地域（3c村と4a村）に、義兄の③と同じ仕方でほぼ同規模の土地を得た。ンダナイの辺りは、当時（そして今も）最も保守的な（カソリック）地域として知られており、Bと彼女のこれら二人の兄弟とその家族の全員は、キリスト教の信仰が厚いがゆえに、この土地では異質な存在と見られていた。

Bの長女⑧は、物心がつく頃から老いた①・②と共に暮らし、大人の世話の手を離れた頃には、今度は二人の身の周りの面倒を見始めていた。だから、大きく成長するまでは、祖母である②を母親と信じて疑わなかったと言う。こうして、⑧もやがて熱心なAGC信徒になった。

⑧と仲が良かった妹⑩も、⑧の感化を受けてAGCの信仰に深く帰依するようになった。だが、Bの子供たちでも、伝統的な加入礼を受けなかったのは、僅かにこの二人の娘だけで、以下に見るように、他の者は様々な仕方で伝統的な加入礼と関わりをもった。

Bの息子Cについては、既に《事例1》で一応の紹介を済ませている。⑫と⑬は、Bの双子の娘たちである。末っ子の⑬は、一九八五年一二月初めの金曜日、1c村の小学校から帰宅した後、夕方4a村の父方の叔父⑥の家に泊まりに行くと言い残して家を出た。翌日の土曜日になって、昨夜⑬が割礼さ

図3（右上）　成年式期間中少年たちが寝食を共にする隔離小屋外観（1998年）
図4（右下）　隔離中の或る時期の朝食（1993年）
図5（左）　試練を受ける順番を待つ（1998年）

れたという報がＢに届いたが、Ｂは信じようとしなかった。だが、⑬が⑥の家に泊まらなかったことが間もなく判明する。Ｂは、日曜日に4a村の青空教会での礼拝から家に一旦戻ると、⑬が収容されているとされる3c村の或る家を訪ねた。

女子の場合は、男子の場合のような特別の隔離小屋は作られず、受礼者はこの機会のために選ばれた或る家屋に夜間収容され、日中はその外側に作られたごく簡単な草囲い（*kaptilion*）の中で時間を過ごすのである。彼らを警護していた女性は、Ｂの静かな口調の要請に素直に応じて、特に抗弁することもなく⑬の帰館を認めた。このような場では、言い争うことさえもが加入礼に対する重大な冒涜として忌まれているのだ。

翌一九八六年一二月には、⑬と双子関係にある姉の⑫が、4a村で密かに割礼を受けた。この時、Ｂは⑫の居場所を突き止めたが、今度は敢えて連れ戻そうとはしなかった。それゆえ、⑫は、⑬とは異なり、その後一か月ほど4a村にそのまま留まって、割礼ばかりではなく加入礼の

図６（右）　女性の成年式の最初の晩、割礼直前に祭壇の前で踊る娘（1982年）
図７（左）　女性の成年式の終盤、「汚れ捨て」儀礼に向かう娘たち（1983年）

全過程を無事に終えた。そして、仲間である他の受礼者たちと同様に、隔離明けに家に戻ってきて、ほどなく嫁いだ。夫になった青年は、伝統主義者だった。

Ｂの次女⑨は、旧保留地側にある4b村の伝統主義者の男性と暫く同棲した後、結婚した。この男性の両親は、⑨が加入礼を受けていないことを知ると、「がき」（*melyat*）はこの家にいらないのだと告げて、伝統的な加入礼を最寄りの機会に受けるように強く迫った。夫もそれに同意した。一九八六年一二月、⑨は1b村のＢの元に里帰りし、ここで伝統的な加入礼を受けたが、Ｂは敢えて異議を唱えなかった。この時、⑨は既に一度離婚していて、その最初の結婚で設けた三人の子供を連れて再婚していたし、もう既に二十六歳になっているので、再度離婚することは避けたいと観念していたからだ。

⑪は、両親の出身地の近くに嫁いで行った。その時点で、彼女も加入礼をまだ済ませていなかった。幸せな結婚生活だったが、新婚の夫婦と同居していた義理の母親も、⑨の義理の母親と同じ要求をした。そして⑪は、暫く後に加入礼を受けた——ただし、時期などは不詳。

Bの篤実な人柄は、「キリスト教徒」だけでなく、彼女の住まいの近辺の人々によく知られていた。人々に信頼され敬愛される彼女は、その頃、女性自助組合「女性の進歩」(*Maendeleo ya Wanawake*)のンダナイ亜郡支部の会計係を務めていた。しかし、彼女の子供たちは皆、既に右に見てきたように、母親の熱心なAGCへの帰依と信徒としての活動のゆえに、幼い頃から地域や同輩集団において強い疎外感に苦しんできたのである。

特に娘たちは、当時、加入礼を受けておかなければ結婚相手を得ることが極めて困難である現実をよく弁えていた。年嵩で十分な教育を施された⑧と⑩は、首尾良く教師の職を得、やはりキリスト教徒(プロテスタント信者)の伴侶ともキリスト教の盛んな他地域で知り合った。だが、高度の教育を受ける機会がなかった他の娘たちは、そうはいかなかったのである。

⑬が加入礼を受けたのも結婚を望んでいたからだが、図らずもBの介入の結果、⑬は「割礼だけ受けた女性」という、(先に述べたように)通常はあり得ない、極めて例外的な存在として窮地に立つことになってしまった。⑬の事件の翌年、⑫も同様にBに背いたことをBが知った時に、Bは今度は敢えて介入しようとはしなかった。それは、⑬の境涯の不遇を痛切に思い知らされ、責任を感じていたからであった。

《事例5》

④は警察官僚であり、各地に転勤しながら都市暮らしを続けていた。長男⑭は首都ナイロビで生まれたが、十三歳になった一九八〇年に、④の実家(①の家)に送られた。④はその地で⑭に「キリスト教式加入礼」を受けさせようとしたのである。

だが、この計画を聞き知って、④の父親である①が密かに⑭を自分の家から連れ出して、伝統的な割礼を受けさせてしまった。①は当時現役の割礼師だったので、自分自身が孫息子の割礼で執刀したのである。①は実に愛嬌のある善良な人なのだが、頑固者で、些細なことでも人を呪詛することがあった。だから④は、父親の呪詛（最も強力な呪詛）を恐れていて、この時、なす術を知らなかった。

④の次男⑲は、一九七九年生まれである。一九九四年一二月、④は3c村で⑲に「キリスト教式加入礼」を受けさせる積もりだった。だが事前にそれを察知した⑭は、④を巧みに出し抜いて、自分自身の判断によって、同村で伝統的な加入礼を受けてしまった。しかも、その直後に①が④を訪ねてきて、それ以来④の家から立ち去ろうとせずに居座った。④は、結局⑲を隔離小屋から連れ戻すことを諦めざるを得なかった。

⑥の一九七四年生まれの長男㉒は一九八九年一二月、全く両親の抵抗を受けることなしに、4a村で同級生たちと一緒に伝統的な加入礼を受けることができた。当時病気だった⑥の病状が少し前から悪化していたので、⑥は妻の⑦を同伴して実家（①の家）に帰り、近くの保健所に通っていた。㉒は、父親⑥の不在を千載一遇の機会として利用して、我が意を遂げたのである。

④・⑥兄弟の三人の年長の娘たち、⑮・⑳・㉑が示し合わせて家を抜け出し、旧白人入植地の5a村で伝統的な加入礼を受けたのも、Bの次女⑨の場合と同様、一九八六年一二月だった。④と⑥は、妻たち（⑤と⑦）に命じて、すぐに娘たちを連れ戻させた。

ところが、ちょうどその日、④・⑥の父親である①が彼らを訪ねてきた。そして、孫娘たちが割礼を受けた後、「儀礼の家」ではなく、自家で養生しているのを見て激昂した。彼は息子たちを激しく非難して口論になったが、息子たちはやがて折れて、ついに父親に謝罪した。①は、⑤と⑦に命じて孫娘たちを「儀礼の家」の隔離場所（*kaptilion*）に連れ戻させた。さらに⑤に対して、毎日その隔離場所を訪れて孫娘たちに十分に食物を給するよう念入りに言い含めてから、自家のあるシゴルへ帰って行った。⑤は殊に敬虔な信仰で知られていた人だが、義父の命令に忠実に服し、その年の（加入礼期間である）一二月一杯は、ＡＧＣの教会に通うことも自制して、かいがいしく三人の受礼者たちの面倒を見た。

⑥の次男㉔は、一九七八年に生まれた。㉔は、一九九四年に4a村の⑥の家に移ってくるまで、ずっと⑥の実家（①の家）で、祖母②の手で育てられた。②は、⑥の期待通りに、㉔を敬虔なＡＧＣ信徒に育て上げてくれた。だが、㉔は子供仲間の間で孤立して疎外感に苦しむことを恐れて、伝統的な加入礼を受けることを切望していた。それでも②は、時間をかけて㉔の説得に成功した。そして、一九九三年一二月、「キリスト教式加入礼」を受けさせた。筋金入りの伝統主義者であった①は、既にその前年の一九九二年に没していて、今や家族の中に頑固な反対者がいなくなっていたのである。

この関係者の数の多い、事情が複雑多岐にわたる事例から、毎年加入礼の季節ごとに家族の間に家族の誰かの加入礼の実施をめぐって深刻な亀裂が繰り返し浮上してきて、決まって面倒な騒動が巻き起こり、様々な紛糾が劇的な形で展開されてきたことが仔細に読み取れよう。

ところで、④と⑥の残りの子供たちにも、ここで言及しておかなければ片手落ちだろう。④の三女⑱と、⑥の末っ子の五女㉖は未婚、同じく三女㉓と四女㉔は既婚だが、彼女たちは誰も加入礼を受けていない。

《事例5》の最後のエピソードと同様、①の死去がこの状況を帰結した決定的な要因となった。また、④の次女⑯は、一九七二年生まれで既に嫁いでいるが、まだ加入礼を受けていなかった。⑯の夫は伝統主義者（後述する《事例6》のK）であり、人々は⑯が何時加入礼の受礼を要求されたとしても不思議はないと噂していた。

4　事例分析（その3）——社会劇

さて、《事例5》で㉔が「キリスト教式加入礼」を受けた背景には、筋金入りの伝統主義者である①の死があり、それが決定的な要因になったと述べた。ただし、「キリスト教式加入礼」の受礼者に対する人々の嘲りが、一九九〇年代からはやや緩和され始めたという別の変化も無視できない要因の一つとして挙げられるだろう。

しかしながら、或る人物が伝統的な加入礼を受けていない事実が、人生の或る時期に再度突如浮上してきて、あらためて受礼するかどうか、信仰を賭けたぎりぎりの決断を迫られるという社会的な文脈が、当時は、今以上に厳然と存在していた。本項では、このような問題を取り上げて論じてみたい。

《事例6》

再入植地の6a村に住むJは、広大な農地をもつ、六十歳ほどの裕福な農民だ。生まれはBと同郷（シゴルの近辺）で、若くしてAGCの信徒となり、「キリスト教式加入礼」を受けて、単婚主義者になった。再入植者として成功を収めたKは、一九七九年の総選挙で、ンダナイ選挙区からキプシギス地方議会の議員に立候補した。ところが、演説集会で、Ｊは繰り返し笑い物にされてしまった。彼の演説の番が来ると、どの会場でも、「立候補する前に加入礼を済まして来やがれってんだ！」と、口汚く野次り倒されるのが常だった。対立候補は僅かに一人だけだったが、その人物が約四〇〇〇票を獲得したのに対して、Ｊの獲得した票数はやっと二〇〇に届いたに過ぎなかった。

Ｊは、屈辱を噛みしめながら、一九八三年に予定されていた次の総選挙での雪辱を心に期した。一九八一年一二月、Ｊは十五歳になる息子Ｋに伝統的な加入礼を受けさせる。そればかりか、Ｊ自身も「加入礼を買う」ことを決意した。するとＪは、加入礼に含まれる諸儀礼の執行時に毎回隔離小屋を訪れて、親子ほども年の離れた若い受礼者たちと全く同様に逐一振る舞うことを強要された。また、当時、加入礼に掛かる一人当たりの費用は約四〇シリングだったのだが、Ｊが「加入礼を買う」には二〇〇〇シリングもの大金を要した。

一九八三年の選挙では、新たに分離独立したアボスィ選挙区からキプシギス地方議会議員に立候補したＪは、圧倒的な勝利を収めた。この時、人々は、Ｊは「男」（*murenet*）だと認めて、積極的に支援したのである。そして、一九九二年には、同年にキプシギス地方議会（ケリチョ県）から分離したボメット地方議会（ボメット県）の議員の地位を首尾良く手中にしたのであった。

Ｊは、一九八三年の当選を機に飲酒を始め、一九八四年には第二番目の、また一九八五年には第三番目の妻を娶った。この期に及んで進んでキリスト教徒の規範を捨て、伝統主義に身を委ねる決断をしたのである。

Jが「加入礼を買う」という（既に慣行として確立された）便法に訴えた後、人々の彼への対応が劇的に変化している。Jは、実の息子であるKと同年齢組員（*botum*）に、しかもその中でも、「パグレイ」つまり「同じ隔離小屋を共有した特別に親密な間柄の者」（*pagulei*）になるという、伝統的な観点からすれば実に変則的な関係に立ち至ることになってしまったのだが、人々は敢えてそれを意に介そうとしなかったのである。これとよく通じ合うのが、次の《事例7》である。

《事例7》

一九七四年、ブレット選挙区から国会議員に立候補したジョナサン・ンゲノ（通称プロフェッサー・ンゲノ）は、米国留学から帰ったばかりのインテリだったが、ベテラン政治家のタイタ・トウェットに大差で敗れてしまった。近代主義者の彼は「男」ではないと揶揄されもした。そこでンゲノは、一九七五年に「加入礼を買う」。そして、一九七七年、一九八三年と連続して国会議員の議席を得た。だが、一九八八年にはまた落選の憂き目を見ることになった。

彼は一九九二年、再び返り咲く。そして、一九九七年の選挙が近づいてくると、この年の一二月に、自宅の敷地内に隔離小屋を作って、なんと違例にも、七〇人もの男性の加入礼受礼者を収容して保護したのである。

しかしながら、実は、一九九七年の選挙はンゲノの落選に終わる。ただ、選挙の転換点ごとに加入礼の承認と擁護という、伝統的な文化表象を積極的に動員するという戦術を彼が採ったことが注目に値する。(8)

なお、一方、ンゲノの政敵であるタイタ・トウェットが、加入礼受礼者が加入礼期間に限って着けるヘッドギア（*nariet*）を選挙キャンペーン中ずっと被っているというパフォーマンスを何時も行うことで知られている。「ヘッドギア被り」（*mi-nariet*）という彼の有名な綽名は、この事実に由来している。

実は、トウェットの父方の祖父は、バントゥ語系で南ナイル語（カレンジン語）系のキプシギスと境を接して住み、その長年の敵であり続けているグシイ民族の人だった。(9) それゆえに、ことさらにキプシギスの伝統を誇張する、気障で俗物的な物腰やポピュリストとしての表出のスタイルは、彼にとっては幼い頃から身についたものであったようだ。

さらに、国家政治や地方次元の権力をめぐる政治（power politics）ではなく、別の次元の権力を争う「政治」においても、《事例7》や《事例8》と極めて類似する力学が加入礼の是非をめぐって働くことを、次の事例がよく示している。

《事例8》

ケニア協働乳業株式会社（ＫＣＣ：Kenya Co-operative Creameries Ltd.）は、カレンジン諸民族の出資によって創立され、ケニアの独立後に長く国内の乳業を独占する大企業として君臨していた。特に、一九七八年にカレンジン人（トゥゲン人）であるダニエル・アラップ・モイがケニアの第二代目の大統領となって以来、牛乳の学校給食事業にも組み込まれて、益々繁栄を見た。

ところが、組織的な腐敗が絶えず、一九九七年には、ＫＣＣが三か月にわたって農民から買い上げた牛乳代金の支払いを滞らせる事態が発生した。農民たちは、これに抗議して牛乳の納入をボイコットし、ＫＣＣは経営破綻の危機に直面する。ケニア政府は、八〇〇万シリングを投入して農民への支払いに充て、当面の危機が一応は回避された。ＫＣＣの再建会議は、一人を残して経営陣の総入替えを決め、新役員選挙が実施されることになった。議長であったキプシギス人、ナザレア・アラップ・チェベリオンもこの時に解職された。

選挙の結果、新議長には、ナンディ人であるスタンレー・アラップ・メトが選ばれた。実は、キプシギス人の弁護士であるアラップ・チェルレも立候補しようとしたのだが、彼の立候補に反発するキプシギス人が多かった。或る人々は、「キプシギス人は、カベチェレック氏族に仕えるわけにはいかないんだ」と叫んだ。同氏族からは、当時キプシギスの最も有力な政治家であったアラップ・コネスと、《事例7》で触れた）プロフェッサー・ンゲノを初め、幾人かの国会議員が輩出していた。この顕著な事実への反発は、無論、陰に陽に確かにあっただろう。

だが、人々が何処でもそれ以上に大いに問題にしていたのは、アラップ・チェルレが伝統的な加入礼を受けていない事実の方だった。彼はＡＩＣ信徒で、加入礼を排斥していた。人々は彼を「がき」(*ng'etet*)と呼んで蔑み、「がきは牛牧キャンプには行けないぞ」(*Mawendi ng'etet kaptich.*)と罵った（ただし、この表現の解釈は事実に反する。第二節第1項で紹介しておいた通り、植民地化以前のキプシギスの土地では、年嵩の少年たちが牛牧キャンプで自律的に牛を飼養していたのである）。この罵り言葉の真意は「がきは牛牧キャンプじゃリーダーになれない」(*Mondochin ng'etet kaptichi.*)ということなのである。カレンジンは、自分たちが株主である製乳会社ＫＣＣを「牛牧キャンプ」(*kaptich*)と呼び倣わしてきた。つまり、伝統的な加入礼も済ませていない「がき」がＫＣＣの議長職を狙おうなど、もっての外だというのであった。

KCの選挙管理委員会は、人々の声に押されて、結局、アラップ・チェルレは候補者として不適格であるという結論を出したのだった。

四　キプシギスとカレンジン

今日、キプシギスの人々は加入礼に対して必ずしも一枚岩ではなく、かなり幅のある態度で接していると言える。家族の中でも、また親族や姻族たちの間でも、個性や世代や性の違いと、キリスト教のどの派にどの程度親密に関わっているか（或いは、いないか）によって、関心のあり方に大きな違いが見られる。彼らが加入礼実施期間、即ち毎年一二～一月やその前後に繰り広げることになる実に入り組んで複雑な人間模様は、繊細でもあり激越でもあって、前節で見た通り社会劇というに相応しいものである。

それは、今日のキプシギス社会で、在来の伝統的な（太陽神 *Asis* の）「宗教」もキリスト教も、人々の精神生活のみならず、日々の生活における世俗的で実際的な面に直接響いて左右するほどの、実際的な力を共にもっているからである。キリスト教の各派ミッションが植民地化を期にケニアに導入したキリスト教は、確かに中林が言うように、伝統宗教と競合し合う諸々の社会過程で、独特の世俗化を進行させてきたと言えるだろう。

国家や地方の権力をめぐる政治において、あるいは会社経営の実権をめぐる政治において、男性が社会的な指導性を獲得しようとする場合には、伝統的な加入礼を受けたかどうかが今日でもことさらに問い直されて重大な争点化することになるのも、無論そうした宗教の世俗化と無縁ではない(10)。

1　キプシギスとナンディ

そこで、右の事実についてもう少し立ち入って考察しておく必要があるだろう。《事例8》では、KCの議長候補がナンディ人であろうとキプシギス人であろうと、キプシギスの人々は少しも拘泥してはいなかった。この事実は、キプシギスの民族的なアイデンティティの（少なくともその当時の）現代的なあり方を理解するうえで、重要な意味をもっている。

実は、一九四〇年代、「我々は一つ」という強い民族意識を長く共有してきたキプシギス人とナンディ人との間で、文字表記法の偶然的な齟齬をめぐって対立が起きた。両民族の言語は、南ナイル語のいわば方言同士という親近的な関係にあり、誠にごく僅かな差異しかないのだが、文字表記の仕方のごく些細な差異に端を発したこの対立は、やがてその僅かな差異をあげつらって紛糾し、ついには民族的な独自性の強硬な主張にまで発展した。危機感を抱いた両民族の指導者たちは、「ナンディ・キプシギス言語委員会」を結成して妥協を図ろうとした。このような和解の努力や歩み寄りを一つの重要な契機として、カレンジンという新たな統合的な民族的アイデンティティが創造されたのである（小馬　一九九九）。

歴史伝承によれば、キプシギスの集団的なアイデンティティは、伝統的には、他の南ナイル語系諸民族にまで緩やかに拡張していたと思われる。ところが、植民地化の過程で政府によってキプシギス部族として「対象化」され、固定された結果、彼らの集団的なアイデンティティは、単一民族的な、或いは部族的なものへと変化していった。

キプシギス人とは、キプシギスに固有なイニシエーションを受けて「社会的に再生した」(*sigis*) 男性 (*Kip-*) のことであるという宗教的・文化的な自己規定が、この時期に政治的なイデオロギーの性質も帯びるようになったのである。先に紹介した事態を見れば、それへのこだわりが歴史的な記憶の出発点から維持してきた「我々は一つ」という、ナンディとの一体感までも、些細な口実で崩壊させるような質をもっていたことが窺える。

2 キリスト教と伝統宗教

だが、《事例8》では、カレンジジン人という新しい民族的なアイデンティティのみが問題になっており、カレンジジン群中の一民族の成員として伝統的な加入礼を受けたという事実が、この新たな民族的な自意識と、それが代表する利益の支持者であることを共に保証するものだと見られている。そこでは、加入礼の細部の差異や、それに結び付く世界観やイデオロギーの多少の差異は、全く問題になっていない。ダニエル・アラップ・モイが大統領になってから約二十年を経ていたその時点(二十世紀の終わり)では、カレンジジン人の概念が民族的アイデンティティとして十分に成熟して、定着していたことがわかる。

しかし、カレンジジン人にまで拡張されたキプシギス人の民族的なアイデンティティにおいても、カレンジジン人として伝統的な加入礼を受けているかどうかが、依然として決定的な社会的・政治的な意味をもち続けている。そして、この文脈において、「キリスト教徒」であることが、キリスト教の普遍的な性格や主張のゆえに、ケニアの国家政治において民族ナショナリズム的な求心性をもつカレンジジン性、つまりカレンジジン民族のエスノ・ナショナリズムと厳しく対立させせられ、鋭く対照化されているのである。

ここで、中林が「世俗化されたキリスト教によってアフリカが布教された」と述べた意図を再確認しておきたい。中林自身、それを次のように言い換えている。ミッショナリーは、呪術、宗教儀礼、神話、聖なる地位など、アフリカ的な宗教伝統を敵視し、住民がそれと関わり続けることを嫌悪した。それゆえ、ミッショナリーにとって、キリスト教徒になるということは、そうした伝統から離脱するべきことを意味していた。だが、実際には、宗教的な伝統は人々の生活に強く密着していて、表面的な抑圧を超えて、深い所で生き残り続けるという状況が生まれた。その一方で、近代の世俗的な諸価値と共にアフリカにもたらされたミッションのキリスト教は、アフリカ的な宗教伝統を崩壊させても、それに代わって社会を聖化することがなく、その結果として、「伝統宗教とキリスト教が競合し、たがいに打ち消すような、独特の世俗化が進行した」のである（中林　一九九八：二〇八）。

おわりに

本章で筆者が明らかにしたのは、ほぼ次のようなことである。キプシギス人のアイデンティティの核に直結する伝統的な加入礼は、ケニア内外のキリスト教諸派や国際機関などから直接的、間接的に執拗な攻撃を受け続けて、特に女子割礼が強く抑圧されてきた。今日では、加入礼に充てられる期間が大幅に短縮され、その結果諸儀礼の簡略化が進み、老人たちは「まるで遊びになってしまった」とさえ言う。今や、新参の受礼者（novis）が隔離期間に受ける苛酷な心身の鍛練も半ば形骸化していて、様々な儀礼の背後にあった世界観も既にかなり影が薄くなってきている。これを加入礼の脱聖化と呼べるかも知れない。

それでもなお、加入礼は、今もキプシギスの人々のアイデンティティのあり方を深い所で刺激し、密かに支配し続けている。そして、毎年の加入礼の季節、また地方や国家の選挙の機会、くわえて民間の組織や企業体の役員選びの機会に、民族的な宗教伝統の核としての加入礼とキリスト教の個人的な信仰をめぐる葛藤が俄に息を吹き返す。そして、家族から民族に至るまでの様々なレベルの集団の成員の間に、諸々の次元での亀裂を忽然と顕在化させるのだ。

この行為と心理に関する亀裂が露顕している諸事例の具体的な記述と分析を通じて、キプシギス人の社会、文化、宗教の現在のあり方の一端を読み解くことができる。そこには、キプシギスの人々のキリスト教観もまた、事の半面として映し出されているだろう。つまり、結婚適齢期や選挙に臨んだ信徒の実際の選択や決断からは、「世俗化されたキリスト教」の一面が色濃く浮上してくると言えるのである。

《注》

(1) なお、カレンジン群の一つであるテリック人の間にも、また彼らの強い影響下で民族を形成したバントゥ語系のルイヤ人の一派、ティリキ人の間にも、加入礼をめぐって、伝統主義者とキリスト教徒との激越な内部抗争が見られる。テリック人の伝統主義者たちはキリスト教徒を *somiyot*、または「病院で割礼を受けた男」(*kipsowochindet*) と呼んで蔑むが、それへの対抗的な侮蔑語は存在していない。他方、ティリキ人の場合、伝統主義者はキリスト教徒を *omusomi* (キプシギス語の *somiyot* に相当) とか「半人前」(*omunusu*)、或いは「(病院のベッドの (上で割礼された) 者」(*omukhulubao*) と、一方キリスト教徒は、伝統主義者を「世俗の者」(*omuishiwara*、或いは *omudumia*) と呼んで、相互に侮辱し合う (Kommа 1988: 15) のである。カレンジンの間では、人となることの伝統的な大前提が加入礼を済ませることである以上、加入礼を受けたこと自体を非難することは極めて困難なのである。

(2) なお筆者は、これらの事例の幾つかでは事件の現場には直に居合わせておらず、事後に聴き取り調査を重ねることによって補った部分がかなりある。

(3) キプシギスの加入礼は成年式でもあって、それを終えた者が結婚の資格を与えられるのである。*murenet* とはその資格を得た男性、つまり加入礼を終えて戦士階梯に位置を占めた者のことだが、この語は、右の理由から夫の意味ももっている。つまり、両者を包摂しているのは、「一人前の男」という概念である。

(4) Cの父親(図2の③)には第一妻であるBの他に、1a村から二〇キロメートル余り南西にある村に住む第二妻がいた。一九九四年まで、この父親③は、日頃そちらに住んでいて、この当時、一か月か二か月に一度ほどBを訪ねてくるばかりだった。

(5) 筆者がよく知っているAとDの実の父親に聞いたところによると、数年後、Aは密かに「加入礼を買う」(後述)挙に出たそうだ。しかし、近隣の人々も全くと言ってよいほどその事実を知っていない。Aの屈折した心理がよく窺えよう。

(6) 行政警察官は、普通の警察官の他に植民地時代から置かれており、行政首長などの行政官を警護する他、彼らが業務を執行する時に動員されるのだが、これ以外の通常の警察業務は、原則的に行わない。

(7) この行政警察官の発言には、ケニア国民の耳目を広く集め、血を沸き立たせた有名な裁判と、その影響が関係している。その裁判は、S・M・オティエノという名の通ったルオ人(西ナイル語系)弁護士の遺体の引き取りをめぐって、彼のギクユ人(バントゥ語系)の妻と彼の氏族が争ったものである。妻側は、オティエノが首都ナイロビに深く根を下ろしたコスモポリタンであるとして国家法の適用を、一方オティエノの出身氏族は、氏族の男性の遺体が必ず氏族の土地に埋められなければならないという慣習法の適用を求めた。一九八六年、ケニア高等裁判所は、ルオの慣習法を尊重する判決を下した。そして、この判決が、植民地時代からの伝統を引き継いで、国家法と民族の「慣習法」による二重法制を採るケニアの法のあり方の重大な分水嶺となった。詳しくは、松園(一九九二)、Cohen & Odhiambo (1992)、Ojwang & Mugambi (1989) などを参照してほしい。

(8) 実は、彼が一九九七年に自宅に実際に隔離小屋を作ったという確証をまだ得ていない。ただ、少くとも多くの人々がこのように主張する事実には、それなりに大きな社会的な意味があると言えるだろう。

(9) 実は、「末っ子(*towet*)の長男(*taita*)」を意味する彼の変則的な名前自体が、既に彼のグシイ出自を表現しているのである(小馬　一九九八)。

(10) ケニアの諸民族を(加入礼の諸要素の中でも)割礼との関わりで分類するとすれば、❶男女共に実施、❷男性のみが実施、

❸男女共に実施しない、という三群にまとめることができよう。❶の典型が（モイ大統領による女子割礼の禁止命令以前の）東ナイル語系のマサイ人や、キプシギス人やナンディ人に代表される南ナイル語系のカレンジン人である。また、バントゥ語系のギクユ人やグシイ人も❶の分類に当てはまる。他方、❸の範疇には、トゥルカナ人やテソ人などの東ナイル語系の民族や、西ナイル語のルオ人が該当する。

ルオ人は、長年、ケニアの最大民族であるギクユ人の政治的なライバルとして知られてきたが、男女共に（特に男性が）割礼をしないという事実が広く知られており、それゆえに、政治の場面では往々「がき」扱いされて、散々に揶揄されてきた。次に、その一例を紹介してみよう。ただし、ルオ人の「王様」ライラ・オディンガが見事な反撃をしている。

ルオ人とグシイ人は、互いに隣接して住む西ケニアの大きな民族である。大統領府事務次官（Permanent Secretary）としてモイ政権の裏方を長年務めて巧みに支えてきたS・ニャチャエ（グシイ人）は、或る時、野党側の大統領候補として、ライラ・オディンガ（ルオ人）の有力な対抗馬の一人に数えられた。ニャチャエは、ライラが割礼を受けていない「がき」なのに、一体どうして大統領職を望めると言うのかと公言したことがある。すると、ライラが当意即妙に答えてみせた。「私はもう割礼を受けましたよ。本当です。ご老人、もしお確かめになりたいなら、なあに、訳もないことです。奥方をこっそり私の許に遣わしてみて下さいな」（小馬　二〇一一：二三二）。

《参考文献》

Cohen, D. W. and Odhiambo, E. S. A.（1992）*Burying SM: The Politics of Knowledge and the Sociology of Power in Africa*, Nairobi : East African Educational Publishers, *et al.*

Huntingford, G. W. B.（1953）*The Southern Nilo-Hamites*, London: International African Institute.

Kipkorir, B. E.（1973）*The Marakwet of Kenya*, Nairobi: East African Literature Bureau.

Komma, Toru（1981）“The Dwelling and Its Symbolism among the Kipsigis”, N. Nagashima（ed.）, *Themes in Socio-Cultural Ideas and Behabiour among the Six Ethnic Groups of Kenya*, pp. 91–123, Tokyo: Hitotsubasahi University.

Komma, Toru（1984）“The Women's Self-help Association Movement among the Kipsigis of Kenya”, *Senri Ethnologocal*

Studies (Africa, 3), 15: 145–186, Osaka: National Museum of Ethnology.

Komma, Toru (1988) "Preliminary Report of Field Research among the Terik and the Tiriki in 1987–88", *Seminar Paper* (Institute of African Studies, University of Nairobi), 180: 1–15.

Komma, Toru (1992) "Language as an Ultra-Human Power and the Authority of Leaders as Marginal Men: Rethinking Kipsigis Administrative Chiefs in the Colonial Period", S. Wada and P. K. Eguchi (eds.), *Africa, 4 [Senri Ethnological Studies, No. 31]*, pp. 105–157, Osaka: National Museum of Ethnology.

Komma, Toru (1998) "Peacemakers, Prophets, Chiefs & Warriorrs: Age-Set Antagonism as a Factor of Political Change among the Kipsigis of Kenya", E. Kurimoto and S. Simonse (eds.), *Conflict, Age & Power in North East Africa*, pp. 168–185, Oxford: James Currey, Nairobi: E. A. E. P., Kampala: Fountain Publishers, Athens: Ohio University Press.

Korir, K. M. (arap) (1974) "An Outline Biography of Simeon Kiplang'at arap Bariach, a Colonial African Chief", *Kenya Historical Review*, 2(2): 163–173.

Manners, R. A. (1967) "The Kipsigis of Kenya: Culture Change in a 'Model' East African tribe", J. H. Steward (ed.), *Contemporary Changes in Traditional Societies*, pp. 205–360, Urbana: University of Illinois Press.

Ojwang, J. B. and Mugambi, J. N. K. (eds.) (1989) *The S. M. Othieno Case*, Nairobi: Nairobi University Press.

Orchardson, I. Q. (1961) *The kipsigis* (abridged, edited and partly rewritten by A. T. Matson from original MS, 1929–1937), Nairobi: East African Publishing House.

Peristiany, J. G. (1939) *The Social Institutions of the Kipsigis*, London: Routledge and Kegan Paul.

Peristiany, J. G. (1956) "Law", E. E. Evans-Pricard *et al.*, *The Institutions of Primitive Society*, Glencoe: Free Press.

Saltman, M. (1977) *The Kipsigis: A Case Study in Changing Customary Law*, Massachusetts: Schenkman Publishing Company.

Sangree, Walter H. (1966) *Age, Prayer and Politics in Tiriki, Kenya*, London: Oxford University Press, *et al.*

小馬　徹（一九八二）「キプシギス族の〝再受肉〞観再考」『社会人類学年報究』第八号、一四九－一六〇頁。

小馬　徹（一九八三）「牛牧民カレンジン――部族再編成と国民国家」『季刊民族学』第二五号、三二－四五頁。

小馬　徹（一九八四）「超人的な力としての言語と境界人としての指導者の権威」『アフリカ研究』（日本アフリカ学会）第二四号、一－二二頁。

小馬　徹（一九八五）「東アフリカの〝牛複合〟社会の近代化と牛の価値の変化──キプシギスの家畜貸借制度（*kimanakta-kimangan*）の歴史的変化と今日的意義をめぐって」『アフリカ研究』（日本アフリカ学会）第二六号、一－五四頁。
小馬　徹（一九八七）「強姦をめぐる男女関係の種々相──ケニアのキプシギスの事例から」『文化人類学』第四号、一七〇－一八七頁。
小馬　徹（一九九〇）「いかにして大人になるか──東アフリカの少年時代」『週間朝日百科　世界の歴史』第八四号、D五三五－五三八頁。
小馬　徹（一九九一）「知恵と謎々──キプシギスの子供と大人」『社会人類学年報』第一七号、一九－五〇頁。
小馬　徹（一九九二）「アフリカの教育」日野舜也（編）『アフリカの文化と社会』〔アフリカの21世紀　第1巻〕勁草書房、一五九－一八七頁。
小馬　徹（一九九四）「ケニアの二重法制下における慣習法の現在──キプシギスの『村の裁判』と民族、国家」、神奈川大学日本常民文化研究所（編）『歴史と民俗11』平凡社、一三九－一九一頁。
小馬　徹（一九九五ａ）「西南ケニアのキプシギス人とティリキ人の入社的秘密結社と年齢組体系」神奈川大学人文学研究所（編）『秘密社会と国家』勁草書房、二三四－二七五頁。
小馬　徹（一九九五ｂ）「国家を生きる民族──西南ケニアのキプシギスとイスハ」『人類学がわかる。』朝日新聞社、一四八－一五三頁。
小馬　徹（一九九六ａ）「握手行動の身体論と政治学──キプシギスの事例を中心に」菅原和孝・野村雅一（編）『コミュニケーションとしての身体』〔叢書　身体と文化2〕大修館書店、三七四－四〇九頁。
小馬　徹（一九九六ｂ）「父系の逆説と『女の知恵』としての私的領域──キプシギスの『家財産制』と近代化」和田正平（編）『アフリカ女性の民族誌──伝統と近代化のはざまで』明石書店、二八一－三三二頁。
小馬　徹（一九九七ａ）「異人と国家──キプシギスの近代化」中林伸浩（編）『紛争と運動』〔講座　文化人類学6〕岩波書店、一六九－二〇〇頁。
小馬　徹（一九九七ｂ）「キプシギスの殺人から見た民族と国家」神奈川大学人文学研究所（編）『国家とエスニシティ──西欧世界から非西欧世界へ』勁草書房、二三四－二六七頁。
小馬　徹（一九九八）「アフリカの人々と名付け41──土地、生まれ、生まれ順」『月刊アフリカ』（アフリカ協会）第三八巻第五号、一六－一七頁。

小馬　徹（一九九九）「名付けと文字表記の政治学」（アフリカの人々と名付け56）『月刊アフリカ』（アフリカ協会）第三九巻第八号、一二一一三頁。
小馬　徹（編著）（二〇〇二）『カネと人生』〔くらしの文化人類学5〕雄山閣。
小馬　徹（二〇一一）「TV劇のケニア化とシェン語――ストリート言語による国民文学の新たな可能性」、神奈川大学日本常民文化研究所（編）『歴史と民俗27』平凡社、二一五―二四七頁。
小馬　徹（二〇一七）『「統治者なき社会」と統治――キプシギス民族の近代と前近代を中心に』神奈川大学出版会。
小馬　徹（二〇一八）『「女性婚」を生きる――キプシギスの「女の知恵」を考える』神奈川大学出版会。
長島信弘（一九七四）「年齢階梯制」フランク・B・ギブニー（編）『ブリタニカ国際大百科事典15』ティビーエス・ブリタニカ、七二八―七三二頁。
中林伸浩（一九九八）「ミッショナリーの世紀――東アフリカのキリスト教化」松本宣郎・山田勝芳（編）『信仰の地域史』〔地域の世界史7〕山川出版社、一八七―二二二頁。
松園万亀雄（一九九二）「S・M・オティエノ事件――ケニアにおける法の抵触をめぐって」黒木三郎先生古希記念『現代法社会学の諸問題（下）』、五三四―五六五頁。

第三章　加入礼の学校と公教育の学校

——その「子供」観

はじめに

一九七九年の一一月の初め頃、南西ケニアのホワイト・ハイランズと呼ばれた旧白人入植地（大農園）の一角を占めているキプシギスの人々の土地に住み込んでから五か月ほど経った、冴え冴えとした或る月明かりの夜のことだった。辺りの静寂を切り裂く、甲高くて鋭い歌声が、遠く近く、風の音に混じって小さく聞こえてきた。ふと、フィールドノートを綴る手が止まった。

何かがある！　広い畑や雑草混じりの牧地を幾つも突っ切って、大急ぎで歌声の聞こえてくる方向を目指して小走りで進む。やがて、モソニック丘の麓の、ゆるやかな斜面に開けたトウモロコシの休耕地に出た。小学校低学年の男の子と女の子が二〇人ほど入り混じり、四列の隊伍を整然と組んで目尻を決し、間に合わせの棒を槍代わりに肩に担ぎ、大地を踏み均しつつ体を揺すりながら、声を限りに歌っていた。「我ら戦士、加入礼（≒割礼）に行くぞ、オイエー、オイエー」。

拍子を揃えて踏み均す足音がズンズンと轟いて、乾いた畑の土を震わせる。子供たちの上向きの額には汗の粒が吹き出し、天心から差してくる冷たく白い月光がその汗の一粒一粒に映って、さざ波のように煌いている。圧倒された筆者は、息を呑んでその場に立ち尽くし、我を忘れてその光景に見惚れていた。当時、キプシギスの人々の社会には、まだ明確な子供の領域があった。ここに見たような戦士ゴッコも、子供たちの自発的な自己教育の一環だったということができよう。

加入礼は、昔なら二年間も、近年では一か月余り、子供たちを世間一般の日常の暮らしから切り離して藪の直中に隔離して行う、大がかりな行事なのだ。そして、その過酷な環境の下で民族の伝統や秘密や知恵を叩き込む、特別の民族的な儀礼なのである（小馬　一九八三、一九九〇a）。

このような隔離期に子供たちが受けるノンフォーマルな「教育」は、往々「藪の学校」（bush school）と呼ばれてきた。この第三章は、こうした「加入礼の学校」ないしは「藪の学校」（熱帯雨林地帯なら「森の学校」）の「教育」とは一体何であるのかを、筆者の一九七九年以来今日に到る長年の参与観察の記録に基づいて考察する試みである。

一部のアフリカ研究者の間には、「藪（森）の学校」の伝統をエコ・ツーリズムの土台として活かせると述べて、アフリカの在来の小さな共同体の知恵に現代的な可能性を見出そうとする、楽観的なヴィジョンを掲げる者もある。しかし、その論拠は実に曖昧で、実証性は希薄である。「藪（森）の学校」の経験は、果たして近代的でフォーマルな学校教育（schooling）に無理なく連接することが可能な「教育」と言ってよいのだろうか。これら二つの「学校」や「教育」における「子供」観（と「大人」観）を無前提に同じ、ないしは相同なものだと見做してよいのだろうか。暫く立ち止まって、冷静に吟味してみる必要がありそうだ。

一　加入礼と変身

フィールドワークを始めたばかりの頃の忘れ難い思い出となっている、あの一一月の一夜。筆者を圧倒したのは、ケニアの植民地化と独立を経た後になお、キプシギスの子供たちが加入礼（成年式）に寄せ続けている渇望の、烈火のごとき切実さだった。あの時彼らは、暫く後、つまり一一月の最終週に始まって翌年一月冒頭まで続く、加入礼の日々に遠く思いを馳せながら精神を高揚させて、戦士ゴッコに陶然と酔っていたのである。

前近代的な民族社会では、人生の輪郭は明瞭で、統一的な世界観の下に誕生、成年、結婚、死など、人生に諸々の節目を画することになる一連の通過儀礼（rites of passage）が、然るべき間隔を置いて次々に行われていた（小馬　二〇〇四：四四）。そのような社会では、我々が現在生きている工業化された近代的な社会とは全く異なり、人は徐々に成長しつつ発達を遂げて、何時の間にか成熟して（時には自分でも気づかない内に）滑らかに大人へと移行していく存在だとは、少しも観念されていなかったのだ。子供とは、大人と全く別の存在だったのである（小馬　一九九一）。

このような認識の乖離が存在している事実は、科学主義に浸り切って疑おうともしない現代人にとっては、必ずしもわかり易いものではない。そこで、いっそ大胆に、その両者の違いを人間以外の動物の生涯と人間の生涯に譬えてみれば、それなりに理解の糸口が得られるのではないかと思われる。

動物の子供（幼獣）なら、生まれてから身体が徐々に少しずつ大きくなり、順調に生物学的な成熟を遂げていけば、何時の間にか他の成獣たちと競い合い、彼らに伍して生きていけるようになっている。これが、（自然過程としての生を生きている）動物がいわば「大人」（成獣）になるということである。

ところが人間の場合、身体が徐々に大きく成長し、やがて生物学的な成熟を十分に遂げたとしても、それだけでは大人と呼ぶには足りず、いわば「大きな子供」でしかなくて、大人とは見做されないだろう。大人とは、どの文化であれ、誰もが等しく認める何がしかの「一人前」の基準と条件を満たす能力を実際に発揮してみせることによって、その資格を広く公認された者のことである（小馬　二〇〇四：四六―四七）。

この単純な公理が、最も明快に自覚されていたのが、前近代の社会、中でも（通過儀礼としての）加入礼（≒成年儀礼）が存在する社会だったのだ。それに比べれば、現代日本のような産業社会では、各人の個々別々の（「個性溢れる」）生き方の多様性が何よりも尊重される結果として、大人と子供の境目が随分不明瞭になっている。もし、子供が何時の間にか大人になっているという点だけに焦点を限るとすれば、それはむしろ動物の「社会」に近いあり方だとさえ言えるかも知れない。

一方、前近代の社会の場合、人生には幾つもの（危機を伴った）歴然たる境界が文化的に刻印されていたのであって、人生の輪郭も、また各々の人生段階の輪郭も共に明瞭で、そのそれぞれに文化的な理想の形があった[1]。その場合、人生儀礼を経ることによって一つの境界を劇的に乗り越えたその瞬間に、人は元の地位＝役割をスッポリと脱ぎ捨てて、全く別の新たな存在へと一気に変身を遂げるのだ。中でも加入礼（成年式）は、子供を一人前の大人に変えるという意味で、最も重大な人生儀礼と言ってよい。

そのようなあり方を、右の比喩的な考察に倣って、幼虫が蛹を経て成虫へと変態する蝶のあり方に譬えることもできるだろう。そして、この比喩を採用するとすれば、その何よりの眼目は、変態前の幼虫と変態後の成虫とが果たして「同じ」虫（個体）と言えるのかどうかを敢えて問うことにある。例えば、動物行動学者である日高敏隆は、その同一性を大いに疑っていた——つまり、その同じ一匹の虫の意識が連続している可能性の確かさについて。何しろ、幼虫の身体は蛹になる際に一旦ドロドロに溶解し去り、その不定型な素材からあらためて成体の構造が（ほとんど無関係とさえ言えるほどの非連続的な差異の下に）形成されるのだから。

さらに、この議論を踏まえて、筆者が示唆したいのは、欧州の歴史的な経験と伝統に則って発展してきた今日の学校教育とは、いわば「子供」を動物の場合のように、何時の間にか「成長」し、「発達」して「成熟」に至る、滑らかな生理学的な移行を経験する存在として捉えているのではないか、ということだ。そして、これに呼応して、キプシギスの加入礼の「学校」（一般化すればアフリカの「藪の学校」）の儀礼的な「教育」を組み込んだ加入礼とは、子供の精神を一旦ドロドロに溶解させたうえで全く別の存在である「大人」へと一思いに変身（変態）させる劇的な文化装置なのではないか、ということである。日高敏隆が蝶に注ぐ眼差しに事寄せて右のように考えてみれば、キプシギス人の「子供」概念は、一思いに驚くべき変態を遂げる蝶の幼虫に最もよく準えることができるのではないだろうか。

二　反抗と同調の隠れた弁証法

ところで、東部アフリカ（と台湾の先住民）の成年式は、際立った独特の性格があることで知られている。その独特のあり方とは、特定期間に成年式を受けた者たちが固有名をもつ単一の団体に属しながら、強固な「我々意識」を一生保って、いわば一心同体の思いに繋がれて助け合って生きていく点にある。

ここで、日本社会の同級生意識（○○高校第□期△組）を対象理解のための便宜的な手掛かりにしてみると、キプシギスでは、○○高校は全民族、第□期は（一学年ではなく）連続する約十五〜二十一年ほどの期間、△組はその一定の期間を通じて形成される単一の（年齢）組となる。こうして、約十五〜二十一年単位で男性成員が（チュモ、サウェ、マイナなどの決まった名称をもつ七つの）別々の組へと編成されていく（小馬　一九八三、一九九〇a、Komma 1998）。人類学は、このような組織を年齢組（age set）と呼んでいる。

キプシギスでは、男性だけが永続的な年齢組をもち、最新の年齢組の者全員が戦士の役目を担う。新しい年齢組が完成すると、現役の戦士たち全員が一斉に年齢組ごと引退して、政治と法を司る壮年（「老人」）の役割を一層古い年齢組と共に担うようになる。

存立基盤が極めて脆弱なキプシギスのような社会には、個人の勝手気儘を許しておける余裕は全く何処にもなかった。アフリカの（いや世界中の）国家以前の互いに孤立した小さな民族社会では、人はただ成年するだけでは事足りず、全身全霊を傾けて大人に生まれ変わって、民族が受け継いできた理想や価値を自らが余さずに体現しなければならなかったのだ。

女性と子供をすっかり締め出して行われてきたキプシギスの男性の加入礼（成年式）は、本章の冒頭で叙述した一場面に窺えるように、子供にとってはこの上ない魅力に富み、彼らの心を惑わせ、引き付け、憧れさせて止まない行事なのである。そして、子供を強く引き付けて理想の大人へと一気に変身させるための触媒とも呼べる、強力な文化装置になっている。

年嵩の少年たちは、物心がついた頃から、大人（成年男子）が独占する民族の秘密にすっかり魅せられてその開示を切望し、また戦士たちが謳歌する恋愛と他民族から牛を略奪する特権に憧れ続ける。だから、一日も早く自前の年齢組を創って戦士を引退させようと、頻りに挑戦し続ける。こうして日々高まる年嵩の子供たちの戦士階梯にいる年齢組への果敢な挑戦、即ち「年齢組戦争」(*borietap ipinuek*) が実際に勃発する危機が絶頂に達する寸前で、漸く老人たちが重い腰を上げて成年式の開始（新しい年齢組創設）を宣言するのが常であった。若者たちの高揚した反抗のエネルギーは、この巧みな「成り代わり」の仕組みのゆえに、最大のポテンシャルを保ったまま、一気に社会建設のエネルギーへと転換されてきたのである。

ちなみに、文明世界は、こうした反抗と同調の隠れた相乗効果を忘れ去り、両者の相互変換性を見失って既に久しい。我々が住む日本社会を例に採れば、長らく苦しみ抜いてきた、荒れる大学、荒れる高校、荒れる中学、苛めの小学校という破綻の連鎖的な波及の歴史が、すぐに念頭に去来するに違いない（小馬二〇〇四：四五―四六）。「荒れる成人式」は、その恰好の露頭と言えよう。

三　人生の二重の危機

ここで、断っておかなければならないことがある。

前節で素描した成年式の原理的なメカニズムは、キプシギスが植民地化される以前の前近代的な状況には誠によく妥当する。しかし、ケニアの植民地化と独立の延長線上にある近代化（西洋化）の過程は、キプシギス社会が諸々の新しい近代的な価値に接近する道を確実に開いた。パックス・ブリタニカがもたらしたケニア国家の枠組みの創設は、キプシギスの民族世界の存続と安定にも、間違いなく、大きく寄与することになった。

また、ミッショナリーのキリスト教は、新たな信仰と世界観を開示すると共に、布教促進のために学校教育や病院医療などの現世的な諸制度を導入して、近現代の新たな諸価値に目覚めさせ、人々の暮らしと意識を大きく変えてきた。その間接的で代替的な費用負担（つまり税金徴収）を通じてなされたキプシギス人の現金経済への取り込みは、非中央集権的で平等な牛牧社会の画一的な暮らしには無かった複雑な社会的分業によって、職業（仕事）や新たな地位を続々と創り出して、共同体に拘束されない時間や行動の自由と（私有地などの）新たな富の魅惑を人々に知らしめたのだった。

ギクユ人やルオ人のように（植民地）国家の枠組みにすぐに順応できた民族と比べればゆっくりとした足取りであったとはいえ、キプシギスの民族社会でも、今日に続く不可逆的な社会・文化的な一連の変化が着実に始まったのである。

この複合的で持続的な変化は、伝統的な価値や制度と様々な場面で競合しながらも、前者の基盤へと縦横に根を張り延ばして突き抜け、その先端が今やグローバリゼーションへと確実に接合しつつある。「牛の民」としてのキプシギスの世界観（宗教）の中核である加入礼（成年式）も多様で多重な挑戦を受けてきた。ただし、「キリスト教式加入礼」という発明では、その実際の内容は、男の子を「男」にする割礼と受礼者の社会からの一時的な隔離だけへと極端に収縮している。とは言え、それが何であるにせよ、加入礼（成年式）の体験が今もなお民族的同一性の土台をなしていると、やはり言えるのである（小馬二〇〇一：四〇六－四〇七)。

だからこそ逆に、年ごとの加入礼（成年式）の執行を重大な機縁として社会や家族が大きく動揺し、潜在していた深い亀裂がそれを機に露呈されることになり、さらに深刻な対立や紛争に往々繋がることにもなるのである。しかも、その最も激しい葛藤は、親と子供、ことに父親と息子、母親と娘の間で経験されてきた——第二章参照。

世界中何処でも、子供の遊びの中にしばしば民俗の古層の残響を聞き分けることができる通り、子供とは未生の者であるという以上に、存外守旧的な側面の強い社会成員でもある。キプシギスでは、「キリスト教式加入礼」を受けた者は、「半出来」とか「がき」と呼ばれて苛めを受けるのが常である。「半出来」とは、近代的な病院で麻酔注射を打ってもらって割礼を受けたばかりか、加入礼に組み込まれている他の伝統的な試練や苦行も回避した弱虫で、それゆえに民族の秘密に通じていない中途半端な者の謂いだ。

若者たちは、キプシギス民族の（大人だけが知っているとされる）秘密に心引かれるだけでなく、仲間たちからの孤立と疎隔を恐れて、成年式の直前まで、進歩的な父親の目を掠めてなんとか伝統的な割礼小屋へと駆け込む隙を窺い続ける。そして、息子に出し抜かれた父親（或いは娘に出し抜かれた母親）は息子（娘）をなんとか取り戻そうとして、加入礼の受礼者たちの簡素な塒である「隔離小屋」(*menjo*)を守っている伝統主義者たちに抗し、時に挑みかかる。そして、往々両者の間に暴力沙汰が発生して共同体を軋ませ、往々大きく動揺させることにもなるのである——第二章参照。

さて、加入礼を終えて学校に復帰した若者は、一層大きな矛盾に直面することになる。加入礼を済ませたことで与えられる「男」の資格は、国家社会を生き抜くにはほとんど無益で、学業こそが全てである。

だから、隔離期間を猛勉強に充てる「キリスト教式加入礼」は実際的だが、逆に伝統的な加入礼をやりおおせた結果、女性教師を蔑んで反抗に走る「男」になってしまった者には、即脱落の危機が控えている。そう、現代社会の文脈では、「男」への脱皮がそのまま社会的な脱落への陥穽ともなり得るのだ。以下、本章では、この点にしっかりと目を凝らして、加入礼の学校と公教育の学校の同質性と異質性を考えてみたい。

四　子供を牛に捧げる儀礼

子供たちを夢中にし、若者を「男」に化す加入礼とは、では一体どんなものか。それは「牛の民」を自認してきたキプシギスの人々が牛を焦点として作り上げてきた、独特の生命観が横溢する野外劇だと言えるだろう。

植民地化以前、キプシギスの人々は暮らしの万端を牛に頼って生きていた。牛の血と乳は戦士の主食であり、衣服・履物・食器など生活用具のほとんどが牛の皮や角から作られ、供犠された牛の肉の共食は無上の喜びだった。結婚は、婚資（結納）の牛の支払いが済んで初めて公許され、結婚を通じた氏族同士の多重の同盟という原理が、民族としての団結の基盤だった。だから殺人者の氏族は、被害者の氏族に血償（死の償い）の牛を支払って、同盟関係を速やかに修復しなければならない。「男」が自分の牛の半数を各地の人々に貸し与える義務がある「牛預託制度」（*kimanakta*）が存在し、それが友人関係の緻密な網目を形成して、民族社会全域に広がる氏族や年齢組の構造原理とは別の次元、別の仕方で個々人を結びつけ、民族の忠誠心と団結を多重化してさらに強めていたのである（小馬　一九八五：四―一一）。

牛は、宗教の次元では、神（太陽の背後に潜む宇宙の調和原理）が住む天と人が住む地の、二つの世界を繋ぐ存在である。人は、牛の糞を戸外の祭壇の根元に供えて、神に雨を乞う。すると神は雲を結び、雲は雨を降らせ、雨が牛の食む若草を芽吹かせる。こうして牛の身体が、天と地（神と人）を結ぶ象徴的なコミュニケーション回路の一部となる。それゆえにこそ、牛の食べ物（草、塩土）、身体（肉、皮、角）、生産物（乳、血、脂）とその加工物（酸乳やバター）、排泄物（尿、糞）のどれもが聖なる物とされ、神と人とのあらゆる交流（儀礼）には、それらが帯びている象徴的な力が動員されて重用されているのだ（小馬　一九八三：三八―三九、一九八五：四―六）。

さらに、牛は暮らしの諸次元の焦点であるばかりか、言語表現に霊感を吹き込む源泉でもある。そのあり方は、我々が往々相撲（例えば、脇が甘い）や野球（逆転満塁ホームラン）、サッカー（イエローカード）などの比喩を用いる以上のものだ。牛の多彩な体色と模様を基に森羅万象が網羅的に分類され、人の成長段階や個性もまた、遙かに多彩な牛の分類に準えられるのだから（小馬　一九八三、一九九〇b）。

キプシギスの神話は、夜ごと現れて岸辺の草を食む「湖の獣」を先祖が飼い馴らしたのが牛だったと伝えている。その当時、牛は人間と同じ手足をもち、人語をよく解し、また喋った。或る日、人の子供が病むと、牛は牛乳を与えて治せと忠告し、自ら乳を絞って与えた。なおもその子供が重篤と聞かされると、牛は、今度は我が子を屠って骨髄を取り出して与えた。これが、牛乳を飲み牛肉を食う慣行の起源だと神話は教えている。しかし、実は人に騙されていたのだと悟らされた牛は、激しい落胆と憤りの余り俄に手足に蹄を生やして、爾来硬く口を噤んですっかり言葉を話さなくなってしまった――キプシギスには昔から独特の握手の仕方による挨拶がある。この神話の文脈では、牛の手足の指が蹄へと変成したことは、握手の峻拒、言い換えれば尊敬し合う友好的な関係を結んで維持していくことの徹底した拒否を象徴しているのだと言える。

近年大きく改善されたものの、キプシギスの乳幼児死亡率は依然として高い。人々は神話が語り伝える、原初の牛の原初の人（キプシギス）に対する癒し難い怨念が不幸の根底にあると信じて恐れてきたのだ。

或る伝承は、昔或る人が偶々息子を割礼してみたところその息子が無事に生き延びられたのが割礼慣行の起源だと語っている。割礼（男子は包皮の切除、女子は陰核の切除）は、一年に一度、つまり加入礼の期間にのみキプシギスの土地にやってくる「湖の獣」（*tiondap alalaita*）に対して子供を供犠して人の原罪を詫び、許しと和解を乞うことを象徴しているのだと言われている。そして、割礼から始まる加入礼の一連の成年式諸儀礼は、若者が「湖の獣」、つまり（それが実は正体だと受礼者が最後に教えられる）牛に一旦飲み込まれた後で子牛として再生し、その資格によってキプシギス民族の生命の流れに合流する（つまり、子孫の肉体に再来する祖霊となる権利を得る）というテーマを、劇的に反復して表現する内容をもっているのである。

もっとも、前節で述べたように、（神の恩寵の印である）子孫の繁栄と自家の牛の増殖とが致富の唯一無二の形だった牧歌的な時代は、既に遠く過ぎ去ってしまった。今や、学校教育の勝者に約束されている近代的な諸価値の優位は、動かし難い。それでもなお、キプシギスの人々にとって、親戚縁者が群れ集い、一か月余りの期間散財し、祝い、喜び合う加入礼に比肩する盛事は他には全く存在しない。しかも誰もが一生に一度、一連の長大なドラマの主役を必ず務めることができ、隔離小屋で苦労と辛苦を共にした無二の友を得ることもできる。これらの意味で、加入礼は今日でもなお「人生の華」なのだと言える。

五　学校と「藪の学校」

子供たちが今でも加入礼に憧れるのには、他にも重大な理由がある。割礼など幾多の苛酷な試練が待ち受けていることを知ってはいても、加入礼の受礼は等しく子供たち全ての達成すべき目標となっているのだ。実際、誰もが同年齢組員と励まし合って、種々の試練を克服し、諸々の課題をなし遂げてきた。だから、成年式はどんなに苛酷であっても、結局最後には受礼者の一人ひとりに生きる自信と民族の誇りを与えてくれる文化装置であって、その受礼は――いわば先進国での外科手術のごとく――個々の受礼者の積極的で自発的な動機に裏付けられている。だから幾つもの厳しい試練にも耐え得るのだし、それらの試練を耐え抜けたがゆえに、受礼達成の喜びと、それによる自負も大きいのだと言う。

一方、学校教育を駆動するのは、学業成績を指標化して行われる各種の厳しい競争と選抜の、怜悧な論理である。詰まるところ、学校は妥協を許さない優勝劣敗の修羅場であり、どんな優等生にとっても、時には「位置の悲惨」を噛みしめる地獄と化すことがある。学校は、この意味で「藪の学校」の対極に位置するのであって、実は、二つの「学校」は似て非なる制度であると言えるだろう。

赤道直下とも言える高原地帯に作られるキプシギスの「藪の学校」では、粗衣粗食、粗住と屈辱、昼の炎暑と夜の底冷えに一か月余りも耐え続け、肉体的・精神的な試練を経験して繰り返し体力と度胸を試され、我慢を強いられながら礼節と躾を身につけていく。こうして、社会に出て自らの意志と責任において何事にも身を処す覚悟を培うための努力が求められているのである。

無論、そうした艱難辛苦によって初めて得られるものも実際少なくない。わけても、苦節を共にすることを通じておのずから育まれる友情は、かけがえのないものである。一蓮托生の戦士仲間（戦友）としての一体感で結ばれた同年齢組成員（*botum*）の中でも、隔離小屋で寝食を共にした者（*pagulei*）たちは、決まって無二の親友となり、一生どんな時にも支え合っていく（と言われている）。

今でも一夫多妻が必ずしも珍しくないキプシギス社会では、異腹の兄弟は父親の財産を争う潜在的な敵でもあり得、（近代社会と同様）同腹の兄弟でさえもそうなる危険が常にある。一方、家族の利害関係の外に立つ「隔離小屋で共に暮らした者」（*pagulei*）たちこそが、安んじて一切を許し合い、分かち合う、一生の伴侶たり得るのだ。しかるに、学校教育で得られるのは、愛憎相半ばするライバルであって、生死を預けるに足る真の友ではないと、キプシギスの人々は、老いも若きも異口同音に述べている。

しかしながら、成年式は、国民国家ケニアの現代社会を生き抜くうえでの実務的な能力を何も与えてくれはしない。もし受験戦争に目途を狭く絞り込めば、加入礼に割かれる一か月余りの期間は、むしろ貴重な時間の空費でしかなく、またなけなしの財産を空疎に蕩尽する、壮大な無駄使いでさえあるだろう。

それにも拘らず、キプシギスの人々が今もなお加入礼に小さからぬ意味を与え続け、子供たちの人生を枠付ける全うな知恵の泉だと称揚しているのには、右のような理由があった。つまり、生業の手段を確保するための教育ではなく、人生の意味と喜びの源を見出すための教育ということなのだ。

ただし、このような一般的な整理は、恐らく実体験に特有の臨場感と、複雑な感情がたくし込まれる襞や心の表情についての叙述のみがもち得る類の説得力を欠いていることだろう。そこで、次節では、幼い頃からよく見知っており、今も親しく交流を続けている或る青年（中学）教師の、学校時代と「藪の学校」での経験の双方をつぶさに辿ってみたい。

六　学校事始めから成年式まで

D村のポール・リモ（仮名、以下同じ）の身分証には、一九八〇年一二月二五日誕生と記されている。彼の親類筋の記憶によれば、どうやらその前年に生まれたらしいのだが、両親は今ではもうポールが生まれた年も月も日も全く覚えていない。形式的なこの誕生日の日付は、全国一斉小学校修業試験（KCPE：Kenya Cirtificate of Primary Education）を受験する際に、自分自身で戦略的に選んだものなのだと言う[2]。

一九八五年、ポールは親の手で無理やり隣村のK村幼稚園に入園させられた。当時人見知りが酷かった彼は、それが原因で幾度となく経験することになった、教師の折檻と仲間の生徒たちによる苛めが怖かった。二か月目に教師にさんざん棒で叩かれ、泣きじゃくりながら走って帰宅して以来、二度と幼稚園には戻らなかった。

それでも翌一九八六年には、K村幼稚園の卒園生らと一緒に、二キロメートル余り先のN村の小学校に入学した。学校の何たるかも鉛筆の使い方も全く知らなかったポールは、怖くてならず、他の子供たちに決して近づけなかった。だから、休み時間になると何時も六つ年上の長姉イボンヌを探し出して、四六時中彼女の傍らに寄り添って時間を過ごしていた。ところが姉は、日を追うごとに、なぜか邪険な態度を見せるようになり、同級の女の子たちと一緒になって「女おっかけ坊や」と囃し立ててポールを追い払おうとした。それで、それ以来長姉とはおのずから溝ができて、次第に疎遠になっていった。

ポールは、小学一年生のこの年、よく自分の鉛筆を紛失し、その度ごとに学校でも家でも棒で手酷く打たれた。それで間もなく、コルゴレンの家の藪に身を潜めて、ズル休みをするようになったのだった。しかし、やがて他の小学生たちに見つかって散々殴られたうえに、先生に言いつけるぞと脅された。それ以来、ズル休みは止したけれども、何時も何処かで孤独を噛みしめて毎日を過ごした。

一九八七年、二年生に進級してもまだ自分の教室がわからず、四つ年上の兄であるルーベンの教室にいることの方が多かった。その頃のルーベンの担任は、N区の今の行政首長ラルフで、ポールを見つけると両耳を捻り上げ、お前の教室はそっちだと顔をその教室の方向に向けたものだった。ポールは「優しい泣き虫」として知られていて、苛められたり怪我をしたりした子を見かけるとすぐに涙を零した。

この年の三学期、K村幼稚園の敷地に小学二年までの教室が増設されてK村小学校となったのを機に、ポールはK村小学校へ転校させられた。その後間もなく、夕方山羊の群を放牧する兄ルーベンを手伝い始めた。するとほどなく、兄は山羊の世話の仕方を熱心に教え出した。ルーベンは、もうじきに加入礼を受けることになっていて、その儀式が始まった後は、山羊の群の世話がすっかりポールの仕事になるんだと、兄に告げられた。

さらに週末になると何時も、ルーベンが去勢牛たちに犁を巧く牽かせる訓練を施すのを見習った。この頃には、兄ルーベンは既に（同じ年齢組員になる予定の）近所の仲間たちと一緒に加入礼のための隔離小屋作りに取りかかっていて、ポールは兄が建材や薪になる木や枝を集めて運ぶのを進んで手助けした。

そして、一一月の最後の週に、兄たちの加入礼が始まった。割礼を含む最初の儀礼群の場として選ばれた我が家が賑わったこの年のその三日間を、ポールは決して忘れないと言う。生まれて初めてカネを稼いだからだ。祝いに集う大勢の客人が、二キロメートルほどの距離にあるN村のマーケットまでポールに頻繁に煙草を買いに行かせた。その駄賃にもらった釣銭が、三日間で一〇シリングにもなった。

一九八八年、ポールは三年生に進んだ。この学年の唯一の記憶は、クラスのビリケツになり、父親フランクに棒できつく打たれて、きっと頑張ると涙ながらに誓わされたことだと言う。その年の暮れに、兄ルーベンよりも二歳年上の長姉イボンヌが、女子の加入礼を受けた。何かと家事に忙しい女の子の通例で、何回か落第を繰り返してきたイボンヌは、まだ七年生だったが、年齢は同級生よりも上で、身体的にも精神的にも十分成熟していたのである。男の子は成年式の後も学業を続けるけれども、女の子の場合は、成年式を終えると決まってすぐに結婚する。もっとも、女の子が加入礼を受ける年齢は、平均的に男の子よりも三、四歳も年上なのである。

この年、近所の友達ジョセに倣って、ポールも加入礼を受けたいと切望していた。しかし、父親のフランクは一顧だにしようとはしなかった。その晩父親は、ポールが夜陰に紛れて家を抜け出して何処かの隔離小屋に潜り込んでしまわないようにと、小さな小屋の外側から錠をおろして閉じ込めてしまった。加入礼の隔離小屋はアジールと見做されていて、割礼が済むまでは、実の親でも息子を取り戻せないのが、昔々からの決まりだったからである。

ポールの友達の多くが、この年、ジョセと同じように加入礼を受けて「男」になった。ところが、ポールはまだ「がき」のままだった。彼は仕方なく、「がき」の仲間たちと山羊・羊の群を一緒に放牧したり、モグラやノネズミ獲りのちっぽけな罠を方々に仕掛けたりして、日々を送ることにした。

一九八九年、母親フィリシタが双子の妹たちを産んだので、四年生になっていたポールには、さらにまた新しい仕事が付け加わった。母親が忙しい時間帯には、次姉ルースとポールに双子が一人ずつ預けられた。そればかりか、ルースが学校から戻ってくる午後五時までの間、毎日双子の世話を見るのはポール一人の役目だった。そして、二人の妹をルースに手渡した後には、山羊と羊の混成群を追いながら藪や道端で草を食わせてやる仕事が、毎日ポールを待っていた。

五年生に進んだ一九九〇年、クラスの「がき」はポールとK村のキマレルの二人だけに減ってしまい、たくさんの「男」たちが二人をさんざん苛めた。彼のクラスで彼を庇ってくれる「男」は、オジ（母の年の離れた弟）一人きりだった。そのオジは他の子よりずっと年長で、しかもポールが読み書きを教えてやっていたのだ。そしてこの年、とうとうキマレルも加入礼を受けて、ついに「男」の隊列に加わった。

一九九一年には、こうしてポールはクラスで唯一の「がき」となってしまった。しかも、例のオジがとうとう学業を諦めて投げ出してしまったので、もうクラスでは誰一人庇ってくれる者がなくなった。去年までポールと共にクラスのたった二人きりの「がき」の一人だったキマレルも、「男」になってしまうと、すぐにポールのからかいと苛めに加わったので、ポールは同級生たちの誰もが怖くて、教師がいない時には自分の教室に足を踏み入れることがなかった。

しかしポールは、或る日ついに勇を鼓し、校庭でキマレルに挑みかかって、モーリシャス刺の木の生け垣に押し込んでやった。草丈が低いその灌木の鉤爪状の無数の刺がシャツを突き破って背中一面に食い込み、キマレルは大声で泣き叫んで助けを呼んだ。すると、彼と同じK村の「男」たちが一斉に駆けつけてきて、「がき」が「男」に狼藉するとは何事だと激しく息巻いた。だが、ポールは恐怖の底で不思議な喜びに酔っていた。そして、制裁が今まさに始まろうとした矢先、D村の「男」たちが殺到してきて、両村の「男」たちの喧嘩が勃発したのである。

二日後の夕方、ポールの同級生でキマレルのオジに当たる一人の「男」が、帰り道でポールを待ち伏せて、平手でポールの顔を打った。報復だ。そこへ偶々通り掛かったD村のロノが、キマレルのオジの顔面に拳を見舞った。二人は「隔離小屋で共に暮らした者」(*pagulei*) 同士なので、争うことは厳格なタブーだったのだが、こうなったらもうお構いなしだった。通りがかりの両村の「男」たちが次々にそれに加わり始めた時、ポールは乱闘を尻目にそっとその場を逃れ出た。その後、両村の「男」たちの喧嘩騒ぎは、日を追って徐々に鎮静化に向かっていった。どちら側も、親や教師に通報されたくなかったからだ。

この年、つまり一九九一年、六年生のポールは加入礼受礼を切望していた。しかし、一九八八年に父親フランクに拒まれた時の心の傷が思い出す度にまだ疼いたし、少し前に骨膜炎を患った後遺症で、視力がまだ十分には回復していなかった。だから、結局この年も諦めるしかないと観念していたのだ。ところが、全く思いもかけず、突然父親から受礼を命じられて、この年にポールはついに「男」になったのだった。

七　加入礼を終えた「男」の試練

ポールの一か月に余る成年式の日々の経験は、幾つもの逸話に富んだ、実に鮮烈で興味深いものなのだが、それに詳しく触れるには紙数が足りず、割愛するしかない。この節では、「男」になって学校へ戻った彼のその後を追ってみたい。

「男」になってみると、ポールの日常が一変した。まず、弟ヘンリーと一緒に住んでいた小屋を出て、兄ルーベンの小屋に移った。山羊・羊の世話、薪取り、粉挽きなど（世に出て中学校教師になっている今なら精神に余裕をもってできるけれども、当時は）「がき」や女性のする仕事はもう馬鹿馬鹿しくて、とてもやれなくなった。一方、母親も姉妹ももう衣類の洗濯も、小屋の床や壁の（牛糞を混ぜた）土塗りもしてくれなくなり、衣類や身の周りの品々も自前で贖うべきものになった。「男」には小銭稼ぎが許されているし、期待されてもいるのである。

小学校では、以前は「がき」であるポールを冷笑していた女の子たちが言い寄ってきた。一方、成年前は親しい同級生だった年下のテレルとは、どうしたことか距離ができてしまった。テレルを軽んじようとしたのではない。他の「男」たちの干渉の結果だったのだが、その内になぜか実際に疎遠になってしまった――もっとも、翌一九九二年にテレルが「男」になると、すぐに二人の友情が回復した。

プロテスタントは、隔離小屋（藪の学校）の徳育は一種の暇潰しでしかないと酷評する。だが、ポールはその見方に与しないと言う。魂胆を鍛え、戦士の気概と戦闘の初歩を他の隔離小屋の連中との模擬戦で身につけ、備えるべき礼儀と規律を弁えて年長者や同輩への尊敬を学ぶのは、外の社会へ出る礎としても不可欠だと言う。

しかし、加入礼が学業に益する所は皆無であるのは明らかだった。それどころか、決定的に足を引っ張られることになる。加入礼の受礼が遅れた年嵩のポールは、「男」になってガールフレンドができた時に、学業が疎かになってしまい、すぐに躓いた。一方、仲間の「がき」に先駆けて逸早く「男」になった者には、ポールとはまた別の危険が付きまとっていた。次に述べるＤ村のジョンが、その好例である。

加入礼後に酷い成績不振に陥って落第したジョンは、翌年の二度目の三年生の一学期に、学業を放棄してしまったのだ。「女子供」(*lakwet*)と交わるなと「藪の学校」で釘をさされたことをすっかり真に受けていた彼には、クラスで唯一の「男」として「がき」どもと机を並べる苦痛が耐え難かったのである。ジョンは、それからは級友の誰にも一切何も頼もうとせず、級友からの学業の手助けの申し出も頑に拒んで、孤立無援を貫くという高踏的な態度を取り続けた。「がき」に自分の弱みを見せて頭を下げるという屈辱に耐えることなど、「男」である彼には到底できる相談ではなかったのだ。

一九九二年、ポールは七年生に進級し、落第してこの年も七年生をやり直すことになった旧友ジョセと再び同級生になった。この年、ポールの成績はクラスのビリから五番目だったから当然落第して、その翌年の一九九三年も七年生に留まった。小学校修了全国一斉試験(ＫＣＰＥ：Kenya Cirtificate of Primary Education)を受験することになる八年生への進級条件は最も厳しく、七年生の学級は、落第生を幾人も吸収して五〇人にまで膨らんでいた。

この年、学校でポールは二つの事件に巻き込まれる。最初は、級友のマイクが新任教諭として赴任したコロスを授業中に殴った時に、偶々傍らにいて共犯を疑われた事件である。マイクは、弟ジョンを平手打ちするコロスの手から弟を救おうと、思わず知らずの内に彼を殴っていたのだと語った。校長は、コロスが棒でなく平手でジョンを打った非を咎める一方、マイクを制止しなかった連帯責任を認めて、生徒全員を棒で打った。

第二の事件は、生徒の積立金を教員が何かに流用してしまった結果、首都ナイロビへの修学旅行が中止になり、生徒たちが教師たちに返金を求めて起こした暴動である。ポールは首謀者に擬せられかけたが、危うく事なきを得て、どうにか八年生に進むことができた。

一九九四年。八年生のこの年、ポールに一つの転機が訪れた。二八人の学級で当初二五番目だった作文の成績が、二学期には五番になっていた。或る転校生が受験のコツを教えてくれたお陰だった。

実を言えば、ポールが頭を冷やして、「男」の気位と成績との間に厄介な捩れがあることに気づくには、一年も掛かりはしなかった。加入礼が、それまでひたすら夢に思い描いて思い込んでいたような人生の絶頂などではなく、むしろ学業成績こそがそれに優越する栄光への道であることも、また自分の夜郎自大振りが「遅れてきた『男』」ゆえの反動であって、先に「男」になった者たちが「男」を気取りながらも実は柔軟に身を処している現実も、皆よくわかっていたのだ。しかし、勉強のコツがまるで飲み込めなかったから、なかなか打つべき手が見つからなくて苦しんでいたのである。

転校生で隣人のビーは、この年二度目の八年生を務めていただけに、なかなか訳知りだった。ポールは放課後と週末をビーと共に過ごすようにして、彼から実に多くのことを学んだ。例えば、ビーが得意な作文のコツを、ビーはこう言った。これまで最高点を採った作文を添削通りに浄書してから諳んじるんだ。次の模試では、テーマに合わせてその骨子を変える諸点をまず決めなよ。後はもう簡単さ。

この年の一二月、ポールは小学校終了全国試験でまずまずの成績を収めて、地元のN村中学校から入学許可状を得た。だが父親フランクはそうした程々の結果に満足せず、八年生をやり直せとポールに命じた。そこでポールは、長いその年の学年末休暇に力仕事をして、その稼ぎをイトコのベットと共に、彼らの外祖母を訪ねるちょっとした冒険旅行につぎ込んだ――親たちの反対を押し切って。二人は、二〇キロメートル先の最寄りの町であるソティックの向こう側の世界へ、是非とも行ってみたかったのだ。まだ「男」

気分が完全には抜け切っていなかった。

一九九五年、二度目の八年生の一学期の成績は、学年で一〇番でまずまずだった。しかし、その終業式のことだ。八年生の担任が学業成績最優良の生徒から順々に成績表を手渡していた時、校長がポールの手前で突然担任を制して、特別に発言を求めた。「諸君、いいかい、ポールを見たまえ。彼は八年生がこれで二度目だ。だが、今年進級したばかりでもう彼を凌駕してしまった生徒たちがいる。ポール、いいか、これからは心を入れ換えて頑張ると、皆の前でしっかり約束するんだな」。

この時までポールには、本当のところ、遮二無二勉強しなければならない理由ばかりか、求めて他人と学業成績を競い合うべき理由も、全く何も持ち合わせていなかった。だが、この時ばかりは「男」としての苦い屈辱感が胸に突き上げてきて、学びたいという強い動機を与えてくれたのだった。加入礼で得たプライドが、病ではなく、今初めて薬として効いたのである。

弱点科目を克服すべく、ポールはほとんど全ての学習時間を数学のために割いて、六年生の教科書を一から浚い直した。壁にぶつかって立ち往生した時に助けてくれたのは、何と「キリスト教式加入礼」を受礼した「半人前」のコリンズだった。君は「男」たちの間にいてはいけない、今日からは僕の隣に座って僕の解法をよく見なよ。やり方をしっかり真似るんだ、と彼は命じた。

二学期、学科総合で二五点を採ったポールは学業で首位になり、二位に二点差をつけた。特に、数学の正解率は八九パーセントだった。不正を疑った数学の教師が個人的に課した再試験では、九八パーセント正解した。一二月、小学校終了全国試験のポールの成績はN村小学校では三番目だったものの、N区全体のベストテンに入った。一九九五年、N村小学校は、かくして記録的な好成績に沸き返ったのである。

ところが、誠に不可解なことが起こる。同級生たちには通知があり、中学校（四年制）への入学が次々と許可されているのに、何時まで待ってもポールには梨の礫だった。不審に耐えかねた父親フランクは、意を決して県都ボメットまで出掛けて行って、県視学官に面談を申し入れて、事情を質した。県視学官は、ポールの成績は州立中学校でも最上位校入学が相当だと請け合って、善処を約束してくれた。

やがて、ナクル県のンジョロ高校（一九八四年以前の旧制の名称を温存しているものの、実際は中学校）へ進学するポールの権利を、或る有力者（政府関係者）が掠め取っていたことがわかった。そうした事態を密かに予想していたフランクの不安が、不幸にも的中したのだ。そこで県視学官は、ケリチョ県内の名門カビアンガ高校にまだ空席があることを確認してから、同校への進学を是非にと勧めてくれた。フランク親子には、それを呑む他になす術がなかった。

八　寄宿制中学校での日々

寄宿制の男子中学校は、まさに「男」たちの世界である。ポールが入学したキプシギスの土地きっての伝統校である、州立カビアンガ高校もやはりそうだった。ポールは、一九九一年に既に伝統的な加入礼を済ませていた。つまり、加入礼（＝割礼）受礼前の「がき」でもなく、また「キリスト教式」加入礼か病院での割礼を受けた「半人前」でもない、暦とした「男」だった。だから、加入礼が理由で学校生活が苦になることはなかった。

中学校の「男」の世界に苦しめられたのは、早々とエリート教育を受け、一度も落第したことがなく、

「キリスト教式加入礼」すら学業の妨げと見てその受礼を中学校卒業まで先延ばしにすることにした、少壮の秀才たちなのだった。彼らは、例外なく、豊かな家に生まれ育っている。

三〇人足らずのポールのクラスには、そうした秀才の「がき」が二人いた。一人は町育ちのキプシギス人。もう一人は、キプシギス人と並ぶカレンジン人の有力な支民族の一つであり、当時大統領モイを出していた、トゥゲン人の生徒だった。二人は級友たちの「がき」扱いに同じように苦しんでいたが、それゆえに互いに固い友情で結ばれて、励まし合った。そして、何時も誰もが目を見張るような、卓越した学業成績を収め続けた。どんなに不振な時でも、同学年約三〇〇人の内でも最上位の一割から外れることはなく、やがて大学卒業後、二人は各々医師と法曹になった。

さて、ポールにも苦労がなかったわけではない。彼は、すぐにまた別の形で辛酸を嘗めることになる。「モノ苛め」(*mono*-bulling)、つまり上級生たちによる集団的な一年生苛めにあったのだ。モノ(*mono*)とは、ケニアの都市混成言語であるシェン語(後述)で、一年生を意味する単語である。「モノ苛め」は、ケニアの(男女共に)寄宿学校一般の悪しき伝統として広く知られていて、(外国人の目にはなかなか届かないが)国民の間では公然の秘密になっている。

ケニアの学校制度は、旧宗主国イギリスに範を求めてきた。つまり、通学制ではなく寄宿制が理想とされ、近年この方向での整備が推し進められている。この制度では、優秀な生徒ほど人生の早い時期に、しかも田舎の子は出身地から遥かに遠い寄宿学校に入ることになる。つまり、日本とは比較にならないほど幼い段階で親の庇護を離れて集団生活するという、大きな試練が、ケニアでは生徒たちを待ち受けているのである。だから、寄宿制の学校への入学こそが、人生で最初の真の危機であるとも言えよう。

ポールは、カビアンガ高校での最初の日、夕食を口にすることができなかった。給食係の最上級生（四年生）が、彼の食器皿を目の前でわざと引っ繰り返してみせたからだ。また、（腹を空かせて）待ち伏せていた上級生に殴られて金品や（外で買ってきた）食べ物を奪われたり、衣類など身の周りの物を隠されたりする事件は、その後再三経験した。

だがポールが最も辛かったのは、田舎育ちのゆえに首都ナイロビの混成言語であるシェン語がまるでわからず、それが原因で苛められたことだった。シェン語は、東アフリカの共通語であるスワヒリ語の文法と語彙を土台として、大量の英語の語彙とケニアの幾つかの有力な民族語の語彙を組み入れて、ここ数十年の内に首都ナイロビの中下層地区の多民族的環境で形成された若者言語である。それが都市と同様に多民族的な状況にある寄宿制の学校でもおのずとコミュニケーション・ツールとなり、やがて「ハイブロー」な学生言葉ともなって急速に発展した。今や、寄宿制の学校の休み時間や放課後は、専らシェン語によるコミュニケーションの世界なのである（小馬　二〇一九）。

しかし、田舎で育ったポールは、この新しい言語の存在すら、中学校に進学して初めて知った。彼がカビアンガ高校で最初の晩に夕食にありつけなかったのも、実は給食係の上級生のシェン語がわからずに即答できず、それゆえすっかり馬鹿にされたからだったのだ。

ポールは、最初の一年間、学業をほぼ度外視してシェン語を覚え、学生生活に溶け込むことに全ての努力を集中した。助けてくれたのは、同郷の或る上級生だった。そして二年目からは正式の学業で猛勉強を始め、都会っ子に追いつき、やがて追い越して、名門モイ大学への進学を果たしたのであった。

おわりに

ポールは、寄宿制中学校の生活の一年目を耐え忍ぶのに、加入礼の隔離期間の様々な経験が役立ったと述べている。加入礼では、初めて親元を離れて一人きりになった不安と孤独に耐えて、試練と苦行をなんとか克服できたこと、つまり「藪の学校」で得た「男」としての自信が支えになった、と。

これは、あらゆる経験に学び、その全てを自らの人生として統合しようと努めてきたポールの、前向きで健全な精神のしからしめる所に違いない。しかしながら、ここで実際にポールの前半生を子細に眺めてみれば、彼が「藪の学校」と公教育の学校という、全く性質を異にする二つの「学校」の狭間で絶えず苦しんできたことは明らかである。

世代を超えて知識を受け継いで行くことを広く「教育」と呼ぶのは、それほど不当ではないだろう。だが、「藪の学校」を学校と呼ぶのは果たしてどうだろうか。公教育の学校と「藪の学校」は相反する「教育」を志向する別種の「学校」なのである。そうであるのは、何よりもその双方の「教育」の背景をなす子供観が正反対であるからだ。

キプシギスの社会では、大人と子供は全く異なる二つの論理を生きる別々の存在として捉えられていて、その論理が「知恵」と「謎々」であることを、第一章で丹念に論じた。そこで筆者が強調したのは、その「知恵」と「謎々」こそが「大人」と「子供」をデジタルに厳然と区別するものであること、また「子供」は「謎々」から「知恵」へと自己形成の論理を果敢に切り換えて、「大人」へと一気に変身するべき存在なのだということだった。

この意味で、「子供」はキプシギスの人々が自ら述べている通り、キプシギス（人）の「子供」であってもキプシギス（人）ではなく、いわば異人の一種なのである。そして、「藪の学校」はまさしくまだ異人でしかない（人の）「子供」を「大人」へと一気に急激に変身させるという一点に注力する、手のこんだ、しかし一面では実に荒々しい文化装置なのである。

他方、近代国家の公教育を担う学校とは、子供を滑らかに「成長」させ、持続的な「発達」を促し、穏やかな「成熟」に導こうとする、アナログな人生観に基く教育観に、疑問の余地もなく貫かれている。したがって、ポールが二つの「教育」上の経験の相剋をたった一つの自分の人生へとどう統合しようと努力してみせるにせよ、アフリカの「藪の学校」が蓄積してきた経験を欧州近代の学校教育に連接することによって理想の教育を生み出すのだという類の、予定調和的で安易な楽観論は、厳に慎むべきだとはっきりと釘を差しておかなければならない。それは、たとえ、「藪の学校」に本草学に類する植物利用の知識の片鱗が実際に見られるとしても、である。

《注》

（1）ちなみに、日本人なら誰も、各々四十歳と六十歳を表す「不惑」と「耳順」という、『論語』に由来する言葉を恐らく幾度か聞いていよう。これに二十歳を意味する「立志」を加えるだけでも、古い時代の中国人や日本人が、現代人である我々子孫よりもずっと明快な人生の輪郭をイメージして生きていたと推測できるはずだ。しかし、これをキプシギスと比較してみれば、そこには年齢組の場合のような共体性はなく、人生はもっと個人的に捉えられていたと言える。

（2）ポールがこの日を誕生日として選んだ第一の理由は、クリスマスであるから忘れることがないという判断にある。同様の理由から、元旦やケニアの独立記念日を自分の誕生日に選んで申告した子供も数多い。もう一つの理由は、クリスマスは大晦日にほど近いので「若く」、その後の人生で何かと有利になると考えたからだ。これもまたほぼ同じ理由で、独立記念日（一二月一二日）を自分の誕生日に決めた者も少なくない。こうした理由から、ケニアにはかなり多くの人々の誕生日が重なる特異日が幾つか存在している。

《参考文献》

Cohen, D. W. and Odhiambo, E. S. A.（1992）*Burning SM: The Politics of Knouledge and the Sociology of Power in Africa*, Nairobi: East African Educational Publishers, *et al.*

Fortes, Meyer（1956）"Mind", E. E. Evans-Pritchard *et al.*, *The Institutions of Primitive Society*, pp. 81–94, Glencoe, Illinois: Free Press.

Huntingford, G. W. B.（1953）*The Southern Nilo-Hamites*, London: International African Institute.

Komma, Toru（1981）"The Dwelling and Its Symbolism among the Kipsigis", N. Nagashima（ed.）, *Themes in Socio-Cultural Ideas and Behabiour among the Six Ethnic Groupsof Kenya*, pp. 91–123, Tokyo: Hitotsubasahi University.

Komma, Toru（1984）"The Women's Self-help Association Movement among the Kipsigis of Kenya", *Senri Ethnologocal Studies (Africa, 3)*, 15: 145–186, Osaka: National Museum of Ethnology.

Komma, Toru（1988）"Preliminary Report of Field Research among the Terik and the Tiriki in 1987–88", *Seminar Paper*（Institute of African Studies, University of Nairobi）, 180: 1–15.

Komma, Toru（1992）"Language as an Ultra-Human Power and the Authority of Leaders as Marginal Men: Rethinking Kipsigis Administrative Chiefs in the Colonial Period", S. Wada and P. K. Eguchi（eds.）, *Africa, 4 [Senri Ethnological Studies, No. 31]*, pp.105–157, Osaka: National Museum of Ethnology.

Komma, Toru（1998）"Peacemakers, Prophets, Chiefs and Warriorrs: Age-Set Antagonism as a Factor of Political Change

among the Kipsigis of Kenya", E. Kurimoto and S. Simonse (eds.), *Conflict, Age and Power in North East Africa*, pp. 168–185, Oxford: James Currey, Nairobi: E. A. E. P., Kampala: Fountain Publishers, Athens: Ohio University Press.
Manners, R. A. (1967) "The Kipsigis of Kenya: Culture Change in a 'Model' East African tribe", J. H. Steward (ed.), *Contemporary Changes in Traditional Societies*, Vol. 1, pp. 205–360, Urbana: University of Illinois Press.
Orchardson, I. Q. (1961) *The Kipsigis* (abridged, edited and partly rewritten by A. T. Matson from original MS, 1929–1937), Nairobi: East African Publishing House.
Peristiany, J. G. (1939) *The Social Institutions of the Kipsigis*, London: Routledge and Kegan Paul.
Peristiany, J. G. (1956) "Law", E. E. Evans-Pricard *et al.*, *The Institutions of Primitive Society*, Glencoe: Free Press.
Saltman, M. (1977) *The Kipsigis: A Case Study in Changing Customary Law*, Massachusetts: Schenkman Publishing Company.
Sangree, Walter H. (1966) *Age, Prayer and Politics in Tiriki, Kenya*, London: Oxford University Press.
アリエス、P.（一九八〇）『〈子供〉の誕生』（杉山光信・杉山恵美子訳）みすず書房。
アレン、M・R.（一九七八）『メラネシアの秘儀とイニシエーション』（中山和芳訳）弘文堂。
小馬　徹（一九八三）「牛牧民カレンジン――部族再編成と国民国家」『季刊民族学』第二五号、三二―四五頁。
小馬　徹（一九八五）「東アフリカの〝牛複合〟社会の近代化と牛の価値の変化――キプシギスの家畜貸借制度（*kimanakta-kimanagan*）の歴史的変化と今日的意義をめぐって」『アフリカ研究』（日本アフリカ学会）第二六号、一―五四頁。
小馬　徹（一九九〇ａ）「いかにして大人になるか――東アフリカの少年時代」『週間朝日百科　世界の歴史』第八四号、D五三五―D五三八頁。
小馬　徹（一九九〇ｂ）「キプシギスの家畜の分類と個体識別についての覚書」『国立民族学博物館研究報告別冊』第一二号、四九―八八頁。
小馬　徹（一九九一）「知恵と謎々――キプシギスの子供と大人」『社会人類学年報』第一七号、一九―五〇頁。
小馬　徹（一九九二）「アフリカの教育」日野舜也（編）『アフリカの文化と社会』〔アフリカの21世紀、第１巻〕勁草書房、一五九―一八七頁。
小馬　徹（一九九五ａ）「西南ケニアのキプシギス人とティリキ人の入社的秘密結社と年齢組体系」神奈川大学人文学研究所（編）『秘密社会と国家』勁草書房、二三四―二七五頁

小馬　徹（一九九五b）「国家を生きる民族――西南ケニアのキプシギスとイスハ」『人類学がわかる。』朝日新聞社、一四八―一五三頁。
小馬　徹（一九九六a）「握手行動の身体論と政治学――キプシギスの事例を中心に」菅原和孝・野村雅一（編）『コミュニケーションとしての身体』〔叢書　身体と文化2〕大修館書店、三七四―四〇九頁。
小馬　徹（一九九六b）「父系の逆説と『女の知恵』としての私的領域――キプシギスの『家財産制』と近代化」和田正平（編）『アフリカ女性の民族誌――伝統と近代化のはざまで』明石書店、二八一―三二二頁。
小馬　徹（一九九七a）「異人と国家――キプシギスの近代化」中林伸浩（編）『紛争と運動』〔講座　文化人類学6〕岩波書店、一六九―二〇〇頁。
小馬　徹（一九九七b）「キプシギスの殺人から見た民族と国家」神奈川大学人文学研究所（編）『国家とエスニシティ――西欧世界から非西欧世界へ』勁草書房、二三四―二六七頁。
小馬　徹（二〇〇一）「イニシエーションの現在とアイデンティティ――キプシギスの場合」、和田正平（編）『現代アフリカの民族関係』明石書店、四〇六―四三八頁。
小馬　徹（二〇〇四）「人生儀礼の文化人類学――人間の一生と文化」、江渕公一・松園万亀雄（編）『新訂　文化人類学』放送大学教育振興会、四四―五九頁。
小馬　徹（二〇〇九）「加入礼の学校と公教育の学校――その『子供』観」、中村和恵（編著）『世界の中のアフリカへ行こう――〈旅する文化〉のガイドブック』岩波書店、四〇―五九頁。
小馬　徹（二〇一七）『「統治者なき社会」と統治――キプシギス民族の近代と前近代を中心に』神奈川大学出版会。
小馬　徹（二〇一八）『「女性婚」を生きる――キプシギスの「女の知恵」を考える』神奈川大学出版会。
小馬　徹（二〇一九）『ケニアのストリート言語、シェン語――若者言葉から国民統合の言語へ』御茶の水書房。
長島信弘（一九七四）「年齢階梯制」フランク・B・ギブニー（編）『ブリタニカ国際大百科事典15』ティビーエス・ブリタニカ、七二八―七三二頁。
中林伸浩（一九九八）「ミッショナリーの世紀――東アフリカのキリスト教化」松本宣郎・山田勝芳（編）『信仰の地域史』〔地域の世界史7〕山川出版社、一八七―二二二頁。
松園万亀雄（一九九二）「S・M・オティエノ事件――ケニアにおける法の抵触をめぐって」黒木三郎先生古希記念『現代法社会学の諸問題(下)』、五三四―五五六頁。

ファン・ヘネップ、A.(一九九七)『通過儀礼』(綾部恒雄・綾部裕子訳)弘文堂。

第四章　異人と民族・国家

――マージナルマンの近代

はじめに

「紛争」の多くは複数の人間集団の間に発生し、人間集団の内と外をめぐって展開する。だが、或る人間集団は完全に閉ざされてもいなければ、内部が斉一であるわけでもなく、その内部と外部は、しばしば訪れ来る異人（stranger）によって媒介されるし、既に内部に取り込まれた異人が周縁的な存在として内なる外部を形成していることだろう。

例えば、第二次世界大戦時の日系米人は、社会学で言う典型的な境界人（marginal man）となって、「二つの祖国」に引き裂かれた。日系人は、移民の国アメリカで強制収容の憂き目に合いながらも、二世部隊は米国人としての忠誠を尽くして対日戦の最前線に立った。その一方では、日系米人自身の反発と顰蹙の中で日系米人への人種差別と抑留の違法性を（日系人としてではなく）飽くまでも一米国人として訴え続け、遙か後年（一九八三年）、ついに再審裁判で無罪を勝ち取ったフレッド・コレマツのような人も現れたのである。

ところで、本書の主人公であるキプシギス人は、十六～十七世紀頃から豊かな放牧地を求めて、ケニア北部から現住地へと徐々に南下してきて、現住地中央部でバントゥ語系の農牧民であるグシイ人と出会った。そして、グシイ人を波状的に略奪して追い払うと共に、恐らく十九世紀半ばにはグシイ人のかなり大きな人口を取り込んで現在のキプシギス人へと急速に膨張したものと推測できる。特に南部ソト地方にはグシイ人起源の新しい氏族が多く、二十世紀の初めには、グシイ語しか話せないキプシギス人が沢山いたという(1)。ここで彼らを日系米人の境遇に重ね合わせてみれば、当時のキプシギスの状況を想像して理解する一助となるように思われる。

ただし、植民地化を初めとして、後述する重大な変化要因が幾つも重なって、ちょうどその時期にキプシギスの伝統的な政治構造が根底から揺らぎ、その後約一世紀の間、近代化の荒波に翻弄され続けたようだ。だが、その一方で、その時代から今日まで集団的同一性を明確に維持し続けてもいる。

一見矛盾するこの歴史過程を、異人とマージナルマンをキータームとして、彼らの社会の内側から動態論的に読み解くと共に、そこから、今日の世界的なボーダレス化状況における自己と他者の関係を再考する新たな視点を発見して論じることが、本章の目的である。

一　リーダー、マージナルマン、言葉の力

キプシギスの伝統的な民族社会は、非中央集権的で平等主義的な政治構造をもっていた。そして、生活の諸々の局面でその場限りの権威をもって人々を指導する各種のリーダーを有していたのである。

1　伝統的な政治構造

キプシギスは、沢山の小さな父系外婚氏族の政治的な連合体である。氏族組織は包括的な分節リネージ構造をもたず、氏族員は集住しないで全土に散らばり、様々な氏族員からなる散村状の近隣集団（*kokwet*）が最も重要な経済・社会単位であった。夫は、地理的に互いに極めて遠い地点に各「妻の家」（*kop-chi*）を構え、疫病や敵の略奪で家畜を一挙に失うのを避けた。だから、氏族や家族の協働もむしろ理念的なものであって、実際の労働交換や相互扶助は数多くの氏族が入り交じる村を枠組みとして行われ、村はいわば広大な放牧地に点在する小宇宙の感があった。各村には「村のリーダー」と呼ばれる長老がいたが、成年男性全員の寄り合いによる「村の裁判」（*kirwoget*）が、村の外から「助言的裁判官」（*kirwogindet*）とでも呼べる「調停者」（peace-maker）を裁判に招き入れ、彼の媒介で徐々に世論形成を促しつつ調停を試みた。彼は、村内諸集団の狭く限定的な利害を超越して、民族全体の価値を体現する役割をもつ存在であり、このような権威が存在した事実が、キプシギス社会の政治や「法」を理解する重要な鍵となる。

社会構造の骨格をなすのは、全領土を単一の枠組みとして編成される男性の年齢組＝年齢階梯複合体系（*ipinda*）だが、その概要は前章までに要所要所で既に説明してきたので、ここでは割愛したい。年齢階梯体系は戦士階梯に格別の強調点を置くが、その軍制は父系的に継承される、キプカイゲイ、ンゲトゥニョ、ケベニ、カサネットの四軍団（*boriet*）編成で、どの軍団も（氏族員と同様に）全領土に入り交じって拡散している。

キプシギスとは「加入礼を受けて（社会的に）誕生」（*sigis*）した者の意味であり、出自の如何を問わない文化主義的な民族概念である。しかも、異人であっても、自ら「加入礼を買う」、つまり対価を払って準受礼者として加入礼を擬似的に経験してキプシギス民族の一員となることもできる。

村、氏族、年齢組、ならびに軍団は、各々次元を異にして機能する組織として入り組んで重層し、相互横断的に存在している。その結果、一つの村の各々の住人は、氏族、年齢組、それに軍団に対するモザイク状の忠誠心を様々に組み合わせて民族への忠誠心としていて、その組み合わせには夥しい変異があり得る。そこで、キプシギス民族は、異人もまたその諸変異の延長上に位置づけて、それなりの緊張感を保ちつつ、しかし柔軟に包摂してきたと言える。

未婚の戦士は母村から離れた放牧キャンプに住み、そこで牛を飼養する年長の少年たちと牛たちを護衛した。(散)村に住む既婚の戦士の間には一人の「戦士のリーダー」がいて、防衛戦は村ごとに戦った。幾つもの村を含む広い地域には、「軍団のリーダー」が、さらには、おおまかに全領土を三分する地理的な大地域であるベルグート(北部)、ブレティ(中央部)、ソト(南部)の各々に「軍団の大リーダー」がいて、彼らが攻撃戦を指揮していた。この他に適宜幾つかの村々を管掌する「加入礼の長老」がいて、加入礼を司り、戦士階梯を占める年齢組の交代に直結する新たな年齢組の開設の決定に大きく関わってきたのである。

2　戦闘のリーダーと雄弁

これら各種のリーダーは、個人の能力のゆえにおのずと頭角を現し、特別の報酬もなく、その役職が世襲されることもなかった。彼らリーダーの権威は、当該の役割が期待されている一時的な状況に局限され、日常生活の他のいかなる場面にも及ぶことがなかった。戦士のリーダーに選ばれる条件は、勇猛であり、且つ雄弁であること。助言的裁判官には、軍団のリーダーか軍団の大リーダーを退いた老人階梯の者が選ばれるのが常だった。そして、この役職でも、能弁さがとりわけ重要視される資質だったのである。

興味深いことに、戦士たちは自分の村の戦士のリーダーに自動的に命を預けてきたわけではない。キプシギスでは、戦士が略奪した家畜を連れ帰ると妻が武勲を讃えて即興で詩を作り、他の家の子供がその詩の冒頭の語句に因む名前（詩名：*salanyat*）をもらいに行く、あやかり原理による独特の命名慣行（*abaita*）が盛んに行われていた。

「自分の村の隊列を見限りし者」という、一見奇妙な詩名の基になった詩は、「自らの村の隊列を見限りし者よ／アラップ・インデリ指揮下の大軍に加わりし者よ／次いでアラップ・マガガンの軍勢に加わりし者よ」だが、この詩名は卑怯者を少しも含意しない。自らつくべき指揮者の選択が往々命運を分けた家畜の略奪戦は、戦士が自発的に加わるべきものであって、戦士のリーダーは話術を駆使して戦意を高揚させ、勝利を確信させて参戦を募ったのだ。リーダーの能力の中枢は、自身の武力である以上に、巧みに人心を掌握できる対人的な能力にこそあった。先の詩は、地元の戦士のリーダーの無能を詰り、自発的に他の有能な戦士のリーダーを訪ね求めて、その結果、首尾良く家畜を略奪することに成功した夫の、自立した気概と確かな才覚を誇らかに讃えているのである。

ところで、キプシギスには広くよく知られた、一人の悲劇の英雄がいる。恐らく一九八〇年頃に起きたと推定されるモゴリの戦いで、当初キプシギス軍は連戦連勝を重ね、何時しかグシイ人の土地の内奥深くまで侵入していたのだが、或る朝気がつくと、グシイ人とルオ人が連合した大軍に四囲を完全に包囲されていた。

中部地方ブレティの軍団の大リーダー、チェセンゲニ・アラップ・カボロックは、一点突破を敢行して血路を開き、一人でも多くの戦士を生還させる作戦を選んだ。すると、南部地方ソトの軍団の大リーダー、マラブン・アラップ・マキチェが、「我が母を生んだオジたちと挨拶（*kat*）するまでは帰らない」といきり立って彼を難詰した。

同母姉妹が嫁ぐ代償に新郎側から支払われる婚資の牛を自らの元手として、今度はその兄弟が結婚するキプシギスの慣行に因んで、男たちは同母姉妹を娘と呼び倣わしてきた。そして、母の兄弟は、この事実に基く姉妹に対する感謝の念から姉妹の息子を深く愛して援助を惜しまない、特別の存在だとされる。マキチェは、この事実と慣用表現を巧みに逆手にとった一種の「謎々」（*tangoi*）を創作して、チェセンゲニの弱腰を詰り、一気に人心を掌握し去ったのである。

マラブンは、グシイから帰化した人物でモトボリック氏族に属し、母親はグシイ人だった。たとえ絶体絶命の窮地に立たされていようとも、グシイ人を撃破することなどは、最愛の母方のオジたちと会って親しく挨拶を交わす程度のいかにもた易いことだと、ライバルを前に大見得を切ってみせたのである。かくて、勇猛を無上の誉れとするキプシギス軍は、魂の虚しい高揚の絶頂で絶望的な戦いに遮二無二突き進んで行き、潰滅的とさえ伝えられたほどの大敗を喫した。

3　拮抗する二つの言葉の形式と力

助言的裁判官もまた、雄弁を誇った。ただし、彼らの弁舌は、マラブンのように寸鉄人を刺し、事の核心を一気に射抜いてアッと感じ入らせて人を動かす類のものではなく、物事の核心の縁辺を遊弋して旋回しつつ、人々の心中に徐々に徐々に合意が形成されて浮かび上がってくるように仕向けるものであった。こうした弁舌は、「遊弋する」(*berir*)という固有の語で言い表されてきた。

助言的裁判官の任務の一つは、他民族、特に最大のライバル、マサイ人各派との間の講和を達成することだった。一九世紀後半に活躍したアラップ・キシアラは特に名高く、舌を蛇のごとく動かして、休むことなく「遊弋」させ続けたという。

中でも、彼が水際立った成功を収めたのは、キレビ・マサイ人との和平工作だった。隣人同士だった両者は、或る戦いの後はかなり大きな距離を置いて住んでいたのだが、キシアラの仲介が功を奏して、再度相接して住もうと合意した。だが、どの民族が、どちら側へ移住するかが争点となった。キシアラは、当方には大量の乳を出す足萎えの雌牛がいるのでそちらに移住できないのだと言い、近々検分に来てみないかと誘った。キシアラは、訪ねてきたキレビ・マサイ人たちに、予め醸しておいたにシコクビエ製の乳色のビールをたっぷり振る舞ってから、シコクビエの畑を見せた。そして、我々農牧の民にとってのシコクビエは、純粋な牛牧民たるお前たちの雌牛に相当する宝だが、この「雌牛」は歩いて動けないのだと説いた。かくして、キレビ・マサイの一分派が移住してきて幾年かの間平和な日々が続いた後、キプシギスは彼らを襲撃して壊滅させた。キシアラは、マサイの別の一分派、トロンゲイ氏族を殲滅させた時にも、この種の修辞を弄したと言う。

今重要なのは、キシアラがマラブン同様、境界人(marginal man)だった事実である。彼は若い時にキソンコ・マサイ人の間に住んでいたので、マサイ語に堪能だった。キプシギスは、民族の土地を離れた人々も、キプシギスに帰化した者と同じく「異人」(*kipsagarindet*:本性に悖る者)と呼ぶ。ベクトルは逆になるのだが、キシアラもマラブンも「異人」であり、異民族の言語を操る過剰な言語能力のゆえにリーダーとなったのだ。先に見たキシアラの言葉の作法は、型通りの「遊弋」よりも、むしろマラブンの弁舌「謎々」に似通っている印象を与えよう。

加入礼とは、子供の属性を俄に脱ぎ捨てて成年へと一気に豹変させる儀礼である。その後もなお子供っぽい振る舞いを脱し切れない者は、「謎々者」(*kiptangoiyan*) と軽蔑されるのだが、二人の論法は謎々遊びとキプシギス民話のトリックスターたちが操る言葉のレトリック、いや、むしろトリックを彷彿とさせる。なお、助言的裁判官の日常的な役割は、村の寄り合いと裁判を指揮する他に、略奪してきた家畜を戦士間で公平に分配することだった。即ち、人々の互酬的関係全般をその半ば外側から調停し、維持することに責任をもっていたのである。

ところで、裁判以外にも紛争を解決する別の道がある。それは、加害者がお決まりの象徴的な品物を被害者宅屋外の祭壇 (*mabwai*) に密かに置いて帰り、その後速やかに名乗り出て許しを乞う「儀礼的謝罪」(*nyoetap kat*) である。そうすると、被害者には怒りを収めて加害者と握手 (*kat-ge*) して潔く許す義務が生じ、その結果、例えば盗みは貸借に変わる。拒めば、逆に被害者が世間の指弾を受けることになってしまう。裁判でも、裁定の後、当事者双方が必ず握手して和解しなければならない。また、離婚儀礼の最後には、元夫婦が握手をする。「儀礼的謝罪」や儀礼化された握手の効力は、助言的裁判官の裁定と同様に、半強制的な調停力をもつ。つまり、それらは構造的に相同であり、同じ社会的機能を果たすのだ。新たな状況を導いて当事者に融和を強いるこの力を、〝*kat*〟として特定できる (小馬　一九九六、二〇一七)。

帰化人男性は、一世ならチェルレ (*Chelule*：囚われ者) の通称で、二世ならアラップ・チェルレ (*arap*

Cheluse）、つまり「チェルレの息子」という類型的な父称で呼ばれる。帰化人は他の人々と平等に遇されるものの、二世代の内は、こうしてスティグマを帯びて社会的に監視されるのだ。マラブンも、チェルレと呼ばれていたはずである。彼のアラップ・マキチェという擬似父称は、「我々は不意打ちしない」（*makichee*）が語源であり、モゴリの敗戦を諷喩する後知恵的な渾名であろうと思われる。

また、キシアラの右腕と讃えられ、マサイ人の謀略で交渉の過程で命を落としたキプケテスも、グシイ起源の新しいナラチェック氏族の一員だった。戦士のリーダーや助言的裁判官は、こうした周縁的な人々から選ばれる傾向が顕著だった。なお、彼らの言葉の力は長老たちの集合的な呪詛（*chubisiet*, curse）という固有の、強力な超人的な言葉の力によって統制されていた。

例えば、やや時代は下がるが、社会人類学者ペリスチアニィの最良のインフォマントであった助言的裁判官のアラップ・テレルは、自分の息子も将来助言的裁判官にする策略を立て、その実現を目論んで再三辞任を申し出たが、その都度、老人たちが呪詛を強く仄めかして翻意させた（Peristiany 1939: 179–181）。老人たちは呪詛する代りに、両端の尖った短い棒（*mosigisiyet*：「生まれざるもの」）を投げつけて死刑にすることもできた。なお、彼らの呪詛力は、高齢で祖霊に近い存在としての正当性に由来するのである。老人の呪詛力は、キプサマエック、キバエックなど、社会公認の呪詛氏族による呪詛によって制度的に補強されている。呪詛氏族は、どれも起源が古くて「真のキプシギス」と呼ばれ、非カレンジン諸民族に起源をもつ氏族群と鋭く対照されてきたのだった。

つまりキプシギス民族の政治は、中心的な価値を担う権威である長老階梯と古い有力な中核的氏族とが協調して管理する、保守的で制裁的な言葉の力（*chup*）と、外部に由来する新しく周縁的な氏族出身のリーダーが担う変革的な言葉の力（*kat*）との間の鋭い対抗と際どい均衡を機軸として、平時の社会的な安定を確保しつつ、且つ予期せぬ重大な変化にも即応できる、巧みな構造をもっていたと見ることができる。

上野千鶴子は『遠野物語』の分析を基に、「日本中世の共同体的基礎は、古代末期に成立して以来、近代のその崩壊期に至るまで、ほぼ構造的には変化をこうむらずに継続してきた」と述べた（上野一九八五：九五）。だが、植民地化以前はゆっくりとした移動の先々で絶えず様々な人間集団と出会って離合集散を繰り返してきた東アフリカの人間集団、わけても流動性の高いキプシギスのような牧畜民の場合、そうしたイメージで共同体を捉えると大きな誤解を招くことになる。

キプシギスでは、年齢組を拠り所に、血縁的な氏族や地縁的な村という共同体を遥かに超えた、広い民族的な社会空間が形成されていた。個人はキプシギスの全領土だけでなく、名称も構造もほぼ同じ年齢組体系をもつ他のカレンジン群の諸民族の領土へも安全に移動できた。そして、異人を絶えず柔軟に取り込んで同化しつつ、その指導者に抜擢した有能な者たちの〝*kat*〟する言葉の力に頼って、未知の、或いは未曾有の事態への大胆な適応を図ってきた。その一方で、古い中心的な氏族と老人たち（宗教的な権威）の〝*chup*〟する言葉の力が、それらの有能な異人たちを絶えず威嚇・統制して、彼らの逸脱や暴走や反逆を効果的に監視し、抑止してきたのだった。

二　キプシギスの「世紀末」と体制の選択

小田亮によれば、「個別性を生みだす互酬関係的交換関係を調停し、共同利害すなわち《公》をつくりだすために共同体から排除された役職」こそが首長である（小田　一九九四：一一〇）。すると、右に見たキプシギスの伝統的な政治構造では、助言的裁判官を一種の首長と見做し得るだろう。彼らは村の中や村々の間の個別的な利害を調停するが、常に当事者である村の外から招かれ、しかも特定の固定した管区をもたなかった。また、彼らは戦士が敵から略奪した家畜の分配を宰領したが、長老階梯に属して軍団の外側にいた。しかも、彼は内部化された異人である境界人として、幾分かはキプシギス社会の外部にも属し、その属性の利点を活かしてキプシギスと敵との間に立って調停のために働いた。彼の権威は、彼の外部性とそれゆえの媒介性とに由来していたのだ。

1　「王へ向かう」首長と予言者

ところが、十九世紀末、キプシギスのそうした「首長制」に大きな危機が訪れようとした。まずは、自生的な変化がある。キシアラの権威がその成功のゆえに強大になり、彼自らが往々戦場に赴いて総指揮を執った。こうして、彼の許可なしには略奪戦に赴けず（Manners 1967: 249–250）、彼が属するカプケリチェック氏族員でなければ戦士のリーダーになれないとさえ言われる状況が生まれた。

マナーズは、アラブのキャラバンの脅威に対抗すべくキシアラに権威が集中した結果だと推測する（Manners 1967: 250–251）。だが伝承では、彼の権威は、四つの軍団が二組になって行動していたのを改め、全ての軍団員が各村に混住し、全軍が何処でも連帯して戦えるようにする軍団の制度改革を決めた会議を主導した功績に由来する（Lang'at 1969: 84–85）。実際、この改革で、戦果が飛躍的に向上したのである。

そして或る時、キシアラは自氏族の娘チェボ・チェプコックと婚約（*latet*）した。これは、氏族外婚制によるキプシギスの民族としての政治統合への露骨な挑戦だった。つまり、彼が人々の互酬的関係全般を超越しながらも、今や再配分の体系を創設して自らをその頂点に置くこと、つまり彼が王（*laitoriat*）になることを意味していた。もしこの近親婚（incest）を黙認すれば、キプシギスの社会関係と政治構造は根底から一変することになる。

人々が頑強にその実現を拒んだ結果、カプケリチェック氏族会議は、二人の系統が分岐する点で氏族を二分する儀礼を執行して、キシアラが属するカプカオン氏族を分立させて新設したうえで、漸く二人の婚姻（*katunisiet*）を認めた。これで、近親婚ではなくなるからである。この時の氏族分離儀礼には、万一それに違反すれば恐ろしい結果を生む宣誓（*muma*; oath）が組み込まれており、これによって彼の専横が完全に封じ込まれてしまった。ここに、キプシギスの「国家に抗する社会」の姿を明確に確認できる。

キシアラの権威を一層大きく失墜させたのはモゴリの敗戦だが、それを機に、別の一層強力な権威が出現した。モゴリ戦争に僅かに先立つ頃、隣接するナンディ人の土地から、キプチョンベル・アラップ・コイレゲンという予言者（*orkoiyot*）が亡命してきた。ナンディの六代目首席予言者である弟のコイタレル・アラップ・サモエイとの抗争に敗れたからである。

ナンディは、キプシギスと言語・文化的に極めて同質性が高く、相争うことなく常に政治的に連合してきた民族である。モゴリ戦争当時、コイレゲンの影響力はまだ無いに等しかった。モゴリにおける大敗の予言を伝えて軍団の出陣を思い留まらせようとした彼の伝令（*maotiyot*）は、「予言者が我々に牛を与えられるとでも言うのか、腰抜けめが！」と罵られ、戦士たちに散々に愚弄されて追い払われたと言う。しかし、キプシギスの「戦士が絶えた」とさえ誇張されたモゴリ戦争の惨敗という結果は、コイレゲン（の予言）に対する恐怖と共に、彼の言葉の権威を劇的に高めたのである。

コイレゲンは、ナンディの予言者氏族タライの出身だが、同氏族は元々スィギライ・マサイからナンディにやって来た難民だった。これもナンディやキプシギスなど、カレンジンの民族社会の開放性をよく示す事実である。キプシギスの伝承では、コイレゲンの先祖である最初の予言者は、子供のない女が養い育てた蛇の子だった。彼は長じると、干魃の時にも、地中から自由に水を得て自分の牛群を丸々と太らせた。スィギライ・マサイ人がこの神秘力を恐れて彼の殺害を企てていると察した彼は、カレンジン群の一派である北方のケイヨへ暫く逃れ、次いでその南のナンディに移った。

折からナンディは飢餓の最中にあり、彼はまず邪術で呼び寄せた野牛の大群を人々に狩らせた。また、ルオ人の土地へも野牛の群を送り込んでルオ人を野牛狩りに熱狂させ、その隙にルオ人の牛をナンディ人に略奪させて、彼らを豊かな牛牧民族に変えた。また、漂泊する小民族集団を折々に呼び寄せては、ナンディ人に彼らの牛を略奪させたとも言う。

このキプシギス人の伝承には、キプシギスの予言者観がよく窺える。予言者は発祥の地マサイにおいてさえ異人であり、蛇に象徴されるその絶対的な外部性に由来する神秘力を駆使して外部から富をもたらすのだが、予言者は恐れられて、常に殺害の危険に身を晒している。事実、ナンディの第三代と第五代の予言者、トゥルカットとキムニョレは、自然災害発生の責任を問われて殺害されている。

コイレゲンの力の源泉も、雨を自在に操る能力にあった。また、彼は確実に略奪できる牛の色模様とその牛と遭遇する日時と場所を予言し、不死身の呪薬を戦士に与える一方、戦士が略奪で得た牛の一部を自分の取り分とした。彼は、各地にもつ伝令を通じて自らの意志を人々に伝えた。予言者の家では、人々は彼から声を掛けられるのを待ってから、やっと彼に声を掛けることができた。

予言者は夜間自分の頭を自由自在に飛び回らせて諜報活動をすると言われ、彼の身体、特に頭に触れることは彼の神秘力を損なうとされ、厳重なタブーだった。彼の住居の規模も造作も平均的なものだったが、彼は娘でも人妻でも、婚資を払わずに随時自分の妻にして憚らなかった。彼の妻たちは、農作業にも料理以外の家事にも手を染めず、時折人々を農作業などに徴発したし、一定量の穀物の初穂も徴収した。また、本来彼の妻たちがするべき水汲みや薪取りなどの力仕事と家畜の世話は、貧しい二、三人の男性召使い（*otwagindet*）がしていたのである。

ところで、予言者と助言的裁判官の間には、幾つもの対照性がある。後者は、人々の互酬関係や他民族から略奪した牛の配分を調整するが、富の創造者ではない。一方、予言者は人々を搾取すると共に外部から富をもたらす。彼は婚資を支払わず、また他人の妻を横領するなど、氏族を連帯させてキプシギスを統合する互酬的な制度全般の外部にあり、婚姻制度も超越している。氏族間の互酬的交換原理は、一方では氏族間の血讐と血償の支払いの慣行をも同時に制度化しているが、この制度の事の反面は、氏族内での戦いと血償支払いの厳格な否定を意味する。

「父系親族内部の兄弟同士の殺し合いは、親族集団間の暴力の互酬的交換の規則に反するものであり、集団の交換主体としての確立を無にしてしまう点で、インセストと同じである」（小田　一九九四：一一九）。ところが、コイレゲンとコイタレルの兄弟は、首席予言者の座を激しく争った。やがてキプシギスでは、予言者たちは「土地の持ち主」（*biikap emet*）と呼ばれ、次第に土地の支配者のごとくなっていったのである（Toweett 1979: 45）。

2　助言的裁判官、予言者、行政首長

もう一つの歴史の偶然は、予言者の亡命とほぼ同じ頃に、西欧、特に英国植民地政府の勢力がキプシギスの地に及んできて、それが予言者の勢力と干渉しあった結果、後者の拡大を効果的に抑止したことである。ナンディは、英国植民地政府に最も激しく抵抗したケニアの民族として知られている。しかし一八九五年以来の抵抗も一九〇六年には鎮圧され、予言者コイタレルはその煽動者として銃殺された。そして、キプシギスの一部（南部ソト地方）がナンディに加勢したことを口実として、やがてキプシギス全体の本格的な支配に向けた懲罰遠征が始まった。

植民地政府は、当初ソト地方（南部）、ブレティ地方（中央部）、ベルグート地方（北部）の人々を別々の部族（tribe）と考え、北部人だけをキプシギスと呼んだ。それが不適切だとわかった後でも、（南ナイル語系とは大きく異なる）バントゥ語系のグシイからの帰化人が多いソト地方の人々を別部族扱いしたい植民地政府は、中央部と北部の人々に、次のような形で最後通牒を突きつけた。ソト人を懲罰する前に聞く。お前たちはソトと同じ民か。同じなら懲罰し、そうでなければ見逃す。さてどっちだ、と。

当時、コイレゲンの伝令網はまだソトには深く達していなかった。そしてブレティ南部の行政首長に任命されていたのが、かつては「軍団のリーダー」であり、既に予言者の伝令の一人となっていたキビー・アラップ・チェリロだった。チェリロが、予言者の意を体して、ソトはキプシギスにあらずと断言したので、植民地政府はソト地方への懲罰遠征の準備を始めて、ソトの人々と家畜がキプシギスの他の地方に逃げ込むのを阻止するように他域の人々に命じた。

だが、中央部と北部の人々は、ソト人と彼らの牛を匿い、自発的に民族的な大会議を開いてソト人が自

分たちの不可分の一部だと認め、共に懲罰を受ける道を選んだ。一九一三年、政府軍はキプシギスの土地で目にすることができる限りの家畜を奪い取り、山岳部や森に逃げ込んだ人々の帰還を数年の間許さなかった。政府は、深い藪と化したキプシギスの全土を焼き払って牧草地に変えてヨーロッパ人を入植させた後、通いの牧場労働者としてなら彼らが帰還することを許した。その結果として、キプシギスの社会と経済は不可逆的な変容過程に入ったのである。この一連の歴史的経過は、王たらんとした予言者や植民地国家に抗したキプシギス社会の姿を明確に浮かび上がらせている。

キプシギスの伝統社会、予言者、ならびに植民地政府の三者間の葛藤は、一九〇一年に開設されたニョンギ年齢組の副年齢各組の名前（綽名）にそのまま映し取られている。この頃、沢山の牛が婚資に使われる当てもないまま放牧地で徒に草を食んでいた。モゴリ敗戦後のこうした窮状を脱するために、加入礼の受礼年齢が引き下げられ、副年齢組を開く間隔も短縮された。ただし予言者は、年齢組を開けば牛たちが死ぬぞと脅して、副年齢組の開設を極力妨害したのである。

ニョンギ年齢組の最初の副年齢組は、キプティルガリット（*Kiptilgarit*：「鉄道を横切った者」）という。若者たちは、少しでも早く成年して、モゴリで戦死した父親の牛を元手に結婚することを熱望していた。それは、民族再建のためにも速やかに実現されなければならない、緊急の課題でもあった。そうこうする内に、ついに一部の若者たちがウガンダ鉄道に乗り込み、緊急避難的にナンディで加入礼を受けた。この事実がこの副年齢組名の由来となったのである。

次に、キプタランゲレック（*Kipter-angerek*）副年齢組ができた。一九〇六年頃にも、若者の一群が密かに抜け出して、ソト地方の深い藪地（*kosigo*）であるコイワで加入礼を受け、それに因んでコスィゴ副年齢組と呼ばれた。他の若者たちも続々これに倣って加入礼を受けるようになると、予言者もついにコスィゴ副年齢組の開設を追認したのである。

後続の副年齢組は、❶「領収書を切る者」(*Kiptirbarua*)、❷「四ガロン缶を食べ尽くさない者」(*Kimatartebe*)、❸「小屋に印を付ける者」(*Kipsirkot*)、❹「ブルー・スタンプ」(*Buluu*)などである。❶は人頭税の開始、❷は若者一人が四ガロン缶(*tebe*)分の穀物粉も消費しないほどの短期間にまで加入礼が短縮されたこと、❸は小屋税の開始、❹は人頭税支払い済みの証明に親指に青インクを付ける行政慣行の開始を記録する命名だ。

❸の開設に当たっても、不幸の到来を予言して、予言者が妨害した。この時に予言者を説得したのが彼の伝令たちだった。その中には先述のチェリロ、アラップ・トムボ(ワルダイ、初代)、アラップ・マスタメット(ソト)などの行政首長がいた。コイレゲンはついに折れて、唯一の隔離小屋をマスタメット家の敷地に設けることを認め、各地から一七五人の若者が蝟集した(Korir 1974: 165)。以上の事例は、人々が陰に陽に予言者に抗して年齢組の開設に努めたこと、またその内の幾人かが行政首長に就任していたこと、さらには伝令が人々と予言者の間に立って事態の調停に腐心した様子が窺えて、誠に印象深い。

3　行政首長に選ばれた人々

では、最初期の行政首長には、一体どんな人物が推薦されたのだろうか。人々は、有為な人物を自分たち自身の利益のために留保して、「余り知られず、むしろ低い地位の」人々を推薦したという(Manners 1967: 321)。実際には、異人、予言者の伝令、さらには共同体の内部から析出する異人である「謎々者」

が推薦されることになった。白人の下働きをして英語を覚えたアラップ・タプトゥゲン、アラップ・チェリロ（伝令の一人、既出）、アラップ・テンゲチャらが、その異人に当たる。テンゲチャは、特に有能だった実務型の行政首長として、後にキプシギスの中心都市ケリチョの通りに名前を記念された人物だが、クワビ・マサイと共生する先住の狩猟採集民、オモティック（*Omotik*）の出身だったという噂がある。

注目するべきは、家主の生殖力を象徴する屋根の天辺の杭（*kimonjogut*）を折り取るという悪癖のゆえに「屋根登り」（*Kiplanykot*）と恐れられた男や、ビール壺に向かって放屁して場を台無しにした不埒な男など、各種の「謎々者」も行政首長やその部下行政副首長に推薦されたことである。

キシアラの事例に具体的に見た通り、民族外部（異民族）の言語を操る能力の他に、「謎々」の論理を駆使することもまた、助言的裁判官のもつ言葉の力の大切な源泉だった。右の各種の異人たちがキシアラ等に直に通じる属性をもっていた事実は、大いに注目に値する。そして助言的裁判官の場合と同様、行政首長の力もまた中核的な氏族や老人たちの呪詛の力と対抗的な関係にあった。初期の行政首長の多くが短命だったのは、老人たちが集合的な呪詛によって彼らを攻撃したゆえだったと言われる。

予言者の伝令（*maotiyot*）たちが行政首長として推薦されたのは、行政首長には、助言的裁判官の属性と共に、王たる予言者の側面が感じ取られたからなのだ。貢納（税金）や強制労働は、予言者が初めてキプシギスの土地にもたらした、集中＝再配分システムの特徴である。

この側面は、行政首長の上司となる英国人行政官の役職に一層強く感じ取られていた。キプシギスは波状的な飢饉の襲来に苦しみ、革製品を悉く食い尽くした「革の飢饉」、幼い女の子をグシイ人の雑穀粉と引き換えた「グシイ人の飢饉」の後に、「道路の飢饉」に見舞われた。「道路の飢饉」の名は、植民地政府が穀物粉を配って道路建設の人夫を徴発したことに因む。後の英国人植民地行政官の一人、グレゴリー・スミスは、或る飢饉の時に家々を廻り、逐一屋根裏部屋（*tabot*）を調べては穀物を供出させて貧しい者に分け与えたので、「屋根裏の者」（*Kiptabot*）と呼ばれた。彼のこの通称には、単に貢納に止まらない、福祉的な供出の側面も併せもつ、再配分システムの中心としての行政官という、人々の新たな認識が窺える。

4　予言者とタライ氏族の永久追放

キプスィルコット副年齢組の事例で見たように、伝令たちが人々と予言者、および人々と政府の間に立って二重の調停役を果たした事実は重要だ。ただ、予言者に特に忠実な伝令で、行政首長にもなったチェリロは、老人たちに呪詛されて、その直後に落命したと言われている。

ただし、呪詛はキプシギス人（と他のカレンジン人）に向けられた場合にのみ有効で、異人である予言者の統制には、ナンディのような暴力的殺害か「宣誓」（*muma*：呪詛と邪術の複合形態）に訴える他に手だてがない。一方「宣誓」は、離婚儀礼、氏族の分離儀礼の他、異民族との講和儀礼で常用された通り、効果は当事者双方に及び、異人にもまた有効だ。このことからも、予言者の強い他者性がわかる。

白人が幾度かの講和と宣誓を繰り返してキプシギス人の土地に入り込んできたのに反して、（右に記したように）予言者は宣誓を受け付けず、人々の側から話しかけることも認めなかった。さらに、パックス・ブリタニカの結果、他民族からの家畜の略奪が強く抑止されてしまうと、予言者は人々にとって、（合法的には）何も益する事のない、一方的な搾取者となってしまった。

一九三四年から一九三六年にかけて、プロテスタントなど、予言者に反抗的な者の家々が度々焼き討ちされた。だが、対象が予言者であれ、重大な犯罪者であれ、伝統的な死刑の執行は植民地政府が既に禁じており、人々に残された報復の道は植民地政府への告発しかなかった。ここに、キプシギスの人々の英国植民地政府への、不本意ながらの親和的接近の糸口ができたのである。

人々は、予言者とは実は異民族（マサイ出自のナンディ人）の邪術師で、自ら独自の政府をもち、自前の税を徴収する者であると、植民地政府に対して主張した。一九三六年に、予言者のタライ氏族成員の全員が捕縛され、ヴィクトリア湖岸の不毛の土地、グワスィに流されたが、これに先立って、予言者と老人たちとの間の宣誓儀礼がケリチョの町で開かれた。まず予言者がこれまでの邪術の行使を事実として認めてから、そのタライ氏族が二度とキプシギスに舞い戻らないこと、違約した場合は死によって報われるべきことを宣言し、次に老人の代表と共に髑髏坏に注がれた聖水を飲んで宣誓を終えた。

最初に予言者の排除に立ち上がったのは、第一次世界大戦を契機としてキプシギス人も大量に入隊した、英国アフリカ人小銃部隊（ＫＡＲ：King's African Rifles）除隊者から選ばれた時期の行政首長たちである。彼らは「人々に選ばれた行政首長[2]」ではなく、老人たちの同意の下に植民地政府が選んだ、第二世代の行政首長である。

英国人行政官グレゴリー・スミスは、この移行期に、行政首長をそれまでの一七人から五人へと一気に大幅に減員した。管区を北から南へと並べれば、その五人はカプレラッチ（北ベルグート）、タプキゲン（ベルグート）、ロロニャ（リテイン）、バリアッチ（ソイン）[3]、クルイ（ソト）となる。

第一次世界大戦は、コスィゴ副年齢組員が特に大量に徴用されたのに因んで「コスィゴの戦争」と呼ばれた。ニョンギ年齢組のコスィゴ副年齢組員でＫＡＲを退役して行政首長になった者たちが、最初に、且つ一致して予言者に立ち向かったのは、決して偶然ではない。予言者に長く阻まれてきたコスィゴ副年齢組（とその前後の副年齢組）の開設は、命懸けで予言者に反抗した若者が、いわば自助によってもたらしたものだからである。また、ＫＡＲに徴用されたのは、主として飼うべき牛ももたないほど貧しい若者たちだったが、予言者の苛斂誅求に最も苦しんだのもこの層だった。さらに、パックス・ブリタニカは戦士階梯の伝統的な社会機能を剥奪したのだが、コスィゴ副年齢組員が大挙してＫＡＲに入隊した歴史的事実は、植民地時代の新たな脈絡で、戦士階梯が新たに大きな社会機能を獲得したことを意味していた。

ケニア植民地という新たな枠組みの中で民族の外部の広大な世界に一定期間暮らした経験をもつ彼らが、キプシギスと植民地政府、また前近代と近代の間でその新たな媒介者となり、古い媒介者たる異人を排除しようと努めたのである。だが、ＫＡＲ出身者は経験豊かで賢く、国家のために貢献した矜持に比例して権利意識も強かった。コスィゴ年齢組員の行政首長の扱いに手を焼いた植民地政府は、やがて彼らの代りに行政警官出身者を行政首長に登用し始めたのである。

三　平等制社会の伝統と現代

上に見た通り、十九世紀末から二十世紀半ばにかけてのキプシギスは、一方では、伝統的な政治構造と植民地政府とを共に巧みに援用しながら、自民族の内部に芽生えた、国家へと向かおうとする二つの新奇な動きを封じ込めることに成功したと言えるだろう。

とは言え、植民地政府による一九一三年の大懲罰とその結果としての巨大な社会変化を見れば、キプシギスは植民地政府の圧倒的な力の前で全く無力だったように見える。そして、国家に代表される高度な組織化の原理と強制力をもつ政体が、小さな政体を組み込んでいく過程を「包摂」と呼べば、英国によるキプシギスの植民地化も、ケニアの独立（＝共和国化）も単一の包摂過程の連続的な相と見做せるであろう。一九六三年末にケニアが独立し、それ以来概ね平和裡に時が流れ、表面上、今やキプシギスは国民国家ケニアに完全に包摂されたてしまった感がある。では、キプシギスの平等主義的な「国家に抗する社会」の原理は、その後跡形もなく費え去ってしまったのだろうか。いや、必ずしもそうではない。

第一に指摘できるのは、老人たちが司る集合的呪詛（*kechup tim*）や宣誓（*muma*）がまだ大きく失効していないことだ。老人が先の尖った短い棒である「生まれざる者」（*mosigisiet*）を罪人に一斉に投げつける死刑が植民地政府に禁じられて以来、老人たちのもつ制裁力は集合的呪詛に限られることになった(4)。だが集合的呪詛は、初期の多くの行政首長たちの早逝という歴史的事実を解釈する原理として十分に説得的であり、その後も恐れられ続けてきた。

例えば、一九九三年に、いずれもキプシギス人である一国会議員と一閣僚との間の政治的醜聞にけりを付けるための集合的呪詛の大集会が、行政機構の黙認の下に開催された。ソト地方の中心地ボメットの会場では、まず当事者二人（息子）を呪詛することに双方の両親が同意を与えた後、名だたる呪詛氏族員の先導で老人たちが集合的に呪詛し、真の責任者の死を祈願した。この事例には、今日的な文脈においても、老人や親の宗教的で且つ政治的な権威が国家権力に優越するという、キプシギスの理念が高らかに表明されていると言える。

第二には、村の裁判や、行政首長が開催する裁判の冒頭で、必ず余所の土地の者（キプシギス人）の出席ないしは立ち会いが求められることである。一人でも余所者が参加しない裁判は無効であるばかりか、「参加者を呪う」と言われ、参加者に後難が及ぶことになると恐れられている。特定の管区をもたず、村外から招く助言的裁判官（*kiruogindet*）が、村内の集団の限定的な利害を超越した世論を導いて民族全体の価値を体現した歴史が、まだここに生きているのである（小馬　一九九四：一六〇－一六一）。

一層注目に値するのは、数が減ったものの、まだ各地を訪れて村の裁判を司る高名な長老たちがいて、彼らが件の一九九三年のボメットの呪詛集会にも招かれていた事実である。彼らは、或る村のリーダー（「村の長老」）である場合が多いが、自分の村の寄り合い（の裁判）には他の村の同僚を招く。

これらの老人は、往々「払子持ち」（*kipsarurïyet*）と呼ばれる。「払子持ち」とは、かつては助言的裁判官とその補佐役、特に後者を差す用語であり、キシアラの右腕だったキプケテスはわけても「払子持ち」として高名だった。助言的裁判官を意味した *kiruogindet* が行政首長を差す語として定着した後で、*kipsarurïet* の語がもう一度徐々に再定義され、現代の助言的裁判官とも言うべき新たな自生的な役職を意味する名称として復活したのである。

第三には、挨拶（*kat*）および握手（*kat-ge*）慣行の大きな変化が挙げられる。植民地化以前、つまり十九世紀までは、当事者の性と年齢カテゴリーに従って応酬する定式的な言葉が細分化されており、目下の者が目上の者に進んで挨拶し、握手を求める形式であった。これは、マサイ人のものと全く同じ形式と内容をもつものであり、恐らく彼らの慣行からの借用だったと思われる。ところが今日では、握手に続いて交わされる挨拶言葉は、「本来の自分自身と調和してそれに安んじよ！」（〝*Chamege!*〟）の応酬に一元化され、且つ常に目上から先に働きかけるのである。

先述の通り、握手は裁判、儀礼的謝罪、離婚儀礼に組み込まれている。一般に、握手によって相互の身体が触れ合って交流する時、性行為にも通じる自他合一の没我的な感覚が生じると言えるが、キプシギスでは、この感覚を基盤とする握手行動が、既存の自他の関係の状況を一旦解体して融和することの表象となっている。そして、握手の後に掛け合う定式的な言葉（挨拶では〝*Chamege!*〟の応酬、諸儀礼では共感の間投詞〝*Oiyo*〟）が状況を宥和的に再定義する機能を担う。だから、日常の握手は出会いに際してのみ行い、別れの時点では決して行わないのだ。

しかも、目上、つまり年齢組世代が上の男性が常に初発者でなければならないように行動を定式化することによって、挨拶行動はまさしく長老支配体制（gerontocracy）の枠組みに則って遂行されることになるのである。さらに、長老たちは強い呪詛力をもつだけでなく、握手と全く同じ動作で、だから相手にそれと気づかれることなく年下の者を呪詛できるという。こうして、握手とそれに伴う「本来の自分自身と調和してそれに安んじよ！」（〝*Chamege*〟）の句の応酬という形式をもつ今日のキプシギスの挨拶行動は、年長者による年少者の絶えざる監視と価値観の一方的な強制という政治性を帯びているのだ（小馬一九九六：三九二－四〇三、二〇一七：一九三－二〇七）。

それは同時に、民族社会の中心価値を担う長老たちによる「異人」の集合的な統御法にもなっているのである。今日、国家機構の様々な担い手が相対的に若い世代に属し、また往々異人（他民族出身者）であることを思えば、ここにも「国家に抗する社会」としてのキプシギスの伝統の一種の新たな発展、しかもそれが身体性にまで内化されたあり方を見ることができよう。

では、この独特の握手＝挨拶の新形式は何に由来するのだろうか。唯一思いつくのは、予言者が他の人々との間では常に会話の初発者となった慣行である。人々が直接予言者に声を掛けるのはタブーだった。予言者との歴史的な接触を機に、キプシギスは目上から挨拶を初発する権威的なその着想に注目した。しかも、それを逆用して、国家へと向かう機構ではなく、国家に抗する機構の一部として取り入れたのだと見られる。

四　我々、他者、言葉

本章では、日本人にはほとんど知られず、世界政治の舞台にも通例ほとんど登場することのなかった小さな人間集団であるケニアのキプシギス人が、ここ一世紀余りの間に政治的な次元で経験した諸事実を紹介し、分析してきた。この観点からなされるアフリカの「民族」社会の政治と権力に関する文化人類学的な研究には、些かなりとも、現代的な価値があるだろう。即ち、必ずしも国家に縛られない自他関係の流動性、ならびにボーダレス化時代の人間関係の研究と直に交流し得る次元が、今仄かに見えてこないだろうか。

1　「異人」という概念

小松和彦は、『「異人」とは『境界』の『向こう側の世界』に属するとみなされた人」であると概念規定する。小松の異人概念とは、岡正夫や山口昌男、ならびに欧米の社会学者の先行業績を参考にしながら、外部から訪れる者を意味する六部、鬼、巡礼などの諸々の個別的な民俗語彙を超えた、「通文化的分析のレベルでの用語」であり、しかも「脱『民俗』的つまり超時間・超空間的概念」であると言う（小松一九九六：四〇）。さらに小松は、赤坂憲雄への賛意を表しつつ、「『異人』とは社会集団との関係のなかから、その社会集団の〈外部〉に立ち現れてくる人間を示す関係概念」であるとも述べる。そして、一時的に滞在する者、定着した者、排除的に内部から生み出された者、想像されるばかりの者、という四類型に異人を分類している（小松　一九九六：四二－四三）。すると、柳田国男の「異人神格」や折口信夫の「まれびと」の研究もまた、ここに統合できるであろう。

他方、M・フォーテスは、彼自身の「異人」と題する論文のエピグラフとして、G・ジンメルの論文「異人」の中の、「異人がいることによって、大いに積極的な関係、あるいは特別の相互作用が自ずから生まれる」（Simmel 1950）という一節を掲げている（Fortes 1975: 229）。なお、この引用文の直前でジンメルが述べているのは、次のことである。つまり、人間関係における距離とは一般に近くの者が遠くにいることを意味するが、異人の境涯は逆に遠くの者が近くにいることを意味している。そして、それゆえに、一定の空間に縛られる定住と一切の空間の束縛から自由である遍歴の両方の概念を併せもつ、両義的なあり方を示している、と。

言い換えれば、フォーテスが論じた異人とは、ギリシア人にとってのバルバロイや地球人にとっての宇宙人のごとき「非関係的な」異人ではなく、右の意味で相対性と両義性を担いつつ社会の一要素をなす者のことである（ジンメル　一九七九：二二六－二三六）。フォーテスは実体的な議論に終始はしないが、「関係性」を社会的次元で明確に捉える。筆者の関心もまたそこにある。ただ、「余所者」よりも敢えて「異人」の語を選んだのは、それを小松のように「超時間・超空間的概念」として抽象的に用いるためではなく、文化的・宗教的側面をも重視したからなのである。

2　私、我々、他者、世界

人は誰もが、幼い日の何時か、「我々／他者」の枠組みが唐突に呆気なく崩壊して、「私」が一気に他者の側に放り込まれる経験をするように思う。筆者自身がそれを経験したのは、小学生時代、何十回目かに母の実家を訪れた時である。その日、母は到着するとすぐに実家の人たちと祖母の実家の話題に熱中し始めた。いかにも親しげに人々の口の端にのぼる名前には、一つとして聞き知ったものがなかった。たったそれだけのことだ。だが、この時、筆者はその場に集う親族から完全に排除された他者であったから、突如として凍えるほどの寄る辺なさに苦しめられたのだった。それは幼い日の鮮烈な記憶となり、今も強く心に蘇ってくる。

筆者の学生の一人は、母親と一緒に里帰りした或る日、母親がその土地の方言で話し始めた瞬間に、突然孤独の底に突き落とされたと語った。言葉は、人と人とを繋ぐものだが、同時に、その内容によっても、また形式によっても人と人とを分け隔てもする。

「我々／他者」の枠組みの動揺や崩壊が、もっと衝撃的にやって来ることもあるだろう。自分が拾われてきた子供だと親から言われた時、或いは在日だとか日本国籍をもたない者であると知らされた時、その一瞬を境として身の周りの世界の光景がガラリと一変するに違いない。

この衝撃は、「私とは誰か?」という根源的な問いを生む。この問いは、もっと幼い時の、際限のない「なぜ?」に通底している。子供が「なぜ?」と尋ねて止まないのは、谷川俊太郎が正しく言い当てた通り、個々の問いの答を具体的に知りたいがためではなく、自分の周りに「世界」があることそれ自体が不思議でたまらないからだ（谷川　一九八六：一〇五－一〇六）。そして、「世界」とは「私」の領域から排除された「私」ならざるものの総体のことだ。

「私」はある時点で「世界」と同時に相互的に切り分けられて成立し、且つその「私」によって発見されるものである。この最初の二項対立の一項である「私」は、もう一方の項である世界内部の分節を次々に学び取って内面化していくのである――社会化（socialization）、または文化化（enculturation）。その出発点が驚きと「なぜ？」とで満ち満ちているのは、言語による世界の分節と差異化の構造である文化には、身体を媒介とした（動物にとっての）世界の分節とは異なって、絶対的な根拠が必ずしも存在し得ないからである。

やがて世界の中に「我々／他者」が同時に分節され、次いでその「我々／他者」の枠組みが突然崩壊する時に初めて、幼い時の際限のない「世界があるのはなぜ？」の反面としての「私とは誰か？」という問いが立ち現れてくる。これを機に洞察されるのは、「我々」とは他者であると意識しない他者であり、「他者」とは我々であるとは意識しない我々なのだということだ。こうして、「私」の中で我々と他者が相対化されて、自他をめぐる三極間の動態的な「関係性」が意識化されるようになるだろう。

こうした内なる他者性の自覚とそれへの問いが、何時いかなる形で訪れるのか、勿論定かではない。ただ、その決定的な要因は、出自が当該社会でもつ意味の自覚である。だが、その意味もまた文化の豊かな変異に開かれており、さらには個人の個別的な経験に従属している。それゆえ、異人をめぐる「関係性」は、人々の諸々の経験を具体的な事例とし、現実の歴史を文脈として、その複雑さのままに幾重にも深く

生の具体性という、この複雑な次元の構築をスッポリと欠いているからである。

読み解かれなければならない。小松らの異人研究に切迫したリアリティが感じられないのは、生きられた生の具体性という、この複雑な次元の構築をスッポリと欠いているからである。

3　ボーダレス時代と文化人類学

我々は今、自他の関係性の劇的な変化の進行を、世界大の規模で経験しつつある。ジャンマリ・ゲーノは、一九八九年のベルリンの壁崩壊によって終わるのは冷戦の時代でも社会主義の興亡の時代でもなく、近代、即ち国民国家の時代なのだと言った。衝撃的な説であった。それは、十九世紀末への逆行ではない。交通・通信手段の発達は、国境と国家の枠組みを遥かに越えた富の追求を生み出し、権力は政府からむしろ多国籍企業の手へと移行しつつある。

支配は、今や政治権力と同義語ではない。定住的な国家（polity）の支配技術としての政治（politics）は縮小し、徐々に無効化されてきた。世界は、カネによって統合されてはいても、中心を欠いており、内部が多様な「帝国」へと再編成されつつある。そこには経済の規則と手続きはあっても、共有し得る根源的な価値や原則は存在しない。今まさしくその兆候の一つとして生起しているのが、地域的分離主義や極右勢力の抬頭であり、バルカンの惨劇なのである（ゲーノ　一九九四）。

ゲーノが強調するのは、国民国家とは『帝国』とは違って、元々ヨーロッパに特有」な、「歴史の偶然が重なってできた特殊で一時的な政治形態に過ぎない、という事実を認めるべき時がきた」ことだ（ゲーノ　一九九四：一八）。新しい帝国では、公私の区別がますます曖昧になる。「ジェネラルモータースに良いことはアメリカに良いことだ」という有名な言葉の主語が、何時ホンダに変わってもおかしくはないのだという（ゲーノ　一九九四：五二）。

ポリティックスが私益と私益の闘ぎ合いへと変質している事態は、誰にもまして日本国民の目に明らかなはずだ。薬害エイズ事件は、製薬会社の利益が国民の健康に優先されることを教えた。また、阪神大震災の被災者たちが個人補償に当たるという公的な「論理」によって公的援助を頑に拒まれる一方、住宅金融専門会社（住専）という野放図な私企業の尻拭いには惜しげもなく国税が投入されたのである。

こうした事態は、国家と地域との関係を根源から変えつつある。川崎市は、一九九七年度の職員採用試験から、消防士を除く全職種について国籍条項を廃止した。この動きが国家に突きつけているものは、地域への忠誠は国家への忠誠とは別ものであり、前者が後者に反しても、またそれに優先されても構わないという、庶民的認識に鋭く兆しつつある根源的な変化の認識であると言えるだろう。

この認識は、自己と他者、社会の内部と外部の関係の底深い変化に根ざしている。実は、既に他の幾つもの小さな市町村でも同様の措置がなされてきた。かなり以前から、九州の辺鄙な半島にある漁船の造船所ではアジアの難民たちが働き、東北の山村にはアジアの田舎から来た花嫁たちが住む現実を、国民はよく知っている。今や、国家を越えて人々を繋ぐチャンネルが幾重にも交錯し合い、辺境と辺境とが真先に結び合うことがあっても少しも不思議ではない（トランス・ナショナルな）時代なのだ。先の川崎市の措置には、定住外国人が当時の同市の人口の二パーセント近くを占めていた事実が関わっていよう。しかも同市には、古くから東北や九州、あるいは沖縄から、大量の下請け労働者が移り住んできた。「外国人労働者」とは、かつてそれらの人々が社会で占めていた位置をバブル経済の時期に彼らに代って補完した人々のことであった。

さて、キプシギスが、英国植民地と「国民国家」ケニアに否応なく包摂されながらも、中央集権的な権力機構を抑止・中和する制度を巧みに再創造しながら変化し続けてきた社会であることを、本章で既に明らかにした。

キプシギスもその一つである、東部アフリカの多くの民族社会の政治制度が、相互によく似た発想と仕組みをもつ年齢組体系に依拠して変化・発展してきたことが知られている。これまでに、その相互比較から国家や権力をめぐる様々な洞察が導かれてきた。しかしながら、概ねそれらは、どれも「国家へ向かう社会」を視点としていたと言ってよい。この点で、本章は従来の諸説を相対化し、再検討の契機を与え得ることになるだろう。

本章のいま一つの意義は、ピエール・クラストルが目を向けた「国家に抗する社会」とボーダレス社会との間にある何がしかの類似性に関わっている。それは、両者が中心的な権力を否定して、ネットワークに依拠しながら個々人の関係を形成し、調整することに主眼を置く社会であって、この意味で外部や異人との柔軟で動態的な関係を許容し、あるいは前提としている社会という属性を緩やかに共有しているからである。

ボーダレス化が大きな政治を無効化するとしても、小さな「政治」、即ち文化人類学が目を向けてきた、個人と個人、個人と集団、あるいは集団と集団の間の葛藤や対立とその調停という意味での政治が、無効化されることはあり得ない。中心的秩序を欠いたボーダレス化は、先に見た通り、日本の保守的な地方自治体をさえ「国家へ向かう」ことから、「国家に抗する」ことへと幾分なりとも方向転換させ始めている。

こうした顕著な社会変化の大きな背景として、不特定多数の人々の直接的・間接的な対面的相互作用の場としての様々なネットワーキングや「集まり」、あるいは「出会い」を不断に作り出して流動する不可逆的な動きがある。

文化人類学も、時代のこの動きを適切に把握しなければならない。明確な地位=役割体系や階層構造ではなく、変化する緩やかな構造として社会を把握しようと努めたアーヴィング・ゴッフマンの理論は、この点から、文化人類学によってもう一度再評価される必要がある。

それは、アフリカにおける国家と権力を考える場合、特に重要な視点となり得る。即ち、強力な物理的強制装置をもたない社会では、ごく僅かな特権や限られた権威であっても、それが人々の間に重大な差異の意識をもたらし、個人や集団間の葛藤・抗争の焦点となり得るからだ。身体の技法や言葉のうえでの僅かな差異性による個人間や集団内部の競合関係と支配・従属関係に注目しつつ、人々の一見何気ない暮らしの細部に表現されている意味を見逃がさずに読み解かなければならないだろう（小馬　一九九六）。

ヘルマン・ルーデンバーグは、十六世紀から十八世紀のヨーロッパでは、実際上の外交関係の表明という点で、握手を初めとする取るに足らない身振りの細目が国際的な重大事であり、「身体は、その最もちっぽけな身振りにさえも、社会というこの他なる身体が位階性または平等性に関わる事柄にまとわせる価値を写し取っていた」と述べている（Roodenburg 1991）。

しかしながら、そうした類の競合、支配、従属は、平等主義的な「国家に抗する社会」においてこそ、恐らく、最も繊細で微妙なモードを発達させていると思われる。それが身体性のレベルにまで達していることに強く関心を向けるべきである。

おわりに

ここで、もう一度、本書第一章を想起したい。キプシギスでは、「子供」は、現代日本や西欧でのように、誕生以来「成長」・「発達」して何時の間にか「成熟」を遂げるような存在ではなかった。キプシギスの子供は、加入礼期間に割礼、種々の苛酷な試練、「大人」による執拗なあざけりを経験することで、一気に「大人」へと変身するべき存在だった。ただし、「子供」は一方的に低く見られるべき存在ではなく、「大人」と相互補完的な社会機能をもつ者でもあって、「謎々」の論理で大人の「知恵」の論理に対抗し、自らのそれなりに完結した領域に独自の責任をもっていた。

キプシギスの社会は、「知恵」が保証する平時の安定した状況が破綻した場合、起死回生の突破口を案出することを期待し得る「謎々者」を敢えて「助言的裁判官」や行政首長に選んだ。実際に民族の危機を救ったアラップ・キシアラなどのリーダーは、キプシギスの「一休さん」と呼べるような伝説上の英雄キブリオ・モクウォにそっくりな論法を駆使して成功したとされている。

これまで我が国の公教育では、子供が「成長」・「発達」してなだらかな「成熟」を遂げるという図式が自明視されてきた。しかし、それは健常者のみに排他的に妥当する論理であろう。障害者は、健常者のように「成長」・「発達」しては行けないのだから。

日本では今、多様な障害者をどう社会に包摂していくかが問われている。他方、キプシギスの村々は、氏族、年齢組、軍団の要素をモザイク状に組み合わせた忠誠心をもつ多様な住民で構成され、その多様さの延長線上に異人を位置づけて、無理なく包摂してきたと言える。日本の障害者は、キプシギスの「子供」のような変身をすることはできない。だが、様々な異人をそのまま包摂し、その中から創発力のある最高のリーダーを育ててきたキプシギス民族の前近代・近代の多様な経験から、思いがけない示唆を得ることができるかも知れない。

《注》

（1）注（3）を参照して欲しい。

（2）英国植民地政府は、再初期の行政首長を選ぶに当たって、まず当該民族の人々自身に候補者を推薦させる方針を採った。キプシギスの人々はこの時期の行政首長たちを「人々に選ばれた（行政）首長」と呼んでいる。ただし、彼らは最良の人材を自分たち自身のために、「行政首長」（*kirwogindet*）に相当する「助言的裁判官」（*kirwogindet*）として確保して、それほど重要でもない人材、ないしはまだ「謎々者」として海の者とも山の者とも知れない人物を政府に推薦した。

（3）アラップ・バリアッチは、ソト地方に住む有名な行政首長だった。バリアッチ（*Baliach*）とは、舌が縺れて上手く発語できない子供の典型的な綽名である。一方、アラップ（*arap*）は「（誰それの）息子」を表し、「アラップ誰それ」とは、成年儀礼を終えた若者に授けられる「父称」、つまり正式の成年名である。だから、バリアッチとは、彼の父親の（やがて正式の幼名になった）綽名だと知れる。これは、恐らく父親が少年時代に主にグシイ語を話し、キプシギス語を流暢に喋れなかったことを揶揄する綽名であろう。その後も、土地不足に陥ったグシイ人がキプシギス人化された者のつてを頼って折々に来住した結果、ケニア独立後にも、ソト地方には「グシイ語しか話さないキプシギス人」がたくさんいたと言う。

（4）キプシギス民族の死刑が、多数の不特定多数の老人が「生まれざる者」棒（*mosigisiet*）を罪人に一斉に投げつけて殺す仕方で実施されたのには、もちろん、非中央集権的な社会に固有の理由が存在する。重大な犯罪の報いとしての死ではあれ、その出来事が死刑執行者に対する超人的な力による報復を招く危険性があるのだが、ただし、死刑執行者が不特定多数であれば、その恐れを防ぐことができると考えられているのである。これは、特定の個人に権力が集中することを嫌うキプシギス人の心性が裏返して表現された事象の一つであると言える。

《参考文献》

Cotran, Eugene (1968) *Restatement of African Law: Kenya*, volume I: *The Law of Marriage and Divorce*, London: Sweet and Maxwell.

Cotran, Eugene (1969) *Restatement of African Law: Kenya*, volume II: *The Law of Succession*, London: Sweet and Maxwell.

Cotran, Eugene (ed.) 1987 *Casebook on Kenya Customary Law*, Abingdon, Oxon: Professional Books and Nairobi: Nairobi University Press.

Egan, Sean, (ed.) 1987. *S. M. Otieno: Kenya's Unique Burial Saga*. Nairobi: Nation Newspapers.

Fortes, Meyer (1975) "Strangers", Meyer Fortes and Sheila Patterson (eds.), *Studies in African Social Anthropology*, pp. 229–253, London, New York, and San Francisco: Academic Press.

Korir, K. M. (arap) (1974) "An Outline Biography of Simeon Kiplang'at arap Baliachi, a 'ColonialAfrican Chief' from Kipsigis", *Kenya Historical Review*, 2(2): 163–173.

Lang'at, S. C. (1969) "Some Aspects of Kipsigis History before 1914", B. G. McIntosh (ed.), *Ngano*, pp. 72–93, Nairobi: East African Publishing House.

Manners, R. A (1967) "The Kipsigis of Kenya: Cultural Change in a 'Model' East African Tribe", J. H. Steward (ed.), *Contemporary Changes in Traditional Societies*, Vol. 1, pp. 205–360, Urbana: University of Illinois Press.

Peristiany, J. G. (1939) *The Social Institutions of the Kipsigis*, London: Routledge and Kegan Paul.

Roodenburg, H. (1991) "The Hand of Friendship: Shaking Hands and Other Gestures in Dutch Republic", J. Bremmer and H. Roodenburg (eds.), *A Cultural History of Gesture*, Cambridge: Polty Press.

Simmel, G. (1950) *The Sociology of Georg Simmel* (translated by K. H. Wolff), Glencoe, Illinois: The Free Press.

Towett, Taaitta (1979) *Oral Traditional History of the Kipsigis*, Nairobi: Kenya Literature Bureau.

Tuei, D. N. (1995) *The Once Powerful Talai Clan*. Kerich, Kenya: Remaeli Publishers.
上野千鶴子（一九八五）『構造主義の冒険』勁草書房。
小田　亮（一九九四）『構造主義のフィールド』世界思想社。
O・呂陵（二〇〇七）『放屁という覚醒』世織書房。
クラストル、ピエール（一九八七）『国家に抗する社会』（渡辺公三訳）書肆風の薔薇。
ゲーノ、ジャンマリ（一九九四）『民主主義の終わり』（舛添要一訳）講談社。
小馬　徹（一九九四）「ケニアの二重法制下における慣習法の現在――キプシギスの『村の裁判』と民族、国家」神奈川大学日本常民文化研究所（編）『民族と歴史』平凡社、第一一号、一三九－一九一頁。
小松和彦（一九九六）「異界・異人論の行方」『神奈川大学評論』第二三号、三八－四五頁。
小馬　徹（一九九六）「握手行動の身体論と政治学――キプシギスの事例を中心に」菅原和孝・野村雅一（編）『コミュニケーションとしての身体』大修館書店、三七四－四〇九頁。
小馬　徹（一九九七）「異人と国家――マージナルマンの近代」中林伸浩・青木保・内堀基光他（編）『紛争と運動』（岩波講座文化人類学第六巻）岩波書店、一六九－二〇〇頁。
小馬　徹（二〇一七）『「統治者なき社会」と統治――キプシギス民族の近代と前近代を中心に』神奈川大学出版会。
小馬　徹（二〇一八a）『「女性婚」を生きる――キプシギスの「女の知恵」を考える』神奈川大学出版会。
小馬　徹（二〇一八b）「キプシギス人の『ナショナリズム発見』――ケニア新憲法と自生的ステート＝ナショナリズムの創造」永野善子（編）『帝国とナショナリズムの言説空間――国際比較と相互連携』御茶の水書房、二〇七－二四〇頁。
ジンメル、G．（一九七九）『秘密の社会学』（居安正訳）世界思想社。
谷川俊太郎（一九八六〔一九八二〕）『アルファベット26講』中央公論社。

第五章　キプシギス人行政首長再考

――「拡散的専制論」批判

はじめに

　ケニアは、（少なくとも、二〇一〇年代後半に北部の半乾燥の牧畜地帯の各地で巨大な石油田と天然ガス田が開発されるまでは）アフリカでは珍しい天然資源小国だった。ただし、むしろそれが幸いして国内政治がそれなりに長く安定していた結果、国際連合などの国際機関による援助や先進諸国の投資の受け手に選ばれて繁栄し、東アフリカの地域大国の地位を築いた。

　だが、ケニアの独裁的な長期政権下の新植民地主義的な政治状況、特にそれが招いた人権侵害が国際社会から繰り返し指弾され、憲法を初めとする諸制度の抜本的な改善を求める強い外圧に繰り返し曝されてきた。その大統領による独裁政治を支える重要な制度的な柱の一つが、ケニア独特の「地方行政」(Provincial Administration) だった。中でも、政府機構の末端として庶民と直に接して権力を行使する（各種の）行政首長 (administrative chief) は、「政府の犬」としての専横ぶりが往々批判の対象となってきた。

　こうしたケニアの行政首長一般のあり方は、ウガンダの政治学者マフムード・マムダニが「拡散的専制」と呼び、アフリカの行政首長に通有の属性だとしたものに一見合致しているように思える。しかしながら、少くともキプシギスの事情に限れば、行政首長の属性はそれからはかなり、いやむしろ十分に遠い。

本書の最後に置かれたこの第五章では、そのキプシギス民族の行政首長の場合に焦点を絞り込み、具体的な諸事例の分析によって、行政首長の歴史的な役割を再考する。

一　ケニア「第二共和制」への道

ケニアでは、一九六三年末の英国からの独立の後もなお、新植民地主義的な統治が長く続いた（小馬　二〇一三：二四八―二五〇）。ただし、その反面、一九七八年と二〇〇二年の二度の政権委譲を平和裡に実現するなど、アフリカでは例外的に、かなり安定的と言える国家経営をその後長く実現してきたのも事実だった。

1　行政首長制廃止という懸案

だが、その間にも新植民地主義的な状況下の諸矛盾に由来する内部的な（特に民族集団間の）矛盾と確執が刻々深刻化して膨らみ続けていた。それが二〇〇七年一二月末の大統領選挙直後についに極点に達して爆発し、内戦と紙一重の、全国規模の大暴動（民族抗争）という未曾有の事態を生んだ。その「二〇〇七年総選挙後暴動」は、二〇〇八年三月、元国連総長コフィ・アナンの不屈の仲介によって、間一髪、奇跡的に終結されたのだった（小馬　二〇一八b：二二八―二二九）。

そして、その解決を機に緊急避難的に急遽成立した大連立政権が、独立以来の懸案であり続けてきた、植民地時代の遺物さながらの憲法の改正に、最終的に取り組む責任を負うめぐり合わせになった。ケニアの国家的な内部矛盾の根源が、植民地時代の統治制度の大枠を温存して大統領の専制を許容する根拠となった（当時の）憲法にこそあったという認識が、「二〇〇七年総選挙後暴動」を痛烈な教訓として、国際社会のみならず、少くとも表面的にはついに国民の間にも共有されるに至ったからである（小馬　二〇一八b：二二九－二三〇）。

新憲法は、その後（独立後二度目の）国民投票による草案承認を経て、二〇一〇年八月二七日に正式に公布された。かくして、ケニアはついに念願の「第二共和制」の時代を迎えたのである。

もっとも、それにごく僅かに先立つ二〇一〇年六月一三日には、首都ナイロビの都心で開かれていた憲法草案反対派の政治集会で手榴弾が炸裂して六人の死亡者が出、煽動のかどで大物政治家が逮捕されるなど、新憲法制定をめぐる対立は、まだ半ば地下に潜行しながらも長く尾を引いた。当時、「第二共和制」への移行の大きな争点とされたのは、土地所有規模の制限や人工妊娠中絶の合法化、或いは（結婚・遺産相続に関する）イスラム法の容認等々であった。

しかしながら、やがて新憲法の公布後五年以内に実現されることになっていた諸制度の実施段階に至って最も厄介な課題として浮上してきたのが、地方分権を目指す以上はその廃止が規定方針だったはずの、「地方行政」制度の現実的な取り扱い方だった。「地方行政」は、英国植民地政府が「効率的な」権力行使のために設けた、大いに権威主義的で中央集権的な行政機構だったのだが、独立後もケニア独自の形に変形・強化されながら温存され続けていたのである。

一九六三年末の独立によって制定されたケニア憲法の条文は、地方政府（regional authorities）への分権を謳っている。だが、一九六四年にはすぐに「地方行政」が大統領府の管轄下に入り、その結果、州（province）、県（district）、郡（location）各水準の「地方行政官」を大統領が意のままに任命して駆使できるようになった。その後も、この方向での大統領府の権限強化が続いた。

二〇〇〇年を跨いで第二代大統領ダニエル・アラップ・モイが、またそれ以上に第三代大統領ムワイ・キバキが過激に、ポピュリズム的な選挙対策として野放図な県の新設を矢継ぎ早に繰り返し、「地方行政」が政治の深刻な混乱と民族対立の元凶になっていった。だから、「地方行政」を廃止して地方分権を実現し、大統領の専制を制度的に抑止することこそが、新憲法制定（＝第二共和制樹立）の最大の眼目であり、待ったなしに実現するべき課題だったのである。

2　人々の思いがけない逡巡

ところが、新憲法が既に公布され、それが規定する施策の実施段階に至って、（政治家の一部や、既得権益を失う地方行政官のみならず）草の根の次元でも、大きな逡巡や後戻りが見られた。それは、「地方行政」の末端に位置する行政首長（administrative chief）と副首長（administrative assistant chief）がケニアの独立以来担ってきた仲介的な役割の空白化が予想されることに対して、人々が覚え始めていた言い知れぬ不安の現れであった。

そうした逡巡は、わけても、植民地化される以前の伝統的で非中央集権的な統治構造が植民地化後に干渉効果を果たしていたがゆえに、行政首長が必ずしも一方的に専制的たり得なかった諸民族の間で顕著だった。とりわけ、キプシギス民族がその恰好の例である。

筆者のこのような判断を裏書きすると思われる、誠に驚嘆すべき出来事が、キプシギスの土地の中央部の一地方で実際に劇的な形で見られた。その地区では、「二〇〇七年総選挙後暴動」に続く大混乱の最中、行政首長（*kirwogindet*）が（当時キプシギス人が反旗を翻していたギクユ人の）キバキ政権の手先と見做されて何処でも攻撃を受け、悉く追い払われてしまった。すると、伝統に則り、行政首長に代わって自生的な「首長」（*kirwogindet*）が民衆の中から忽然と現れたのである。しかも、人々の絶対的な信頼を勝ち得ていた彼は、国家秩序が回復するに連れて行政首長と穏やかに協働し始め、やがて徐々に権限を委譲して、滑らかに退場していった。この草の根による自発的な社会実験とも言える希有の経験を通して、土地の人々は、行政首長の必要性とあるべき姿をあらためて再確認したのである（小馬二〇一〇）。

ただし、キプシギスの人々の間で行政首長の属性と存在意義が取り上げられて、声高に、また最も熱心に論議されたのは、新憲法制定を目指してその可否を問う、ケニアで最初の、即ち二〇〇五年一一月二一日の第一回目の国民投票の直前の暫らくの間だった。

二　行政首長——生き伸びた植民地の遺制

一九〇二年および一九一二年の、つまり植民地時代初期の首長法（Chief Ordinance）を引き継いだ首長権限条例（Chief's Authority Act）は、アフリカ人諸社会の秩序維持による植民地の統合を至上命題としていて、アフリカ人首長に管轄領域となる郡（location）内での強大な権限を付与した。それゆえ、この制度こそが、一九六三年のケニア独立後もケニヤッタとモイの二代の長期独裁政権を支え続けた強権的構造の基盤だとする見方が、国民の間で広く共有されてきたのだった。ところが二〇〇五年当時、この問題をめぐる次のような奇妙な捩れ現象が見られた。

1　ケニア最初の国民投票

二〇〇五年一一月二一日、ケニアで初の国民投票が「虹の連立国民連合」（NARC：National Alliance of Rainbow Coalition）政権の手で実施された。その三年前にケニアの第三代目大統領に就任していたムワイ・キバキが新憲法の草案を提出して[1]、国民の審判を仰いだのである。同草案の眼目の一つが、本章で取り上げる、中央政府の権限委譲（devolution）の文脈での「地方行政」制度廃絶だった。その目標の速やかな達成は、ケニア独立（一九六三）以来政権の座にあったケニア・アフリカ人民族同盟（KANU：Kenya African National Union）を複数政党体制復帰後三度目の総選挙（二〇〇二年一二月二七日）で漸く打倒したキバキに負わされた、必須の政治的使命と見られていた[2]。

ケニア・アフリカ人民族同盟は、一九六九年から一九九二年まで唯一の合法政党であり、複数政党制復帰後も「地方行政」を梃子に野党の活動を抑止した過去があったからである。政権を奪取してこの袋小路を打開すべく、野党が小異を捨てて大同団結して結成したのが「虹の連立国民連合」だった。ところがこの二〇〇五年の国民投票は、蓋を開けてみると、一〇〇万票以上もの大差で新憲法草案が否決されるという、予想外の結果に終わったのである。

無論、この一事をもって、「地方行政」制度廃止反対が大勢だと即断することはできない。既婚者を含む女性の遺産相続権など、当時は他に大きな争点もあったし、「虹の連立国民連合」の内部分裂とそれに絡む諸民族間の複雑な合従連衡も大きな撹乱要因であり[3]、何よりも草案の抱き合わせにされた幾つもの案件各項をめぐるモザイク状の利害関係の齟齬が、最大の障害と目されていたからである。とはいえ、行政首長制の強権性に辟易しながらも、ケニア国民の或る部分が「地方行政」制度の廃絶にはかなりの躊躇を覚えていたと推測させるに足る、刮目すべき事態だったと言える。

2　行政首長というブラックボックス

そこで、植民地化直後からキプシギスの人々自身が育んできた固有の安全保障の仕組みを、ここで素描してみよう。その中核に位置するのが、実は、「地方行政」の末端として人々との実際の接点となった行政首長たちである。本項では、その現状の描写と考察に先立って、まず英国政府が植民地政策の一環としてケニアに導入した行政首長制とは一体どんなものだったのか、またケニア独立後もそれがどのような形で継承されていたのかを論じる。

英国によって植民地化されるまで、今日のケニアの諸民族の社会制度はいずれも非集権的で、いわゆる「支配者なき社会」(society without rulers)の状態にあった(小馬　二〇一七：九－一四)。例外的に、西ケニアに住む(バントゥ語系のルイア人の小さな一分派である)ワンガ人だけが、ごくごく小さな首長領を形成していたに過ぎなかった。

ケニア植民地の中央政府は、一九〇二年に首長法(Chiefs Ordinance)を制定して、「地方行政」制に大きく依存する中央集権体制をとった。ケニア全土を州(province)に、州を県(district)に、県をさらに郡（location）に分け、それらを入れ子状に三層化した位階的な制度を採用したのである。またそれぞれの層の長として、州弁務官（province commissioner）、県弁務官（district commissioner、いわば官選の知事ないしは県令）、首長（chief）を任命し、首長にはその土地のアフリカ人を登用した。人類学では、植民地化以前から存在していた自生的な政治首長と区別して、植民地化によって導入されたそのような首長を行政首長（administrative chief）と呼んでいる。

郡の下に亜郡（sublocation）が置かれた。その責任者は、当初ヘッドマン（headman）、後の一時期には準首長（subchief）と呼ばれ、さらに後には副首長（assistant chief）と改称された。さらに、ケニア独立後のモイ大統領時代には、県と郡の中間に区(division)が設置され、行政責任者として区担当県吏(district officer）が配される。一九六三年のケニア独立後は、全ての次元で統治者がアフリカ人化されたが、一九〇二年以来の民族統治の基本的な構図は、先述のように、「地方行政」が大統領府に直属する形でさらに強化されて受け継がれた。

行政首長制は、数多くの英国植民地で間接統治の根幹をなす機構として採用され、東アフリカに導入される以前に北ナイジェリアで実施されたし、アジア各地にも導入された。しかしながら、その実情は実に個々別々であったのだ。

植民地の独立後の状況に限ってみても、東アフリカ三国の間でもかなり大きく異なっている。タンザニアでは、独立（一九六一年、当時はタンガニーカ）後間もなく廃止された。ウガンダでは、変更を加えながら一九七〇年代も部分的に維持されたが、一九八六年、ヨウェリ・ムセベニの現政権成立と共に消滅した。一方、前節までに見たように、ケニアでは（地域ごとに特徴のある歴史的な変遷を経たが）その存在がまだ政治的に云々され続けている。

3　創造された政治的仲介者

（アフリカ各地で）植民地政府によって行政首長に選ばれた人々には、各地の歴史、社会、文化、宗教的な多様性にも拘らず、或る共通の属性がある。それは、植民地（または国家）と住民たちの土着の社会組織を政治的に結合させて、何らかの形での支配＝従属関係を構成し得る、理想の位置にそれなりに近い所にいる人物だということだ。つまり、行政首長とは、このような統治の都合と実際的で便宜的な用に資すべく、新たに創造された制度上の地位である。だが、誰がその地位に最もふさわしいと見做されるかは、当然ながら決して一定してはおらず、各民族社会の構造と政治情勢によって事情が大きく異なっていた。

ここで、ケニアが含まれる東アフリカ地域を簡単に眺めてみよう。複雑な官僚機構がある古い王国として知られたウガンダのニョロやガンダなどの地域では、行政首長に任命されたのは、伝統的な各種各層の世襲制の首長たちであった。同じウガンダでも、ソガ王国は、並立していた旧来の多数の首長領が植民地政府の手によって統合されて作られた、植民地統治下の地方制度としての新しい王国だった。ただし、このソガの場合も、首長に選ばれたのが古くから存在していた各首長領の各層の政治首長たちだったから、ニョロやガンダなどの王国とかなりよく似た事情があったと言える。

一方、西ケニアの（王国や首長領を形成しない）非中央集権的な農耕民であるイスハ人は、ニョロ、ガンダ、ソガなどと同じ湖間バントゥ（Interlacstorian Bantu）語系のルイア人の一派だが、彼らの間では、異民族と戦闘する際にアド・ホックに幾つかの氏族を糾合する役割を担っていた「戦いの長」（ムワミ）

が行政首長に選ばれた（中林　一九九一）。

また、南ナイル語（高原ナイル語）系の牛牧の民、キプシギス人の場合は、異人（stranger）的な出自とそれゆえに他の隣接民族の言語を理解して、キプシギス民族社会の内外を仲介する役割を担っていた平和調停者（*kirwogindet*, peace-maker）が、行政首長になった例が多い。

さらに、ナイジェリアのイボ人の間では、結社の有力者たちを——実体的な政治力はもち合わせていないが——人々が擬制的に「首長」と呼んだと言う（松本　二〇〇六）。すると、そのイボの例をキプシギスに近い側の極に、他方、ニョロやガンダの例を反対側の極に置いて、以上に見たアフリカ各地の行政首長の様々なあり方を一連のスペクトルとして把握したうえで比較を試みることも、あながち不可能ではないだろう[4]。

ただし今ここでは、行政首長に選ばれた者が、何処でもその属性において、植民地や国家と草の根の社会組織を何らかの仕方で政治的に媒介して接合できる可能性がある人間カテゴリーに属する存在だった、という事実を確認しておけば一応は事足りる。

三　二人の独裁的大統領たちの時代

さて、これまで縷々論じてきた、ケニアの行政首長制（を国家と民衆の接点とする「地方行政」制）廃絶の動きをめぐる捩れ現象の意味を読み解くには、一九六三年末にケニアが独立を達成した後も行政首長制がなぜか温存され、むしろ強化されてきた歴史的な事情を、もう一歩だけ踏み込んで探っておく必要がある。

1　ケニヤッタの時代――独立と「地方行政」の逆説

ケニアの初代大統領ジョモ・ケニヤッタは、ケニアを一九六三年の独立に導いたギクユ人を中核とするマウマウ闘争に直接関わったわけではないが、独立を求める政治結社、ケニア・アフリカ人同盟（KAU：Kenya African Union）の指導者としてカリスマ的な人気を博した人物だった。しかし、ケニヤッタはケニアの初代大統領に就任しても、植民地時代に社会統制の強力な手段だった「地方行政」制を決して廃絶しようとはしなかった。人々の恣意的な動員と「法と秩序」の維持に、これ以上好都合な仕組みが他にないと熟知していたからだろう。それどころか彼は、大臣たちにも（首都ナイロビを離れて）選挙区に戻った時には行政首長の風下に立つことになるのだと、公然と警告を発し続けた。

「地方行政」はそのケニヤッタの手でさらに強大な権限を付与され、大統領府の直接的な管轄下で大統領の手先として機能することになった。かくして、州弁務官、県弁務官、行政首長が、時には国会議員など地元の政治指導者を「合法的に」威嚇することさえできる、絶大な権威を獲得したのである。さらに悪いことには、「地方行政」が国政選挙の投開票にも直に関与して、県弁務官が半ば開票責任者でもあるかのように公然と振る舞った。数多くの選挙に県弁務官が堂々と介入して、国家に好都合となる恣意的な結果を、如何様にも演出してきたのだと言われている。

この脱法的に権限強化された「地方自治」が、憲法が実現を約束していた民主制をすぐに窒息させ、代って人治主義（cronyism）が跋扈して、大統領への無条件の恭順が求められるようになった。国会議員選挙の立候補予定者の誰もが大統領の信任を要するという悪習も生まれた。

一九六三年末の独立時、ケニアは複数政党制を敷いていた。ところが、翌一九六四年に、野党ケニア・アフリカ人民主同盟（ＫＡＤＵ：Kenya African Democratic Union）が自発的に解散して、その所属議員全員がケニヤッタのＫＡＮＵに移籍したので、ケニアは事実上の一党独裁体制に移行する――ここに、ケニアの第一共和制の実質が定まった。しかし、暫くは制度的に多党制を採る憲法上の規定を残して、国家と政党の分離を維持することで、（表面的には）行政が政治の場から隔離された。そして、「地方行政」が、政府首脳部の主たるエージェントに位置づけられたのである。

ケニヤッタは、そのうえで、一九六八年には野党ケニア人民同盟（ＫＰＵ）を非合法化して一党制への移行を断行し、一九三七年の首長権限条例の大幅な修正強化を図った。また、一九七四年には、「地方行政」担当の大統領府常任秘書（permanent secretary：事務次官に相当）が、行政首長の権威と任務を概説する冊子（首長権限法の簡易版）を刊行して、全行政首長役場に配備した。もっとも、道義的な側面はほとんど全くの虚構に過ぎず、例えば行政首長の政党活動と拷問や虐待を禁じる同法の第二〇項の重要な条文は、実質上空文に等しかったのである。

2　モイ時代の変化――法改正と庶民の無知

一九七八年、ケニヤッタが死去し、ダニエル・アラップ・モイが第二代大統領に就任する。彼も州と県の弁務官を大統領個人が選ぶ独善的な任用制度を最大限に活用して、「地方自治」制度の一層の強化を図った。彼の出身部族であるトゥゲン人（やキプシギス人）を初めとするカレンジン諸民族を重用する偏向は、公然の秘密だった。

また、ケニア独立後は住民による選挙で選ばれてきた行政首長・副首長を、政府（大統領府）による直接任命制に変えた。彼は、こうして築き上げた、半ば個人的とも言えるネットワークを足場に、精力的に全国各地を隈なく巡回した。彼は、その都度、その土地の「地方行政」官を引き立てる一方、各地の政治指導者の存在感を薄めつつ、官吏を通じて自らの絶大な影響力の一層の増強を図った。彼が滞在している期間中、各地の大統領官邸には表敬訪問する人々の長蛇の列が連日でき、また各地の行政首長や副首長が彼への恭順の程度を基に会見人に推薦した個人や団体も、毎週末大挙して彼の私邸・公邸詣でを続けて、過分な見返りを手に入れたのである。

ケニア特有とも言うべき、モイ大統領と「地方行政」の格別な相互依存関係は、独立記念日を初めとする国民の祝日の式典における弁務官や首長の特権のことさらな誇示によって、鮮やかに象徴されたのだった。即ち、各地の式典会場で大統領の言葉を代読するのは、各省庁のいかなる高官でもなく、大統領府に直属する行政首長たちだったのである。

なお、一九九七年一二月の総選挙を前に、その実施方法を討議する超党派の議員会議が国会内に組織された。そして、首長権限条例から行政首長・副首長の庶民処罰権を削除することの合意が実現した結果、国会が条例改正を議決し、承認した。だが、多くの庶民は国政の実際的な諸事情には誠に疎く、その後もほぼ昔ながらに首長を畏怖し続けたのだった。

四　国民投票と思い描かれた「地方行政」

前節で概要を見た事情のゆえに、独裁的な大統領による民衆抑圧の恰好の道具である「地方行政」の廃絶は、人々の長年の切実な願いだった。そしてその実現が、複数政党制への復帰が人々にもたらす恩恵に、わけてもその賜物であるキバキ連合政権成立の何よりの成果となるはずであった。それにも拘らず、本章冒頭に述べた通り、二〇〇五年一一月のケニア最初の国民投票は、その達成に繋がらなかった。つまり、国民の間には大きな逡巡がなぜかあったことが、この結果から焙り出されたのだ。そこで、その理由を、キプシギスの人々の声の中に直に探ってみよう。

1　行政首長の両義性

キプシギス人を最大の構成民族とするカレンジン民族群は、ウガンダ国境沿いの西部州に住むサバオット人を除く他の六民族がリフトバレー州に住み、同州住民の人口の大半を占めている。そのリフトバレー州は最大の人口をもつ州である。そして、反対票が約九一パーセントと圧倒的な高率を占めたこの州の実に特異な投票パターンが、実は、国民投票の大勢を決する決定的な要因になったのだった。キプシギス人も、無論、ほぼ全員が反対票を投じたと見られている。

二〇〇五年の新憲法草案は、中央政府、ならびに（県政府を含意する）「権限委譲政府」（devolved governments）の二つの次元の政府の並立を掲げていた。そして草案可決後六か月以内に、「副首長、首長、区担当県吏、県弁務官、州弁務官からなり、俗に地方行政として知られている行政体系を解体し、政府はその体系に仕える全ての吏員を再配置する」ことを謳っていた。ここで問題にしたいのは、厳密な法解釈云々ではなく、反対・賛成両陣営の宣伝活動の結果としてキプシギスの人々が心に思い描いた、草案の内容の解釈である。

「地方行政」廃止賛成の主唱者たちの主張は、略々次のようなものだった。行政首長は暴君で、任務遂行の要請をしたら賄賂もよく要求される。首長権限条約は酷く独断的で、専ら民衆の懲罰のためにある。また、行政首長の主な任務の一つは密造酒の一掃なのだが、密造は現に盛んに続けられている。というのも、下で働く行政警察官（administration policemen）の常習的な収賄を、行政首長が黙許してきたからだ。首長が地域の発展に貢献することは滅多にない。村落生活の調整で一層重要なのは、むしろ伝統的な「村の長老」（*boiyotap kokwet*）の方だ。行政首長が上部の地方行政機関との関係調整のために果たしてきた役割は、確かに無視できないものであっても、行政首長は政府側に立って人々の異論を封じる傾向が強く、むしろ大統領府が権力を濫用して、反政府的な政治家の活動を抑止する、有能な手先になりがちだ、云々。ただし、草の根の次元で最も問題視されたのは、まさに行政首長と往々「低学歴のならず者」と呼ばれて忌み嫌われる行政警察官との、微温的な連携関係であった。

2　象を撫でる疑念

一方、投票日が近づくにつれて、行政首長制の代替制度が結局は見当たるまいという強い不安感が広がると共に、仮りに幾多の欠陥があっても「地方行政」は不可欠だとする見解が、徐々に力を増していった。

二〇〇五年の新憲法草案は、「(国家から)権限委譲される単位が県である」(一九九条)としていた。それを知って、人々がそれでは県の行政官と村との間の行政領域が真空地帯になってしまうと不安を抱いたのには、単純な誤解や憶測もあった。草案は、県政府が服務規定と諸機能を実効的に非集権化する(二〇一条)と述べ、そのために国会が規定する斉一な規範的枠組みに従って人員を配置する(二四八条)ともしているのである。ただし確かに、村人と県の連携のあり方の細部は(憲法の性格上)詳らかに述べられてはいなかったのだ。

人々は、行政首長・副首長に代わる人員とは何か、彼らを選挙するのか、または県弁務官が任命するのか、どちらの場合でもそれで行政首長の専横が抑止できるのかと、盛んに論じ合った。県弁務官による任命制なら、経済的、社会的、人治的、地域的、政治的のいずれの要因によってであれ、結局は腐敗を生むだろう。そして、国家政府と人々の距離が縮まれば縮まるほど、統治の弊害がそれだけ身に近い脅威となってくる。他方、選挙制度は縁故主義に繋がり、氏族間の規模と社会的業績の差に物を言わせる、唾棄すべき「大氏族症候群」の危険が増す。(5) どちらにしろ、新たな脅威の波及が予感されると囁かれていた。

事実、筆者の調査地であるN郡では、一九九〇年代以来、ボメット県地方議会(Bomet County Council)議員(councillor)の選挙絡みで、キプチェロメック氏族が氏族会議を繰り返し、小さな氏族がそれに呼応したり、密かに反発したりする事態が見られた。しかしながら、地方議会の活動は、当時の政治構造の下で周辺化されていた。大統領の権威に直結する「地方行政」当事者に比べれば、統治・開発の両面で影が実に薄く、入れ代わりの多い地方議員たちがその任期中に私腹を肥やすだけの形骸化した制度に過ぎないと見られ、重大視されていなかった。

3　学歴に見る捩れ現象

さらに、低学歴層は非集権化や県政府への権限委譲を、後述する或る理由から大概支持していたが、大学卒の教員などを初めとする知識層が反発するという、予期に反するもう一つの捩れ現象が見られた。この捩れ現象の存在もまた、次の理由から実に興味深い。

一九九二年、リフトバレー州ナクル県モロを中心に（キプシギス人を核とする）カレンジン人と、独立後に入植してきた、主に（中央州出身の）ギクユ人などのバントゥ語系住民との間で、土地問題に端を発する武力衝突が起き、後者の側に多数の犠牲者が出た。

この紛争の背景には、スワヒリ語でマジンボ（*mazimbo*）と呼ばれ、ケニア独立前後に（カレンジン人主導の）ケニア・アフリカ人民主同盟（ＫＡＤＵ）が（ギクユ人主導の）ケニア・アフリカ人民族同盟（ＫＡＮＵ）の共和主義に対抗して鼓吹した、連邦主義の余韻がまだあった。そして二〇〇五年当時、貧しい低学歴層は、非集権化と権限委譲をマジンボの復権と曲解して、モロ周辺（マウ森林地帯）への入植権の主張に重ねようとする野望を心に抱き始めていた。しかし、これに反して高学歴層は、こうした意識の活性化と蔓延こそが何にも勝る国家的な脅威に繋がるとして、むしろ危機感を募らせていった。

このように、あれこれの事象に具体的に思いをめぐらしてみると、現行の「地方行政」制には欠陥はあるものの、少なくとも行政首長が村人と県との適切な距離関係を一応は体現していて、それなりに実際的なのではあるまいか。人々の間では、行政首長の再評価と新憲法に対するそんな懐疑的な空気とが相俟って、次第に不透明な疑念が醸成されていったのだ。

五　指導者の伝統と行政首長制

キプシギスの人々の間で前項のような錯綜した状況が生まれたのには、植民地化以前に遡る長い歴史的な背景がある。今でもキプシギスの人々は、往々、植民地時代の行政首長制を賞揚して、独立後よりもずっと巧く機能していたとさえ言うことがある。ここでは、前章までに折に触れて論じてきたその事情を、敢えていま一度全体的な展望の下で論じ直し、植民地化以前のキプシギス社会の構造にまで遡って深く考察してみよう。

1　観念連合と内化の試み

今日キプシギス語で、行政首長をキルウォギンデット（*kiruogindet*）と呼ぶ。ところが、植民地化以前にも、キプシギスの人々の間には、それと全く同じ名称で呼ばれる、社会的に極めて重要な人々がいた。彼らは、各地の「村の裁判」（或いは寄り合い、*kiruoget*）に招かれて裁判を指揮し、円満に解決を導く役割を担った賢人たち、いわば「平和調停者」（peace-maker）だった。それを、前章までを踏まえてここでも「助言的裁判官」と呼んでおきたい。

「助言的裁判官」の中立性と公正さは、何よりも、裁判当事者が住む村の外部から招かれるという、地元に対する「異人性」が保証するとされていた。こうして、彼らは村やその内部集団間の狭い利害関係を超越して民族全体の価値を体現し、村と民族世界を直に巧みに仲介したのである。その役割は、互酬交換に絡んで家族間や当該家族が属する多数の小さな父系外婚氏族間などに生まれる亀裂を修復し、民族としての政治的団結を維持することであった。

「助言的裁判官」は、マサイ人やグシイ人という近隣諸民族との和平交渉や、植民地政府との雑多な交渉などにも進んで従事した。ただし基本的には、その権威は、「村の裁判」の場や、そうした民族の外部世界との交渉の時空だけに、アド・ホックに局限されていたのである。

一方、英国植民地政府が導入した行政首長は、中央集権的な「地方行政」の末端に位置付けられる常勤の役職であって、キプシギスの無頭的（acephalous）な社会の平和の担い手である「助言的裁判官」とは、この点でもかなり大きく属性が異なる。しかしながら、キプシギスの人々とその外部（他村、他民族、植民地政府）との間に立って媒介するという役割とその社会機能において、両者にはそれなりの相同性があったと言えるだろう。

二十世紀初めに否応なく一方的にケニア植民地に包含されたキプシギス人は、そこで、行政首長をキルウォギンデットと呼んで、在来の「助言的裁判官」と重ね合わせながら二つの役割の媒介を試みた。こうして、行政首長制を内化しようと努めたのである。それは、植民地政府が各民族社会を圧倒的な力で包摂してしまった別次元の未曾有の政治環境に、できるだけ滑らかに適応しようとする懸命の努力であったのだ。当然、そこには、両者の重ね合わせによる観念的連続が強く意識されていたのだが、それと共に、様々な制度的断絶が存在したのも、当然ながら偽らざる事実である。

2 温存される「助言的裁判官」

やがて、植民地政府が行政首長の推挙を求めると、人々は有能な「助言的裁判官」を「村の裁判」を十全に機能させるために温存し、諸々のタイプの「内なる異人」を代役に立てたと伝えられている。人々は、植民地政府との新たな関係の調整以上に、「慣習法」による氏族間の団結に基づく民族の統合の維持を重視したのだった（小馬　一九八四：一一－一二、Komma 1992: 106-108）。

ところで、「助言的裁判官」に選ばれたのは、大概は元々近隣の異民族から編入された、新しくて周縁的な氏族の者だった。彼らは、そうした異人性のゆえに、大多数の氏族間の歴史的で複雑な利害関係に客観的に向き合い、冷静に党派的な利害を超越して対応し得ると信じられたのである。そしてまた、他言語の卓越した話者であり、大人には禁じられている「謎々」の飛躍的な論理を駆使することを辞さない「謎々者」（*kiptangoiyan*）でもあって、それゆえに彼らの異人性は二重化されたものだと言えた。

彼らの対極には、真のキプシギスを自ら名乗る幾つかの呪詛氏族を中核に、正当な神秘力を行使して社会的制裁を実施する老人たちが位置していた。「助言的裁判官」たちには、（もし何か歴史の重大な曲がり角で）民族世界が構造的な行き詰まりを来してしまい、その結果「出口なし」の窮境に陥った場合に、その事態を思い切って打破する何らかの意表をつく方策を講じて新たな局面を切り開く、画期的な革新性が期待されていたのである。

その反面、異人であるがゆえに、彼らが（祖先の出自である）異民族と密かに通じて権力を専横する危険性が当然懸念されており、彼らの逸脱を保守的な老人たちが別の特殊な言語能力（呪詛）で絶えず牽制することに努めて怠りなかった。つまり、両者のこの権力に関する相補的な対抗関係が、キプシギスの社会構造に特有の、柔軟性に富んだ動態的均衡の支柱だったのである。

伝統的なキルウォギンデット（助言的裁判官）と新しく導入されたキルウォギンデット（行政首長）は、その異人性において通底し合い、また革新性や外部の力（異民族、政府）と籠絡する危険性でも重なり合っていたと言える。やがて、パックス・ブリタニカ下での近代化の進展の過程で行政首長の社会的な重要さが伝統的な「助言的裁判官」を上回り、後者の権威は専ら「村の裁判」に招かれて裁定する老賢者へと徐々に逓減していった。

ところで、初期の行政首長の多くが、老人たちの集合的な呪詛を受けて短命だったと伝えられている。この事実は、異人としての行政首長と老人たちとの間の構造的な対抗関係が、従来の異人としての「助言的裁判官」と年齢組＝年齢階梯複合体系のジェロントクラシーでその中枢をなす老人との対抗関係に読み替えられたこと、また伝統的な政治構造の理解が植民地制度に組み込まれた新たな政治状況の解釈にも応用されて首尾良く敷衍されていったことを、雄弁に証していると考えられる。

六　郡の細分化と首長の統治スタイルの変化

植民地時代の行政首長のスタイルの特徴は一般に「知恵による統治」と呼ばれ、最初期の行政首長たちの間には、文化英雄として今も尊敬され続けている者たちがある。

1　行政首長となった「謎々者」

その名高い一人が、特に南部で声価が極めて高いアラップ・ロロニャである。彼は、元々「助言的裁判官」として人々の福利に資し、植民地政府に敢然と立ち向かった。やがて第一次世界大戦時には、英国アフリカ人小銃隊（KAR：king's African rifles）に加わり、退役すると行政首長となったが、様々に「知恵」（*ng'omnotet*）を駆使してその走狗となることを拒み続け、私心無くキプシギス人の権利の確保に努めたと言われ、深く尊敬されている。

彼は、各人が親指にブループリントを捺印することを条件として呑む代わりに、キプシギス人が（植民地政府に「英国王領地」〔Crown Land〕として奪われた）広大な白人入植地に「無断居住者」（squatter）として住み込んで牛を放牧することを植民地政府に認めさせた。そればかりか、一九三七年に、総面積約三八〇平方キロメートルにも及ぶチェパルング森（現ボメット県最西部）を白人入植地からキプシギス人の「現地人保留地」へと巧みに移管させることに成功した張本人だとされている。南部地域に住むキプシギス人が土地を奪われないで済んだのは偏にロロニャのお陰なのだと、いまだに多くの老人が心からの感謝を口にするのを一再ならず耳にした。

行政首長時代のこと、土地問題でキプシギス人を代弁しつつ頑強に戦いかけてくるロロニャを金で懐柔しようと画策して、県弁務官である白人が、銀貨を目一杯に詰めた籠を布で被ってロロニャに贈ったことがある。ロロニャは、暫く経ってから、彼が贈られたものの他に、それによく似た籠をさらにもう一つ携えて弁務官の部屋に戻ってくると、先にもらった籠を中身ごとそっくり返した。そして、その代わりに、自分が携えてきたもう一方の籠がほしいと申し出た。県弁務官がその籠の覆い布を除けてみると、籠一杯に詰まった土が現れた。自分がほしいのは懐金などでは少しもなく、人々が生きていけるキプシギスの父祖の土地なのだというロロニャの機知に富む寓意、つまり一種の「謎々」(*tangoi*)によってて県弁務官を窘めてみせたのである。

本書第一章のテーマは、我々の常識に反して、キプシギスの伝統では子供が徐々に大人に「成長」するのではなく、加入礼の受礼を機に一気に大人に「変身」する事態の考察である。その目的は、この時に子供が「謎々」という独自の論理をかなぐり捨て俄かに「知恵」という論理を獲得することを明らかにし、それがキプシギス社会の存続に不可欠な仕組みであることを説得的に示すことであった。そして、キプシギスの民族世界の維持に責任をもつリーダーである「助言的裁判官」には、加入礼受礼後も「謎々」の論理を完全には脱却していない「謎々者」が選ばれることを強調しておいた。

ここに紹介したロロニャの歴史伝承は、そうして「助言的裁判官」になり、さらにそれを足場に行政首長になった人物の、典型的な振舞いの一例である。彼のような首長の存在は、植民地が生み出した(行政)首長を遍く、いわばミニ暴君のように考えた、政治学者マムダニの首長の捉え方といかに遠く隔たっていることか。ロロニャを偲んで、深い感慨を禁じることができない。

2 「知恵の統治」から「カネの統治」へ

ケニア独立後の「地方行政」強化策は、管区内での行政首長の権威を(大統領府直属以外の)大臣の上位に置いただけではなく、郡・亜郡の細分化を推し進め、事務の効率化を進めることによって推進されてきた。その結果として、行政区画である郡・亜郡への人々の帰属意識が次第に育まれていったのだ。

キプシギスの場合、慣習法による「村の裁判」の生きた伝統が、その帰属意識の発展を一層強く助長した。ケニアの二重法制の下で「村の裁判」が司法制度の末端に組み入れられ、土地出身者から選ばれて亜郡を管掌する行政副首長が「村の裁判」に形式的に立ち会い、簡単な記録を採って行政首長に提出するようになったからである。

ただし、郡・亜郡の細分化に伴う弊害もまた実感されてきた。先に、一般的に「政府との距離が縮まれば縮まるほど、統治の弊害が身に近い脅威となる」と人々が感じていることを紹介したが、土地の人である正副行政首長の存在がその中和剤になっている。だがそれは、半面では賄賂の横行をもたらした。例えば、密造酒作りに日々の暮らしをかろうじて託す多くの女性たちに対して、首長たちは概して同情的だが、「妥当な」額（ごく小額）の賄賂を要求する首長・副首長もまた多い。それゆえに、名誉と人々の福利を重んじたロロニャなどの初期の無私の行政首長と対比して、今のキプシギスの行政首長のスタイルは「カネの統治」と呼ばれている。

さて、新憲法施行に伴う「地方行政」廃止後のローカルな行政システムのイメージは、二〇〇五年の時点では、まだ明らかにされていなかった。ただし、与野党共に、住民選出の「村長」（新設）を県政府に直接結び付ける制度を想定していると噂されていた。「カネの統治」に批判的な人々の中には、行政首長・副首長の消滅によって行政警察官の給与が（大幅に）改善される結果、行政警察官が今後は治安維持に責任をもつようになると考える者もいた。しかし、それはごく少数派だった。行政警察官は飽くまでも転勤族であり、土地の人々に深く同情せず、彼らの名うての無頼さは改まるどころか、いよいよ手に負えなくなるだろう、というのが大方の声であった。

だから、郡と亜郡の廃止は、田舎の庶民にアイデンティティの危機を招く恐れが強いと感じられた。それで困らないのは、元々村の付き合いを鬱陶しがる一握りの富者たちに限られる。高等教育の莫大な費用は、各種の募金集会を頻繁に開いて村人が工面するのが常なのだが、被援助者は、いざ成功して出世するとまず間違いなく村人との交わりを避けて田舎町へ転出しようとする。彼らこそが、新政党などが賞揚している国連開発計画（ＵＮＤＰ）の「人間の安全保障」概念の適用によって恰好の受益者候補に選ばれる層なのであろう。これが草の根の大方の、率直な見方だった。

七　行政首長制の消える日の黙示録

もし実際に新憲法の施行によって「地方行政」が廃絶され、行政首長の調停の便が得られなくなると、一体どんな事態が起こり得るのか、とも人々は語り合っていた。すると、それをまざまざと予見させるような出来事が、二〇〇五年の最初の国民投票のほぼ二年後に、Ｎ郡で実際に持ち上がった。或る事件の思いがけないとばっちりを食って激怒した一人の行政首長が、村人と県庁（大統領府の出先機関）の仲介を断固拒む事態が生じたのである。

この事件を幾分詳しく記述してから、その内容に具体的に即して、この事件が人々の行政首長観のあり方に与えた影響を分析してみよう。

1　選挙人登録事務妨害事件の顛末

ケニアでは、二〇〇七年一二月二七日に実施される総選挙の準備として、同年三月一日から選挙人登録が始まった。同日の朝、ボメット県N郡L亜郡K村の臨時選挙人登録官として雇用されていたエヴァンズ（仮名。以下、キプシギスの人々の名前も同じく仮名）が、彼の仮事務所として用意されたキオスクに初めて出向いてみると、事務机の上に「選挙人登録をするな、登録担当官は隣村Rに住む余所者だぞ」という手書きのビラが置かれていた。他にも、そのキオスクに続く道の随所で、同様のビラが幾枚も見つかった。それは、エヴァンズがここ数年間、折に触れてK村の臨時選挙人登録官に選ばれていることを妬んできた、K村の職のない若い世代の者たちの仕業だった。エヴァンズは、即座にL亜郡担当の行政副首長ジョンに通報し、ジョン副首長がすぐに捜査に乗り出した。

翌三月二日、K村から携帯電話で県庁の情報官にその事件の通報があり、さらにその情報官は県選挙人登録調整官であるケビンに上申した。翌三日、ボメット県の重役会議が県庁で開かれ、調整官のケビンは、召還したN郡の行政首長ラルフに事件の詳しい説明を求めて詰問した。全く寝耳に水だったラルフ首長は質問に当惑するばかりで、一切何も答えられず、議長である県弁務官らに手酷く叱責されて、万座の中で赤恥をかかされた。

一方、同日N郡では、郷党的な「K村連」なる結社を組んでいた青壮年七人を、ジョン副首長が拘束した。首謀者はK村に生まれ、（当時できたばかりの新しい、しかし短命だった、当時の）隣県ブレティに移り住んでいる中学校長代理で、三十歳代後半の男性である。事態が国家の条例による煽動罪に当たると判断したラルフ首長は、警察に逮捕状を発行してもらって、「K村連」に属する七人をその日の午後県都ボメットへ送致した。逮捕者たちの家族やK村の他の人々は「地元での解決」を嘆願したが、ラルフ首長とジョン副首長は耳を貸さず、この件では一切仲裁はしないと断言した。ついに、首長が人々の声に全く耳を貸そうとしない、前代未聞の事態に立ち至ったのだった。

K村の人々は、トラックを借り上げて早速県庁へ嘆願使節を送りこむと共に、K村出身の大物行政官である、遠い東部州の警察副長官キメメに仲裁を嘆願した。キメメは、すぐにボメット県警察指揮監督部門に申し入れをし、「地元での解決」を認めさせた。五日、K村とR村合同の「村の裁判」がK村で開かれ、行政首長と副首長が立ち会った。その席でまず被害者であるエヴァンズが証言した後、一人を除く容疑者全員が、罪を全面的に自白した。次にK村の長老たちが、事件の委細にはほとんど触れずに、「牛は四脚でも転ぶ」とか「再犯すれば殺せ」などの諺を散りばめて、異口同音に情状酌量を求めた。要するに、ここまでは逸脱者を改悛させてから罪を免じる、通常の「村の裁判」の筋書き通りに事が進行した。

そこへ、突然国政選挙事務方の大立物である、県選挙人登録調整官ケビンが姿を現して、人々を一驚させた。彼は、次の二点を強調した。まず、事の本質は純然たる国家選挙管理委員会と容疑者の間の係争であって、煽動罪に当たるのは明確だ。次に、エヴァンズの登用は同委員会の公正な手続きに則った人選の結果であり、若者たちの非難は全く筋が違う。ただし、エヴァンズは、来年からは隣村K村ではなく、居住地のR村枠で応募するべきである。

2　一事件が予見する行政首長無き未来

この事件を処理する草の根側の方針についての発言の絶対的な基調は、何がどうあっても裁判所

(magistrate court) には事を持ち出さず、「村の裁判」で解決することだった。裁判所の審理は実に長期間を要するし、法廷費用が莫大である。加えて多額の交通費・食費などの経費も掛かるから、全く庶民の間尺に合うものではない。また今回のような場合、ほぼ間違いなく被疑者全員が有罪になる。なお、人々が特に心配したのは、首謀者の中学校長代理が逮捕されれば、彼が苦労を重ねて漸く手に入れた職を棒に振って、前途の希望を見失うことだった。

だが、国政選挙事務妨害の事実は重かった。行政首長に断固として仲介を拒まれると、先述のように、K村の住民たちはあれこれ縁故に頼って、一足跳びに全く御門違いに国家警察の高官を動かそうとさえした。その結果、「地方行政」、国家警察、国家選挙管理委員会の上層部がごくありふれた「村の裁判」に直接的・間接的に介入してくる、実に厄介な事態を招いた。本来なら、何事であれ調整の汚れ役は首長が一身に引き受けて、「村の裁判」の独立を守ってくれる。それは、行政首長が見せる地元の人々と草の根の「法」への、地元民の一人としての敬意の証である。キプシギスでは、昔から、首長や副首長は仮に買収できたとしても、村の成年男性全員と一人以上の余所者 (stranger) からなる「村の裁判」は買収できない、とされてきた。その価値観を敬って、首長は「村の裁判」の権威を自らの権威に優先させさえするのだ。副首長は、老人たちの報告を受けて「裁判」の結果を短文にまとめて記録を残すが、介入はしない。

若者・老人を問わない、K村の偏狭な郷党意識が、図らずも見事に露になった。管見の限り、前代未聞の醜態だ。既に概説した通り、キプシギスの「村の裁判」では、「助言的裁判官」が村と民族の価値を直に仲介して滑らかに世論形成を促しつつ問題解決を図り、地元の利害と民族世界の理念との架橋を実現してきた。このような「法」観念から、「助言的裁判官」であれ誰であれ、一人も余所者を交えない裁判は出席者全員を呪うと酷く恐れられてきたことも、既に再三強調しておいた。こうした「村の裁判」の遵法精神を、やがて「助言的裁判官」に取って代わった行政首長も等しく尊んで、擁護してきたのである。

さて、割りを食ったのは、後ろ楯のないエヴァンズだった。県選挙人登録調整官ケビンは、エヴァンズ任用の公正さを裏書きしながらも、将来K村の住人たちに職を譲れと命じて、不当な圧力を掛けた。先に、「政府との距離が縮まれば縮まるほど、統治の弊害が身に近い脅威となる」という庶民の見解を紹介したが、その好例がまさにここにある。ケビンは、正当な選挙管理業務も、伝統的な「地方行政」のあり方も、またキプシギスの「法」も「村の裁判」も、押し並べて踏みにじってしまったと言える。

これは、R村のケビンがK村選挙人登録官になってから二〇〇七年までの期間とちょうど符合する数年間、ジョン副首長がK村の圧力を排してエヴァンズを庇い続けてきたのとは、好一対をなす判断だった。ジョン副首長は、エイズで両親を失って孤児となったエヴァンズに同情していたのだが、それ以上に、L亜郡全体の管轄に責任を負う副首長として、村々の狭い利害の対立や軋轢を越えて、同亜郡全体の視点で公正を保とうと努めてきたのである。

この事件の顛末は、政治という一面では、穏当な落とし所を見出しているとも言えよう。しかしながら、県選挙人登録調整官ケビンの「脱脈絡的」で高飛車な対応は、少なからぬ人々にとっては、やがて村が県に直結され、「村の裁判」と「慣習法」が国家的な文脈で政治化される日の黙示録のように思えたのだった。

八　アノミーと民族抗争の恐怖

前節では、行政首長の不在が村の暮らしに与え得る影響を、一人の行政首長が村の住民と国家政府との仲介を拒否した、希有な実際の事例の分析を基に論じた。また、草の根の人々のこの問題に関する見解の一部は既に示しておいた。ただ、ここで考察をさらに推し進めるために、人々から集めた声の主なものを要約し、以下に列挙して本節で紹介したい。

1　私刑《リンチ》のない社会、ある社会

ケニアの田舎では、まだまだ識字率が低いし、道路事情が悪く、他の公共的なコミュニケーション手段も未発達だ。このような田舎の老若男女である我々の間に法の支配と政府の政策を広める役割は、行政首長・副首長が担うのが最も良い。それは、日常の業務の一環として諸々の種類の集会（例えば葬儀や募金集会など）に出向く度ごとに、法務（例えば埋葬許可取得の必要）を実情に即して、しかも土地の言葉で平明に解説して、適切な行動を促してくれるからである。

行政首長・副首長は、たかり屋で横暴な行政警官と往々同等視して批判されるが、この判断には留保がいる。行政警官は他民族出が多い転勤族で、土地に特に愛着がなく、とかく高圧的だ。一方、行政首長・副首長は、土地の世情に深く通じて親和的で、むしろ行政警官の暴虐を戒めて我々を守ろうとする。だから、彼らが行政警官と共に働くのは喜ばしい。しかも、「村の裁判」を尊重して文書に頼らず、口頭で事務処理して、速やかに「地元での解決」を図る。もし行政首長制が無くなると、草の根と警察行政の間の空隙は大きく開いて埋まらず、その結果誰も他人を告発しなくなるだろう。今でも、軽微な脱法行為で一度でも行政警官に痛ぶられた経験のある者は、その後何かの犯罪で被害を受けても、後難を恐れて警察署に近づこうとしない。我々は人権意識の何たるかに疎く、公権力に有効に対抗する術をよく知らない。しかし、警官を避け、口頭で意思が通じる行政首長・副首長に訴えることならよくしてきた。行政首長・副首長の存在が、告発することもされることも随分と楽にしている。彼らが、国家の法を我々の生活の一部に巧く組み込んで、根付かせていると言えるのだ。

恐れるのは、行政警官の横暴以上に、調書を取られることだ。最寄りの町の裁判所へ出廷を命じられれば、時間と諸経費の負担が重過ぎて、生活の破綻は必至だ。誰もが証人になることを嫌がり、往々拒む。また他民族出身の判事は地元の生活にも慣習法にも暗くて、概して正義が行われず(6)、重大な犯罪も証拠不十分で曖昧なままに終わることが多い。それ以前に、裁判官自身もよく買収されるし、費用を用意できる側が勝利するのは歴然で、貧しい庶民は争うだけ損だ。逆に「村の裁判」による「地元での解決」なら、犯人不明の事件でも老人たちによる集合的な呪詛の脅しが効いて、しばしば自白を導いて解決を見る（小馬　二〇〇五a：一〇一）。

「村の裁判」は、特別の場合を除いて行政首長・副首長が直接的には指揮せず、「村の長老」たち自身が知恵を駆使して解決を図る場だ。もっとも、それが有効に機能してきたのは、招集者が行政副首長であるがゆえだ。現実には一九九七年に首長権限条例が改正され、行政首長・副首長の処罰権は既に剥奪された。高学歴の者なら、或いはこの事実を知っているかも知れない。ところが、実際に事情に精通している者はごく少数で、地元民の多くは、故無く「村の裁判」を欠席すれば厳罰に処されると恐れている。だからこそ、容疑者や被告発者も「村の裁判」への出席に同意してきたのだ。皆が国家の法に対して厳格に遵法的になれば、「村の裁判」の実効制は、逆に、恐らくもう保てないだろう。その暁には、犯罪告発も止んで犯人は野放しになり、不正と怨嗟が世に満ちる。そして憤懣が閾値を超えれば、簡単に復讐や私刑《リンチ》に走り、その横行はやがて（隣の）グシイのようなリンチ社会化に繋がるに違いない。

2　対内倫理と対外倫理

草の根の様々な声の主なものをほぼ集約して、右（前項）に挙げてみたが、まだ十分に語られていない事の反面がある。

リンチ社会を生きる実例として挙げられたグシイ人は、キプシギス人の南西に隣接して住むバントゥ語系の農耕民で、キプシギス南部の氏族の幾つもが彼らに出自をもっている。一方キプシギス人は、元来移動を繰り返す牛牧の民だった。キプシギスでは、全版図で一律に（他氏族と混住して独自の領地がない）氏族を横断して形成される年齢組組織をもち、（老人階梯を占める年齢組の成員である）助言的裁判官が村と民族の価値を仲介する役割を担い、広大で均一な民族的社会空間を実現してきた。他方グシイ人は、独自の狭い領地に住む多数の自律的な氏族のごく緩やかな政治的な連合体であって、両民族の社会と政治構造の懸隔が極めて大きい。

ケニアのマスコミは、毎週のように地方の村での私刑《リンチ》を報じているが、その大部分が、グシイ人や彼らと類似の社会＝政治構造をもつ、ケニア山麓のメルなどの（バントゥ語系農耕）民族社会で起きている。

中でもグシイの村々は、邪術の容疑者や些細な物盗り犯と目された者が村人の手で白昼焼き殺される類の、過激なリンチ事件が頻発することで悪名高い。グシイでは、県や警察も人々との対決姿勢が強く、警官や行政警官による住民の射殺事件も往々起きている。一方、キプシギスでは、これに反して私刑は絶無に近く、警察の実力行使もずっと控えめである。そして、この違いを両民族がよく自覚している。

外からは「好戦的」と見られるキプシギス社会は、住み込んでみると実に平和的な社会であることがわかる。しかし、それはキプシギス人（ならびにカレンジン人）同士の関係に限ってのことで、他民族との関係では、実際に「好戦的」と言えるのである。筆者のキプシギスの調査地は、グシイ民族との領土境界線に直に接していて、近辺では時々家々の焼き討ちや、ごく少人数の犠牲者も出る小競り合いが、植民地時代からずっと続いてきた。その原因は、ほぼ一方的にキプシギス人がグシイ人の飼う牛を略奪してきたことにある。

これが、かつて半ば遊動的な牧畜民だったキプシギス人と定住農耕民であるグシイ人の間の、古くからの構造的な民族関係の縮図である。既に触れた一九九二年の悪名高い民族抗争（リフトバレー紛争）は、キプシギス人のまだ死に切らない「牧畜民の心性」の間歇的な噴出の結果だったと見ることもできる。「特別編隊」(special unit) と呼ばれ、ケニア内外の牧畜民族の間で今でも頻発する家畜の略奪戦を取り締まる国家警察の特別部門の小隊が、近年、筆者の調査地近くに駐屯している。もっとも、彼らの配備だけでは、紛争の抑止に必ずしも実効的であるわけではない。

実は、「特別編隊」の配備以前のN郡における民族紛争の小康状態は、キプシギス人の一人の行政首長と彼に共感して行動を共にしたキプシギスの一庶民の献身の賜物だった。近年の行政首長の統治スタイルが「カネの統治」と呼ばれることを先に紹介したが、行政首長の誰もが私腹を肥やそうとして行政首長になるわけではない。次節では、自民族の偏狭な価値観を超越して「民衆の安全保障」を追求した、（N郡に隣接する）P郡の行政首長ジュリアン・ンゲティッチの事績を見てみよう。

九　行政首長ジュリアン

一九四五年生まれのジュリアンは、一歳の時に父親を亡くし、苦学しながら一九六九年に（二年制）短期中学を修了した。一九七一年、キプシギス人の最初の大物政治家で当時文部大臣を務めていたT・トウェットの引き立てで、衛生官に任官した。一九七二年に米国深南部ミッション系のアフリカ・ゴスペル教会（AGC）に入信し、一九七五年にはAGC信徒のキプシギス人女性と結婚した。

一九九一年、公募に応じた三人の候補者の中から選ばれて、N郡行政首長に就任。翌一九九二年には、当時キプシギス人の唯一の県であったケリチョ県の南部が分離されて、ボメット県が新設された。これに伴ってボメット県に入ったN郡も二つに細分されて、その南東部が新設のP郡になった。ジュリアンは、希望して（自家がある）P郡の行政首長に即座に転任し、それ以来二〇〇六年三月に六十歳で病没するまでずっとその職にあった。

1　民族紛争と境界安全保障委員会

首都ナイロビを初め、ケニア各地で勤務した経験から行政事務全般に明るく、人々に日々応接する衛生官として身に付けた社交的な如才なさも手伝って、ジュリアンは人々からも県当局からも好評をもって迎えられた。彼の行政首長としての滑り出しは、順風満帆だった。

ところが、就任の翌年に当たる一九九二年初めに、途方もない難題に直面することになる。同年ケリチョ県の北に隣接するナクル県のモロでリフトバレー紛争が勃発し、それがN郡など、キプシギス、グシイ両民族の境界線沿いに飛び火したのだ。両方の政治家が人々を煽り、自民族の行政警官さえも戦闘に動員した。境界沿いの家々は焼き討ちに合い、家畜が略奪され、双方に多数の怪我人と数名の死者が出た。

昔から農耕民グシイ人を襲撃してきた牛牧民キプシギス人は、ここぞとばかり攻勢に出た。境界地域諸郡の行政首長に負わされた最大の任務は、元々こうした民族対立という旧弊の除去だったのだが、一九九二年の紛争時、行政首長たちの忠誠心は国家と民族——ケニアの常套表現を用いれば"two nations in one"——の間で鋭く引き裂かれることになった。

ケニア政府は、間もなくN郡の近辺にも境界安全保障委員会を設けた。❶県境の両側（つまり両民族）各三名ずつの委員が定期的に会って状況を分析し合う、❷和平撹乱の最大要因である（キプシギス人）牛盗人の名寄せをする、❸これ以後盗まれた全ての牛と山羊・羊を追跡し、見失った場合はその土地が属する側が相手側に被害相当分の家畜を弁済する、というのがその委員会の主な合意事項だった。

N郡側では、行政首長ジュリアンを議長に、Nカソリック教会の説教師フィレモンと、牛盗人がほぼ必ず通る隘路の傍らに土地と家をもつキプサンの三人を委員に選んだ。境界安全保障委員会は、教会、学校、牛用防疫槽などの管理委員会と同じように、全く任意的な性格のもので、手当ても一切支払われなかった。だがジュリアンは、平和活動は行政首長本来の任務でさえもあると、ためらわずに就任を快諾した。境界安全保障委員会が実質的に動き始めるには、暫く後に起きた一つの事件が、重大な契機となった。

或る日、グシイ人の牛飼いの少年がN郡のN小学校校庭で草を食んでいた一頭の雌牛を見咎めてN郡行政首長役場に連れてきて、行政首長ジュリアンに自分の牛だと告げた。呼び出されたその雌牛のキプシギス人の持ち主は、近所の人々を証人に立てて縷々来歴を語ったが、少年の雇い主のグシイ人は少しも信用せず、その雌牛にグシイ語の名前で呼びかけて所有を主張した。

黒白は定かではなかった。だがジュリアンは、大方の予想に反して、グシイ側に軍配を上げた。キプシギスの人々は即座に甲高い戦いの叫び声を上げて人数を集め、行政警官も動員してグシイ人たちの追跡を始め、県境の直前で彼らに追いついて問題の雌牛を取り戻してしまった。グシイ人は、グシイ語を流暢に操るジュリアンに元々好感を寄せていたが、(たとえ結末はどうであれ)この一件がグシイ人の間での彼の声望をさらに飛躍的に高めた。一方キプシギス側では、ジュリアンが取り返しのつかない汚点を残したと憤る者が多かった。

2　平和を取り持つ者の代償

この事件の後に大いに緊張が緩和されて安定した両民族間の平和は、一九九七年にその極点に達した。というのも、それまでも幾度か自家の傍らで牛盗人たちと勇敢に戦ってきたキプサンが、或る夜、たった一人で奮闘して牛盗人を退散させ、彼らが奪ってきた牛の一群を翌朝グシイ人の土地に送り届けたからである。しかしキプサンはこの時に深手を負い、以後、家に閉じ籠もりがちになってしまった。

先に記したように、一九九二年後半にP郡の行政首長に転任した後も、ジュリアンは境界安全保障委員会議長を続けた。ところが、キプサンの犠牲で平和が増進された一九九七年の翌年、一九九八年に彼の威信に決定的な打撃を与える事件が発生した。或る日、盗まれた牛の足跡を辿ってきたグシイ人の一団が、その足跡がP郡M村のチェボスの土地の入口で掻き消えてしまったと訴え出たのだ。ジュリアンは、迷わずに裁定を下す。彼は、チェボスの牛を無作為に一頭選び出して、盗まれた牛の代償としてその一頭をグシイ側に引き渡したのである。

それから約四か月後、チェボスが牛の返還を訴えて執拗な示威行動を始めた。彼はチュモ年齢組に属する老人で、足が不自由だったが、毎日夜明けに老妻と一緒にM村から約四キロメートル先の（N郡やP郡が属する）N区役所まで、足を引きずって歩いて行き、役所の退け時まで庁舎の傍らの石の上にじっと腰掛け続け、夕方帰館するのだった。

暫くチェボス夫婦のそんな行動が続いた後の或る日、いつも通り昼食も摂らないで腰を下ろしているチェボス夫婦に同情した一人の役人が、滂沱の涙を流しながら歩み寄って、昼食の提供を申し出た。チェボスは答えた。「ひもじくて座り込んでるんじゃない。老いぼれて歩けないからでもない。わしがグシイに牛を盗みに行ったとはな。あの牛を返してくれ、わしの牛だ。何も食べたくはないさ。己が決めたことだ。それで死ぬのなら、何時死んでもいいんじゃ」。

老夫婦はいよいよ人々の同情を集め、ジュリアンへの非難が日増しに強まっていった。一か月後、別の牛を返すと申し出たジュリアンに、チェボスは耳を貸そうとしなかった。結局ジュリアンは、探す当てもないまま、彼が取り上げた元の牛の返済を約束させられたのである。チェボスは、漸く矛を収めた——ただし、元の牛の返還は最後まで実現しなかった。ジュリアンは、この事件で買った悪評で家庭的な打撃も被った。糟糠の妻と折り合いが悪くなり、一九九九年に第二妻を迎えた。その結果、ＡＧＣ信徒団から背信者として放擲されてしまったのである。

　この後も、キプシギスとグシイの境界地帯は、以前ほど万全ではなかったものの、暫くは比較的静穏だった。ところが、二〇〇二年にまた類似の牛盗み問題が発生し、両民族関係が徐々に不穏さを増していった。その事件の舞台も同じＰ郡だった。グシイ人の一行がジュリアンを訪ねてきて、盗まれた一〇頭の山羊の足跡がＰ郡のＳ村、Ｄ村、Ｔ村の三村の境で消えたと告げる。ジュリアンは、その辺りに住み、家畜盗みの前歴があるムラニが飼っていた山羊一〇頭を取り上げてグシイ人に引き渡した。ムラニは一応抗議はしたが、すぐに鳴りを潜めた。人々は、家畜盗みの際、ムラニが成功のための予言を頼む邪術師にジュリアンへの攻撃を頼んだのだと噂し合った。盗まれた山羊は、後にマサイ人の土地で見つかった。無論、グシイ人がムラニに彼の山羊を返すことはなかった。この経緯のゆえに、人々はジュリアンが（ムラニが依頼した邪術によって）遠からず不幸に見舞われるに違いないと噂し合った。

　二〇〇四年頃からジュリアンは体調を壊し、健康が確実に悪化していった。二〇〇六年三月のこと、ジュリアンが死を予感して、或る日曜日に突然Ｎカソリック教会に現れ、信徒たちに彼のために祈ってくれと涙ながらに訴えた。人々は、ジュリアンが死を目前にして、カソリック信徒に対して犯してきた数々の罪を悔い改めに来たのだと言い合った。プロテスタント信徒は、カソリック信徒をキリスト教徒とは見做さず、伝統主義者と同一視しているからだ。つまり、この出来事の意味は、ＡＧＣ信徒の地位も失ってしまったジュリアンが、キプシギス民族への裏切りを懺悔して救いを求めたと解釈されたことにある。その三月の内にジュリアンが没した。そして五月、衰弱したキプサンも、彼の後を追うようにこの世を去った。

3　挑まれる行政首長たち

プロテスタントの若い高学歴の信徒には、幾らかの留保を付けつつ、ジュリアンを高く評価する人々がいる。金銭に恬淡としていた彼は、昔の行政首長のように「知恵の統治」を理想としてそれを愚直に目指した。惜しむらくは、ロロニャのような機知（「謎々」）に欠けていたが、と。

確かに、そうかも知れない。しかし、ロロニャにあってジュリアンに欠けていたのは、何よりも国法による手厚い支援なのだ。前項に記した通り、ジュリアンの境界安全保障委員会議長としての挫折が始まるのは、一九九八年である。その前年の一九九七年には、民主化要求の圧力に抗しかねて、首長権限条例が大きく改正された。その焦点は、行政首長たちの強権的な逮捕権限を剥奪することだった。それまでは、管区（郡）内では、彼ら自身の判断は、それ自体融通無碍な「法」としても通用し、法廷の法とさえも事実上有効に並立し得たのである。ことに重要なのは、両者の権威は通常矛盾せず、法廷は首長が作成した調書をそのまま証拠として採用してきた事実である。それが、「法（の体現者）としての行政首長」を合法化して支えていた。ロロニャには、ともかくも法の支援があった。

一九九七年の首長権限条例改正は、こうした従来の法理の重要な構成部分を無効化した。庶民は、法たらんとする行政首長に法を以て反撃することが可能になったのだ。年老いたチェボスも、ジュリアンに自分の牛を召し上げられてから四か月の間に、これらの事実に徐々に目覚めていき、ついに正面切って、行政首長を相手として、前例のない執拗な反撃に討って出たのだった。

同様の挑戦の経験は、今や全ての行政首長のものである。先に触れた現N郡行政首長のラルフ（ジュリアンの後任）も、ジュリアンと同じ陥穽に嵌まった。二〇〇四年、盗まれた牛の蹄の跡がセレムの土地に入って消えているとグシイ人が告発すると、彼はセレムの牛を即座に一頭取り上げてそのグシイ人に与えた。その後セレムはキシイ県（グシイ人の土地）の警察署に拘置されて裁判を受けたが、二〇〇六年三月、証拠不十分で無罪放免される。彼は帰郷して以来、ラルフに牛の返済を執拗に求め続けている。今や国法は、行政首長の独善を毫も擁護しない。

実は、行政首長・副首長の身に迫る危険はそうした事態に留まらない。二〇〇二年、キプシギス人の全てを震撼させる前代未聞の大事件が起きた。N郡の南に隣接するA郡C亜郡の行政副首長ジョンストンの惨殺死体が、或る朝早く、道端で見つかったのだ。C亜郡は、牛盗人たちが盗んだ家畜の恰好の隠し場所にしてきた国有のチェパルング森[7]に接していて、遵法精神旺盛なジョンストンは、常々牛泥棒たちの目の敵にされていたのだった。

確かに、改正前の首長権限条例は、治安維持を至上の目標としていて、その結果、一般予防を狙う行政首長の存在が冤罪を生み出す温床ともなってきた。冤罪が生まれるこの構造的欠陥の克服は、民主化過程の不可避な一部であった。しかしその一方、ケニアの国家警察の捜査体制は構造的に全く脆弱で、起訴された事件の大部分が証拠不十分のゆえに却下されることになる――庶民が裁判所に抱いている強い不信感は、既に記した通りである。今や職務に忠実であろうとするキプシギスの行政首長たちは、敢えて身を挺し、生命の危険を賭してまで、この構造的な亀裂を埋める覚悟を迫られているとさえ言えるのである。

4　民主化の過程と行政首長

キプシギスの人々は、「助言的裁判官」（平和調停者）による民族社会と村との仲介を重要な社会的な仕組みとする伝統をもっていた。キプシギスの土地では、植民地時代も独立後も植民地や国家と人々との接点となって身を摩り潰してきたのは、行政首長だった。植民地化以前、近隣のマサイ人などの他民族との相互的な牛の略奪戦を当然の生き方としていたキプシギス人の「牧畜民の心性」は、今もまだかなり根強く生き残っている。そして、それを現今の微かな澳火程度のものにまで封じ込めるためには、行政首長各層の長い、不屈の奮闘の歴史が要った。その一例として、キプシギスの土地でも特に牛盗みが猖獗を極めた一九四〇年代のN郡のヘッドマン、コイレル（仮名）の場合をここで紹介したい。

コイレルにとって、牛盗みの抑止以外のヘッドマンの職務の遂行はたやすいものだったので、彼は牛盗人の検挙に全身全霊を傾注した。キプシギスの土地の中心地であるケリチョの町の牢獄に繋がれていた牛盗人の大半は、彼が捕らえた者たちだと噂されたほどだった。ところが或る日、彼の息子チェボーが、牛盗人の廉で逮捕された。コイレルが、キプシギス人の二人の牛泥棒の容疑者が隠していた一〇〇頭余りの牛を押収してグシイ人に引き渡した直後のことだった。

父親のコイレルもケリチョの県庁に送致され、三年の禁固刑と、途方もない三〇〇〇シリングの罰金を宣告された。それを伝え聞いたソト地方のヘッドマン、キルイが県弁務官に即刻面会を求めて、コイレルを銃殺するか解放するか二つに一つを即座に選ぶべきだと、命懸けの、血を吐くような諫言をした。もしコイレルを収監すれば、収監中の牛盗人たちが彼を惨殺して復讐するのは、誰の目にも火を見るより明らかだ、と。コイレルは、キルイに危うく一命を救われた。

コイレルやキルイのような下級の「行政首長」を民族の裏切り者とか、植民地政府の手先と呼ぶのはたやすい。実際、彼らは、キプシギスの伝統主義者からはそう呼ばれてもきた。だが彼らは、自民族と植民地や国家との接点に直に身を置いて、いわば伝統的な「助言的裁判官」のごとく果敢に働いた。命を賭すことも辞さず、民族間の緩衝剤となり、平和と社会の統合や安定に大きく寄与したのは、他ならぬ彼らだったのである。

一〇　行政首長制は「拡散的専制」か？

ケニアは、一九六三年末の独立後も、行政首長制を民衆との接点（末端）とする「地方行政」制度を継続した。本章の前半部で述べたようにそれが民衆支配の道具として代々の強権的な大統領の独裁政権を支える基盤ともなり、また（一般予防による秩序の維持を念頭においた）行政首長らによる冤罪の温床になり得たのも、確かに事実であろう。

1　キプシギスの固有文化としての行政首長制

この問題に関して、今日のグローバルな視点から「人間の安全保障」を論じるとすれば、その場合に大切なのは、まさに川田順造が一般的に主張しているように、文化自体の価値の次元と（政治・経済的な）力関係の次元との混同を厳に戒めることであろう。「グローバル」とは「ある時代的状況での現実の力関係における強さを示すもの」であり、「それが人間にとっての価値の次元での普遍性を意味するものではないからである」（川田　二〇〇四：七七）。それゆえ、「力関係におけるグローバル（地球大的）とローカル（地方的）の対立は、価値におけるユニヴァーサル（普遍的）とパティキュラー（特殊的）の対立とは、原理上別のものというべき」なのだ（川田　二〇〇四：七七）。

ただし、それと同時に、現実の長い歴史過程が「地球規模／地方規模」（力関係）と「普遍的／特殊的」（文化価値）の二つの次元に同時に作用し、介在もして、捩れと変容を孕んだ個別の具体的な現実を生み出していることも見逃してはならない。

まず英国植民地政府は、行政首長制という当時の帝国主義的な価値からすれば「地球規模」の次元のものを、ケニア植民地に諸民族を包摂して行く過程で、キプシギス社会にも押し付けた。圧倒的な軍事力の開きの前にキプシギス人は否応なく屈伏し、行政首長制を「助言的裁判官」制という「地方規模」の「特殊的」な制度でどうにか読み替えることによって、必死でその「内化」、或いは「土着化」（naturalization）に努めるしかなかった。そして、その「内化」の過程に横たわる、様々な困難を柔軟に克服していったのだ。その結果、（「地球規模」的な）行政首長制は、今やキプシギスの「特殊的」で固有な文化価値をよく体現しており、庶民の暮らしと民族間の安全保障に無くてはならないものになっているのである。

2　「拡散的専制」は普遍的か？

行政首長制は、英国（旧）植民地全般で決して均一の制度だったわけではない。アフリカ全体どころか、ケニア全体という枠でさえも画一視は恐らく無理であることを、数多くの事例の詳細な記述と分析に基づいて、文化人類学の研究の成果が教えてくれている。

ところが、ウガンダのインド系政治学者であるマムダニは、植民地時代のアフリカの行政首長制を「拡散的専制」と呼んで一括して、研究者の間で大きな影響力をもっている。だが、彼が各民族による独自の

「内化」の努力を無視するのは、明らかに片手落ちである。マムダニによる「行政首長制＝拡散的専制」という図式は、彼が研究対象としてきた（ウガンダの）ガンダや南アフリカのズールーなどのように古い王国の伝統をもつ民族の場合には、十分に良く当て嵌まるかも知れない。その背景には、「想像されるべきものとして、強権的な王国の専制的伝統が実際に存在していたからである。

もっとも、ケニア独特の「地方行政」制度の仕組みについての本章の説明からも、政治理論的には、行政首長制度が局所的な専制機能を発揮し得えると言えることは、確かに間違いないだろう。それを、例えば、西ケニアの湖間バントゥ（Interlacustrine Bantu）語系のルイア人の一派である、ティリキ人の場合に端的に見ることができる。文化人類学者W・H・サングレーは、こう言う。

一九二四年、アミアニィの首長職への就任が、ティリキの部族政府の新時代の到来を画した。恐るべきアミアニィの下で政府に仕えた人々の沢山の生き残りが、アミアニィは図体も人柄も巨人だったと請け合っている。退職後十年余りを経たけれども、彼の経歴話の神話的な人気に適う者は、今も昔もいない。英国に取り入ってその威を借り、部族の誰からも怖け交じりの尊敬を彼が勝ち得るまで、集権的な部族政府の概念も、部族首長の概念も、ティリキ人の間に決して定着しなかったと言える。その力溢れる外見は、彼の王侯的な権力がワンガの最高首長であるムミアとまるで紙一重だという印象を、欧州人行政官にも北ニャンザ地方のアフリカ人たちにも与えた。

アミアニィは、当時のお決まりのやり方に沿って、英国政府当局から壮大な農場を譲渡された。この土地が彼の取り巻きたちにたっぷり食わせてやる食糧をもたらし、また穀物と牛の販売とが彼が部族の誰よりも遙かに大量に新来の欧州の産品を買うに足る現金収入をもたらした。さらに、英国行政府は、とりわけ気性の激しいティリキ人戦士たちをアミアニィが部族警察として保持することを許した。首長時代の初期には、恐怖を感じさせるアミアニィの人となりが、権力へのこれら二つの付加物（土地と戦士（＝警官）、筆者注）を鄙びた「鉄拳を覆うビロードの手袋」（上辺だけの優しさ、筆者注）に変えさせていた。

（Sangree 1966: 102-103）

しかしながら、ティリキ人と同じく無頭制の政治組織をもちながらも、広域的な年齢階梯制と「助言的裁判官」の存在を政治の中核構造としてきたキプシギスの人々が「内化」した行政首長制の場合、事情は全く異なっていた。本章（特に前節）で具体例を幾つも挙げて、既にそれを詳細に解題した。アミアニィのティリキは、少なくとも王国が存在しなかったケニアでは、むしろかなり極端な例外である。同じことは、（ティリキと同じ）ルイア人の他の分派、例えばイスハ人やマラゴリ人などの首長と比較して考える場合にも、確実に言える。

また、本章の第二節第3項でごく簡単に触れた（やはり湖間バントゥ語系の）ウガンダのソガ人の場合も、ムタラやキソコと呼ばれる伝統的な首長層があったにも拘らず、植民地期の行政首長制を「拡散的専制」の一例として捉えることは適切ではない。それは、ムタラ首長やキソコ首長が権力的には比較的軽微な存在であり、いわばキプシギスの「助言的裁判官」にも似たところのある、平和の締結と維持のために存在する「調停者」（peace-maker）とでも言うべき社会的な役割を担う存在だったからである。

おわりに

非識字的で小規模な多くの人間集団（部族）に分れていた東部アフリカでは、伝統的な「首長制」も植民地化以後の行政首長制も、地域的・民族的な背景と事情が各々著しく異なっていた。だから、首長制についての考察も、具体的で詳細な民族誌学的な説明を度外視した、硬直したカテゴリカルな議論には馴染まない。そのような一般論は、むしろ徒に誤解を招くだけである。そして、そうした政治（学）的な視点からの介入（的な提言）は、むしろ破壊的な効果をもち得、有害だと見てしかるべきなのである[8]。

長期間一地点に腰を据えて庶民の一員として土地の人々と共に暮らし、仲間として受け入れられている人類学者には、こうした事情を委曲を尽くして具体的に語るに足るだけの経験と、またその経験についての省察の、十分な蓄積がある。本章もまた、マムダニの独断に有効に反撃できる、一つの具体的で有効な資料としての価値を有していると信じる。

《注》

（1）ケニア国民の新憲法制定の希求は、一九八〇年代の複数政党制復帰運動と共に始まり、一九九一年暮れに再導入された複数政党制の下で頂点に達した。一九九七年一二月の総選挙に勝利した後、モイもその必要性を認め、ついに「憲法再検討条例」（Constitution of Kenya Review Act）が成立する。ガイ委員会が国民からの長期間の意見聴取を経てまとめた原案をキバキ政権が（党派的に）手直しした最終案が、二〇〇五年八月二二日法務長官の手で公刊された。

（2）一九六三年末月のケニア独立から一九七八年に没するまで、「建国の父」と仰がれたギクユ人のジョモ・ケニヤッタが初代大統領の地位にあった。カレンジン人（厳密にはその一支派のトゥゲン人）で副大統領を務めていたダニエル・アラップ・モイが、彼の跡を嗣いで第二代大統領に就任する。モイは、複数政党制に復帰した後もさらに二期大統領選挙を勝ち抜いて、二〇〇二年一二月まで長期政権を維持した。だが、同月の総選挙には出馬せず、ジョモ・ケニヤッタの息子ウフル・ケニヤッタをKANUの大統領候補として選挙に臨んだが、キバキを統一候補に立てた野党連合に敗れた。

（3）NARCの一部は離脱してオレンジ民主運動（Orenge Democratic Movement）を結成した。そして、両派がオレンジとバナナをシンボルに翳して熱狂的な政治運動を繰り広げ、激しい鍔競り合いを演じた。バナナ陣営の中核は、キバキがその出身で、国内最大の民族でもある中央州のギクユ人、ならびに彼らの隣人である近縁のバントゥ語系諸民族の連合体（通称GEMA: Gikuyu, Embu, Meru and Akamba Association）だった。一方、GEMAを脅威と見る残余の諸民族はオレンジ陣営に結集し、西ケニアの南・東ナイル語系、ならびにクシュ語系の諸民族、つまり、カレンジン人、マサイ人、トゥルカナ人（通称KAMATUSA）と西ナイル語系のルオ人がその主力を形成した。国民投票は、即日開票され、オレンジ（反対）陣営が一〇〇万票を超える大差で勝利したが、賛否の得票分布は両陣営に属する諸民族の地理的分布とよく符合して、著しい地域的偏差を示した。

（4）この点に関して、中林伸浩氏との交信で大きな示唆を与えられた。

（5）本書第二章第三節で、カレンジン民族が経営している精乳会社KCCの議長選挙について紹介した。その選挙戦で、「キプシギスはカベチェレック氏族に仕えるわけにはいかないんだ」という声が上がった《事例8》ことを、「大氏族症候群」の一例としてここで想起しておきたい。

（6）ケニアの法典（The Laws of Kenya）には、慣習法の明確な定義がない。二重法制・二重裁判所制において、各民族の慣習法による土地の裁判に不服であれば、裁判所（magistrate court）に上訴できる。その場合、他民族出身の裁判官の審理には、多大の困難が伴う。そこで、ロンドン大学の研究者たちが、各民族の老人たちから聴き取りを行って集成した文献を刊行した（Cotran, 1968, 1969）。それらは、研究者たちの意図に反して、現実には唯一の権威として準法典の役割を果たす結果になった。

（7）その後、ケニア国営のチェパルング森は、「二〇〇七年総選挙後暴動」が燃え上がっている最中、地元の有力者たちが我先に輸送車で乗り付け、林立する大木を電動鋸で切り倒して持ち去り、僅か数日の内に完全に姿を消してしまった（小馬二〇一八b：二三三）。

（8）このような整理について、中林伸浩氏との交信の内容に大いに教えられ、啓発された。

《参考文献》

Gertzel, Cherry (1966) "The Provincial Administration in Kenya", *Journal of Commonwealth Political Studies*, 4(3): 201–215.

Komma, Toru (1992) "Language as an Ultra-Human Power and the Authority of Leaders as Marginal Men: Rethinking Kipsigis Administrative Chiefs in the Colonial Period", S. Wada and P.K. Eguchi (eds.), *Africa, 4 [Senri Ethnological Studies, No. 31]*, pp. 105–157, Osaka: National Museum of Ethnology.

Komma, Toru (1998) "Peacemakers, Prophets, Chiefs and Warriorrs: Age-Set Antagonism as a Factor of Political Change among the Kipsigis of Kenya", E. Kurimoto and S. Simonse (eds.), *Conflict, Age and Power*, pp. 168–185, Oxford: James Currey, Nairobi: E. A. E. P., Kampala: Fountain Publishers, Athens: Ohio University Press.

Mamdani, Mahmood (1996) *Citizen and Subject: Contemporary Africa and the Legacy of Late Colonialism*, Princeton: Princeton University Press.

Mamdani, Mahmood (2005) "Political Identity, Citizenship and Ethnicity in Post-Colonial Africa", the World Bank Conferece, *New Frontiers of Social Policy: Development in a Globalizing World*, Arusha, Tanzania.

Saltman, M. (1977) *The Kipsigis: A Case Study in Changing Customary Law*, Massachusetts: Schenkman Publishing Company.

Sangree, Walter H. (1966) *Age, Prayer and Politics in Tiriki, Kenya*, London: Oxford University Press, *et al.*

川田順造（二〇〇四）『人類学的認識論のために』岩波書店。

小馬　徹（一九八四）「超人的な力としての言語と境界人としての指導者の権威」『アフリカ研究』（日本アフリカ学会）第二四号、一－二一頁。

小馬　徹（一九九四）「ケニアの二重法制下における慣習法の現在――キプシギスの『村の裁判』と民族、国家」神奈川大学日本常民文化研究所（編）『歴史と民俗』平凡社、第一一号、一三九－一九一頁。

小馬　徹（一九九五ａ）「国家を生きる民族――西南ケニアのキプシギスとイスハ」『人類学がわかる。』朝日新聞社、一四八―一五三頁。
小馬　徹（一九九五ｂ）「西南ケニアのキプシギス人とティリキ人の入社的秘密結社と年齢組体系」神奈川大学人文学研究所（編）『秘密社会と国家』勁草書房、二二四―二七五頁。
小馬　徹（一九九六）「握手行動の身体論と政治学――キプシギスの事例を中心に」菅原和孝・野村雅一（編）『コミュニケーションとしての身体』大修館書店、三七四―四〇九頁。
小馬　徹（一九九七ａ）「異人と国家――キプシギスの近代化」中林伸浩（編）『紛争と運動』〔講座文化人類学６〕岩波書店、一六九―二〇〇頁。
小馬　徹（一九九七ｂ）「キプシギスの殺人から見た民族と国家」神奈川大学人文学研究所（編）『国家とエスニシティ――西欧世界から非西欧世界へ』勁草書房、二三四―二六七頁。
小馬　徹（二〇〇五ａ）「Ｅ－Ｐのちブローデル――『歴史学としての人類学』とアフリカ」『神奈川大学評論』第五一号、九六―一〇三頁。
小馬　徹（二〇〇五ｂ）「小さな田舎町という場の論理から見た国家と民族――キプシギス社会の事例から」松園万亀雄（編）『東アフリカにおけるグローバル化過程と国民形成に関する地域民族誌的研究』国立民族学博物館、一三一―一五五頁。
小馬　徹（二〇〇八ａ）「『盗まれた若者革命』とエスノ・ナショナリズム――ケニア『二〇〇七年総選挙後危機』の深層」『神奈川大学評論』第六一号、八三―九五頁。
小馬　徹（二〇〇八ｂ）「ケニア『２００７年12月総選挙後危機』におけるエスノ・ナショナリズムと自由化の波及」中林伸浩（編）『東部および南部アフリカにおける自由化とエスノナショナリズムの波及』（神奈川大学人間科学部）三三―七七頁。
小馬　徹（二〇一〇）「キプシギスの共同体と２つの『エクリチュール』」小田亮（編）『グローカリゼーションと共同性』成城大学グローカル研究所、九九―一四五頁。
小馬　徹（二〇一三）「スワヒリ語による国民国家建設と植民地近代性論――その可能性と不可能性をめぐって」永野善子（編）『植民地近代性の国際比較――アジア・アフリカ・ラテンアメリカの歴史経験』御茶の水書房、二四七―二七八頁。
小馬　徹（二〇一七）『「統治者なき社会」と統治――キプシギスの前近代と近代を中心に』神奈川大学出版会。
小馬　徹（二〇一八ａ）『「女性婚」を生きる――キプシギスの「女の知恵」を考える』神奈川大学出版会。
小馬　徹（二〇一八ｂ）「キプシギス人の『ナショナリズム発見』――ケニア新憲法と自生的ステート＝ナショナリズムの創造」

永野善子（編）『帝国とナショナリズムの言説空間――国際比較と相互連携』御茶の水書房、二〇七―二四〇頁。

中林伸浩（一九七五）「首長と農民――ウガンダ・バソガの近隣関係」『民族学研究』第四〇巻第二号、一〇五―一二六頁。

中林伸浩（一九八四）「民族意識の形成と首長制――西ケニア・イスハの植民地時代」『民族学研究』第四八巻第四号、四三三―四四三頁。

中林伸浩（一九九一）『国家を生きる社会――西ケニア・イスハの氏族』世織書房。

松園万亀雄（一九九二）「S・M・オティエノ事件――ケニアにおける法の抵触について」民事法研究会『現代法社会学の諸問題（下）』民事法研究会、五三四―五五六頁。

松本尚之（二〇〇六）「植民地経験とチーフの土着化――非集権的なイボ社会の権威者をめぐって」『文化人類学』第七一巻第三号、三六八―三八九頁。

《あとがき》

本書では、キプシギスの「子供」が体現する「謎々」の論理と、「大人」(ないしは「老人」)が代表している「知恵」の論理との間に見られる相互補完的な対抗関係、ならびに拮抗するその社会・文化的な意味を「異人論」を支柱として考察した。

ただし、老人たちの「知恵」が相補的な対抗関係にあるのは、「謎々」だけではない。家族や子供に執着し偏愛する内向的な論理である「女の知恵」もまた、鋭く「知恵」と鬩ぎ合ってきた。その「知恵」と「女の知恵」の相互補完的な対抗関係は、昨年、やはり神奈川大学出版会から刊行した『「女性婚」を生きる——キプシギスの「女の知恵」を考える』で詳しく論じている。

さらに、一昨年、これも神奈川大学出版会から出た『「統治者なき社会」と統治——キプシギス民族の近代と前近代を中心に』が、キプシギスの「知恵」について、様々な角度から縦横に論じている。

本書『「異人」としての子供と首長——キプシギスの「知恵」と「謎々」』がこの度日の目を見たお陰で、キプシギス社会を動かす主要な思考原理としての「知恵」、「女の知恵」、「謎々」の相互関係が広く見渡せるようになったはずである。

＊

ところで、タイトルに明示していないが、本書にはもう一つの副次的な焦点がある。それは、ウガンダの政治学者マムダニが、行政首長制とは「拡散的専制」であると主張したことに、キプシギスの具体的な事例をもって反論することである（特に第五章）。

筆者が調査地で最初に接した行政首長は、ケリチョ県西チェパルング郡（いずれも当時の行政区域）のデーヴィッド・ンゲノだった。その頃の西チャパルング郡は実に広大な領域で、デーヴィッドは何時も各地への巡回に大童だったが、筆者がNマーケットに住み込む部屋を見つけるのに快く力を尽くしてくれた。何時も機嫌が良くて、親切で、飾り気が無かった。

デーヴィッドの前任者は、一九三七年にキプシギスの土地に組み入れられたチェパルング地方の初代の行政首長、ングロルである。筆者が調査を始める少し前に交通事故死したこの人に対する人々の信任は、極めて厚かった。そして、彼について語られている、印象深い次のような逸話がある。

行政首長の主要な任務の一つが、当時も今も、地酒類の「密造」取り締まりである。キリスト教に改宗していたングロルは、熱心に方々の家々を訪ね歩いては、地酒を醸さないように説得に当たった。或る日、その道すがら激しい土砂降りに遇って、行きずりの家に雨宿りした。だが、雨は容易に上がりそうになかった。すると、その家の主婦が、体が冷えただろうと自前の蒸留酒（*chang'aa*）を奥の部屋から出してきて、勧めてくれた。ングロルは、礼を言って静かにその酒を飲み、美味しかったと言い、雨上がりと共に立ち去った。その数日後、彼はその家を再訪し、主婦に過日の礼を懇ろに述べてから、実は自分が首長であると打ち明けた。そして、何時か酒作りを止めてくれれば嬉しいと告げて、今度もまた静かに立ち去った。

さて、第五章の主要な登場人物の一人である、N郡の行政首長ラルフにも、密造酒取り締まりにまつわるこんな逸話がある。

二〇〇〇年代の初め、同郡のK村で、二十代前半の若い二人の義理の姉妹が新機軸の蒸留酒の居酒屋風密造・販売を、村の中の自宅で始めた。二人は、営業時間を厳格に管理する一方、決して付け払いを認めず、その代わりに野菜や果物、鶏、鶏卵などの現物を格安で引き取り、これを近辺で売って二重の利益を上げた。仕事は大いに繁盛し、二人は間もなく「信仰知らず」(*Maba-dini*)という綽名で辺り一帯に知られるようになった。

密造酒作りと飲酒の蔓延を懸念したラルフは、配下の行政警察官を使わずに自ら一人で「信仰知らず」を突然訪ねてきて、このままなら近々逮捕してきつい戒めを与えることになるが、二人の家計への貢献は健気だし、犯罪者にしてしまうには商才が惜まれると述べて、商売を断念するように説得した。そして、ポケットから一万シリングという大金を取り出して、それを是非受け取って新たな事業の元手にするようにと諭した。「信仰知らず」の二人は心を打たれたが、受け取りを固辞し、数か月後に逮捕された。

*

一九八〇代後半に、ルイア民族の一派であるティリキの人々の間で八か月間フィールドワークをしたことがある。ティリキの初代の行政首長アミアニィは、第五章で紹介した通り、悪名高い典型的な暴君だった。ティリキ人の間で最初に自動車を得たのも、それ以前に最初に自転車を得たのも無論彼だった。何でもかんでも、彼が一番でなければならなかった。

或るティリキ人の老人は、筆者と会う度ごとに、アミアニィがいかに専制的だったか、自分の経験を引き合いに出して力説した。アミアニィは、山がちなティリキ地方の高所にあるセレムという古くから名高いマーケットの傍らに広大な自邸を構えていたが、役所は低地のカイモシにあり、最初の頃は毎日自転車で通勤した。

件の老人の家は、カイモシからセレムへ続く泥道が、セレムの少し前で急な上り坂になる辺りにあった。アミアニィは、仕事の退け時にその地点に差しかかると、決まってその老人を大声で呼び付けて、自分が乗った自転車を延々セレムまで押させたと言う。老人は、アミアニィがどんなに並外れた巨体だったか、したがってその自転車押しがどんなに酷い苦行だったか、繰り返し身振り手振りを交えて、飽きることなく語った。

＊

以上のような逸話による傍証は、厳密な考察には余計なものなのかも知れない。ただ、それにしても、同じケニアの行政首長ではあれ、キプシギスのロロニャやンググロルやラルフらとアミアニィの間の著しい対照には、やはり驚かざるを得ない。その構造的な原因は、第五章を初め、各章で理論的に究明した積りである。老人たちの呪詛の脅しが有効に作用して、(「助言的裁判官」であれ行政首長であれ)リーダーとしての「キルウォギンデット」(*kiruogindet*)が自身の振る舞いをよく律する伝統が、長く育まれてきたのである。キプシギスの行政首長は、政府に受けの良い冷徹な能吏(完璧な大人)ではなく、人々の側に顔を向け、時には子供のように無防備な優しささえ見せる、(元)「謎々者」だったと言えるのである。

＊

二〇一六～一八年度の、定年退職直前の三年度の内に、キプシギスの社会・文化に関する三冊の著書を神奈川大学出版会から刊行してもらった。キプシギスのみならず、実に独特の興味深い文化をもつ（世界中の都市マラソンを席捲しているあの人たちと言えば、わかってもらえるだろう）カレンジン民族群の文化人類学的な研究の蓄積は、従来必ずしも十分ではなかった。だが、これからは、拙著三冊がこれまでの空隙を些かでも埋めてくれることになるかも知れない。

文化人類学とは、絶えず常識を疑い、その常識からすれば最も奇異に思えるような事象を敢えて取り上げて考察し、それを通じてより統合的で一般的な見方を示すことによって社会や文化を見直そうとする学問である。拙著が、些かでも文化人類学の従来のアフリカ観をも相対化して、アフリカ理解と人間理解の一層の深化を促してくれることを願う。

終わりに、神奈川大学出版会の志のある援助に、これ以上ない感謝を捧げたい。

二〇一九年元旦

小馬　徹

【付記】各章は、参与観察を基にして本来独立した論文として書いた。各章ごとに完結した論旨があり、どの章から読み始めて頂いても構わない。なお、一書に纏めるに当たって、全体の流れに配慮しつつかなり手を入れたが、各章ごとの一貫性を損なわない留保をした結果、論旨の反復を免れない所がやや残った。通読時に既視感を覚える箇所があれば、読み流して先に進んで頂ければ幸いである。

#《初出一覧》

第一章　「知恵」と「謎々」――キプシギス文化の大人と子供
『社会人類学年報』第一七巻（東京都立大学社会人類学会　編、一九九一年）所収「「知恵」と「謎々」――キプシギス文化の大人と子供」（一九－五〇頁）

第二章　加入礼と炸裂する家族や共同体の亀裂
『現代アフリカの民族関係』（和田正平　編著、明石書店、二〇〇一年）所収「イニシエーションの現在とアイデンティティ――キプシギスの場合」（四〇六－四三八頁）

第三章　加入礼の学校と公教育の学校――その「子供」観
『世界中のアフリカへ行こう――〈旅する文化〉のガイドブック』（中村和恵　編著、岩波書店、二〇〇九年）所収「キプシギスの成年式と学校教育」（四〇－五九頁）

第四章　異人と民族・国家――マージナルマンの近代
『岩波講座文化人類学　第六巻　紛争と運動』（中林伸浩・青木保・内堀基光他　編、岩波書店、一九九七年）所収「異人と国家――キプシギスの近代化」（一六九－二〇〇頁）

第五章　キプシギス人行政首長再考――「拡散的専制論」批判

書き下ろし

《著者紹介》

小馬　徹（こんま　とおる）

一九四八年、富山県高岡市生まれ。一橋大学大学院社会学研究科博士課程修了。大分大学助教授、神奈川大学外国語学部教授を経て、現在神奈川大学人間科学部教授。文化人類学・社会人類学専攻。一九七九年以来、ケニアでキプシギス人を中心とするカレンジン群の長期参与観察調査を実施、現在も継続中。

文化人類学・社会人類学の比較的最近の著作に、『秘密社会と国家』勁草書房一九九五、『人類学がわかる。』岩波書店（共著）一九九五、『異文化との出会い』勁草書房（共著）一九九五、『ユーミンとマクベス――日照り雨＝狐の嫁入りの文化人類学』世織書房一九九六、『コミュニケーションとしての身体』大修館書店（共著）一九九六、『アフリカ女性の民族誌』明石書店（共著）一九九六、『紛争と運動』岩波書店（共著）一九九七、『国家とエスニシティ』勁草書房（共著）一九九七、『今なぜ「開発と文化」なのか』岩波書店（共著）一九九七、*Conflict, Age & Power*, Oxford: James Currey, Nairobi: E. A. E. P., Kampala: Fountain Publishers, Athens: Ohio University Press（共著）一九九八、『笑いのコスモロジー』勁草書房（編著）一九九九、『開発の文化人類学』古今書院（共著）二〇〇〇、『贈り物と交換の文化人類学――人間はどこから来てどこへ行くのか』御茶の水書房二〇〇〇、『近親性交とそのタブー』藤原書店（共著）二〇〇一、『カネと人生』雄山閣（編著）二〇〇二、『文化人類学』放送大学教育振興会（共著）二〇〇四、『新しい文化のかたち』御茶の水書房（共著）二〇〇五、『放屁という覚醒』世織書房（筆名O・

呂陵で）二〇〇七、『やもめぐらし――寡婦の文化人類学』明石書店（共著）二〇〇七、『世界の中のアフリカへ行こう』岩波書店（共著）二〇〇九、『解読レヴィ＝ストロース』青弓社（共著）二〇一一、『グローバル化の中の日本文化』御茶の水書房（共著）二〇一二、『植民地近代化の国際比較』御茶の水書房（共著）二〇一三、『境界を生きるシングルたち』人文書院（共著）二〇一四、『文化を折り返す――普段着でする人類学』青娥書房二〇一六、『フィールドワーク事始め――出会い、発見し、考える経験への誘い』御茶の水書房二〇一六、『「統治者なき社会」と統治――キプシギス民族の近代と前近代を中心に』神奈川大学出版会二〇一七、『「女性婚」を生きる――キプシギスの「女の知恵」を考える』神奈川大学出版会二〇一八、『帝国とナショナリズムの言説空間――国際比較と相互連携』御茶の水書房（共著）二〇一八、『ストリート人類学――方法と理論の実践的展開』風響社（共著）二〇一八『ケニアのストリート言語、シェン語――若者言葉から国民統合の言語へ』御茶の水書房二〇一九、など多数。

この他に、『川の記憶』〔田主丸町誌第1巻〕（共著、第51回毎日出版文化賞・第56回西日本文化賞受賞）一九九六、『家族のオートノミー』早稲田大学出版部（共編）一九九八、『河童』〔怪異の民俗学3〕河出書房新社（共著）二〇〇〇、『系図が語る世界史』青木書店（共著）二〇〇二、『宗教と権威』岩波書店（共著）二〇〇二、『生と死の現在』ナカニシヤ出版（共著）二〇〇二、『ポストコロニアルと非西欧世界』御茶の水書房（共著）二〇〇二、『日向写真帖　家族の数だけ歴史がある』〔日向市史別編〕（共著、第13回宮崎日々出版文化賞受賞）二〇〇二、『日向　光満ちるくにの生活誌』〔日向市史民俗編〕（共著）二〇〇五、『鬼の相撲と河童の相撲――大蔵永季の相撲と力を歴史人類学で読み解く』日田市豆田地区振興協議会・日田市城町まちづくり実行委員会二〇〇八、『海と非農業民』岩波書店（共著）二〇〇九、『ライオンの咆哮の轟く夜の炉辺で』青娥書房（訳書）二〇一〇、『河童とは何か』岩田書院（共著）二〇一四、『富山の祭り――町・人・季節輝く』桂書房（共著）二〇一八など、日本の民俗や地方史など、人類学以外の諸領域の著述も多数。

索　　　引

【アルファベット】

【あ】

【か】

【さ】

【た】

【な】

【は】

【ま】

【や】

【ら】

【わ】

「異人」としての子供と首長
——キプシギスの「知恵」と「謎々」

2019年2月28日初版発行

著作者　小馬　徹

発行所　神奈川大学出版会
〒221-8686
神奈川県横浜市神奈川区六角橋 3-27-1
電話（045）481-5661

発売所　丸善出版株式会社
〒101-0051
東京都千代田区神田神保町 2-17
電話（03）3512-3256
https://www.maruzen-publising.co.jp/

編集・制作協力　丸善雄松堂株式会社

組版／株式会社ホンマ電文社
印刷・製本／大日本印刷株式会社
ISBN978-4-906279-16-6 C3039